本书为山东师范大学校级教学改革研究重点项目“新闻专业践行习近平新时代中国特色社会主义思想、二十大精神的‘三进’研究”（2024ZJ22）结项成果；山东省级教学改革研究面上项目“新闻专业践行习近平新时代中国特色社会主义思想‘三进’的课程体系建设研究”（M2024167）中期成果。

齐鲁乡村传播调研记

陈鸥帆　等　著

人民出版社

责任编辑：周　颖
封面设计：赵竞汐

图书在版编目（CIP）数据

齐鲁乡村传播调研记 / 陈鸥帆等著 . -- 北京 ：人民出版社，2025. 6. -- ISBN 978-7-01-027123-1

Ⅰ . G206.2

中国国家版本馆 CIP 数据核字第 2025WK3454 号

齐鲁乡村传播调研记

QILU XIANGCUN CHUANBO DIAOYANJI

陈鸥帆　等著

人民出版社 出版发行
（100706　北京市东城区隆福寺街 99 号）

北京建宏印刷有限公司印刷　新华书店经销

2025 年 6 月第 1 版　2025 年 6 月北京第 1 次印刷
开本：710 毫米 ×1000 毫米 1/16　印张：15
字数：216 千字

ISBN 978 – 7 – 01 – 027123 – 1　定价：68.00 元

邮购地址：100706　北京市东城区隆福寺街 99 号
人民东方图书销售中心　电话：（010）65250042　65289539

序 言

山东师范大学青年学者陈鸥帆发给我乡村传播新著文稿并恳请作序，不由把我的思绪拉回到 2020 年。当年 10 月底，我在自己的家乡浙江缙云举办第六届河阳论坛，主题是"'红绿'融合的全面小康样本：历史、理论与实践"。我们的征文启事阐述了"红绿"融合内涵，并列出了以乡村传播、乡村振兴和生态文明建设为核心的 18 个论文征集选题。在论文摘要遴选阶段，我注意到鸥帆拟以"马克思主义新闻观和中国特色新闻学关系辨析"为主题写论文，这与会议征文主题显然存在很大距离。出于保护青年学者参会的热情和吸引他们发展乡村视角的初衷，我给她打了一个很长的电话。这才知道，虽然征文启事已经通过各种途径广泛传播，但鸥帆并没有见到征文启事以及论文的主题要求。我向她阐述了确定"红绿融合"主题的来龙去脉，并建议她从"红绿融合"或城乡关系的视野重新思考中国特色新闻学的问题。她在电话中颇有些不自信地对我说，虽然研究马新观小有时日，乡村传播研究却是心向往之，但从未深入思考过相关选题。我鼓励她以新领域的问题意识带动和激活自己的学术积累，尝试迈出新的一步。

让我欣慰的是，等到与会时，鸥帆提交了一篇题为《"红绿"融合发展与中国特色新闻学构建》的超万字论文，因为会议分组研讨，我没有听取到她的发言。一周后，河阳乡村研究院与中国传媒大学传播研究院联合组织了一场河阳论坛"后会"，特意为青年学者们开辟了主题发言的机会，当鸥帆完成了她的宣讲之后，我和其他与会者不禁为她的"新一步"鼓掌。

从 2018 年开始，我在京沪两地以马克思主义新闻观、批判传播学中国化发展为关注的学术会议上，多次遇到鸥帆，她在会议休息期间积极与我交流，讨论一揽子问题，我们因此结识。2019 年春季学期，我以清华大学新闻与传播学院特聘教授身份，继续主讲由胡钰老师主持的马克思主义新闻观课程，鸥帆预约了我上第一节之前的 office hour。见面寒暄之后，她告诉我，自己已经从胡钰老师那里获准旁听此课，特来提请我知情允准。她解释说，她频繁开会求取新知和深入研究马克思主义新闻观的最直接原因是，自己将在新教学计划中承担马克思主义新闻观课的讲授任务。虽然她自己文学博士毕业后已经有 10 年上课经验，而且也有着一定的马列文论基础，但是，她此前在和同事、学生们交流中了解到，现在一些马克思主义及其新闻观研究和课堂讲授，把本应中国化、时代化、具体化的马克思主义的立场、观点、方法进行了封闭化、专业化，甚至权威化处理，令许多青年学子敬而远之，她不希望自己的课堂效果也流于形式。她说，随着阅历增长和学术成长，自己越发深刻理解到了坚持并发展马克思主义理论对于中华民族的重要意义，所以，当历史和时代把解读和传播马克思主义理论及其新闻观的责任传递到她这一代时，她深感要讲好这门课必得诚意正心、深悉义理，才能解释有力、传播有效。所以，她自费到清华大学新闻与传播学院"取经"，因为这里在 21 世纪伊始就在国内高校中率先开设了马克思主义新闻观课程。

鸥帆说，让她感到幸运的是，清华大学新闻与传播学院是开放和包容的，她所接触到的每一位师长都给予了她帮助，使她能够顺利旁听。她每周利用课余时间往返于济南和北京，坚持听完了我整个春季学期的马克思主义新闻观课程。在她每周停留在清华的两天时间里，我们也有了非常频繁和深入的讨论和交流。此后，她依然经常往返清华听讲座、参加学术会议，用鸥帆自己的话来说就是每次精进，豁然开朗。她认为能得到诸多师长引领帮助的幸运，根源在于胡钰老师所说的，清华大学新闻与传播学院的教学科研致力于"用真理赢得青年，用青年赢得未来"，而这也将成为她鞭策自己教学科研的座右铭。

随着鸥帆做好充分准备，走上了马克思主义新闻观的讲台，我也对她的学术基础和研究能力有了充分的把握和信任。因此，我将在清华讲授了多年的马克思主义新闻观课程内容全部交付给她，邀她与我合著《全球视野中的马克思主义新闻观》一书。此后两年多，她辛勤耕耘，在吃透和内化我的课程思想逻辑、结构框架和内容要点基础上，结合自己的学术积累，继续全面深入掌握马列主义基本原理，广泛吸收既有马克思主义新闻观著作的优长，并理顺全书起承转合，赋予良好文字表达。经过多次讨论和来回几番修改，我们形成了 40 万字的文稿，交付清华大学出版社。让我吃惊的是，在这期间，她还身体力行，带着学生做乡村传播研究，并致力于这本乡村传播研究论集的工作，而且顺利通过了人民出版社的审核。显然，从当年参加第六届河阳论坛迈开“新一步”，她已经能够行稳致远了。

上述简略回顾不只是为了赞许鸥帆的学术成长，更是要说明，马克思主义中国化过程中的新闻观学习和研究与乡村传播研究是一个一体两面、相互促进的有机的学术实践过程。正如鸥帆在本书“绪言”中领悟到的，要“参与以乡村传播研究为起点构建中国传播学的系统研究，其基础是深刻理解马克思主义及其新闻观，巩固历史唯物主义世界观。只有站在马克思主义的立场上才能认清世界格局，理解中国道路，科学把握世界历史、中国历史发展的大方向；从马克思主义的视野出发才能深刻认同劳动者的价值，尊重世界不同文化的多样性；我们也才能‘不畏浮云遮望眼’，在身处与身受华夏文明的滋养的同时，真正深切地体认她、尊重她、在创新中延续她”。

当然，也正如我在多处提到的那样，乡村传播也绝不是碎片化的传播学研究的一个具体分支。从学理层面，我们开启乡村传播研究，就是要从中华文明作为世界上唯一持续的农耕文明的特质和中国社会主义制度出发，探索中国传播学研究的核心关注、理论框架、方法论系统的整体重构和中国传播学主体性的构建。在实践层面，我们需要通过乡村传播研究和文化传播赋能乡村振兴的努力，在国内和国际层面超越“城市与乡村”“中心与边缘”的断裂现实与认知，推动中国城乡之间、区域之间平衡发展，在新的时代背景下探索中华文明的守正创新之路，克服人与自然割裂的发展道路，构建人类命运共同体。我们从乡村传播切入认识乡村和改造乡村，正在于在认识世界和改造世界的过程中，实现知识分子与农村、农民的有机结合，进而实现从研究对象到研究的内容与形式再到研究者本身的转型。在这条道路上，我们已经见到越来越多的青年学者同行走来。作为一个探路者，在这个山花烂漫的春天，我乐于在丛中笑。

谨序。

赵月枝

2024年季春，北京

目 录

绪言　在希望的田野上

2015年春天一个明丽的下午，我在图书馆翻阅学术期刊时，偶然发现了《新闻记者》刊登的清华大学新闻与传播学院沙垚博士访谈加拿大国家特聘教授赵月枝的《重构中国传播学》一文，一口气读完，酣畅淋漓，茅塞顿开，深感这样的新闻传播研究能从科学与价值两个层面说服我，吸引我。

赵月枝教授认为，在社会主义中国语境下重构传播学，乡村传播应该是中国传播学整体都应该具有的城乡关系、中心与边缘的大视野；城乡关系应该作为传播学的核心议题，乡村问题应该成为整个学科的重要出发点。具体说来，应该关注现代农民的主体性，媒体、文化在农村社会转型中的地位和作用，乡村文化和农耕文明的生命力，传统知识的意义及创新和传播等。

接着她分析了这种研究取向的重要性和必要性。第一，美国经验学派传播学是冷战社会科学的产物，一开始就有城市中心主义的偏颇，而用冷战传播学视角来书写传播史一定是西方中心主义的和城市中心主义的；同时，现代传播史的书写也是印刷技术在西方发展起来之后，与欧洲报纸的商业化，与资本主义的崛起、殖民主义、帝国主义联系在一起的。

第二，美国经验学派传播学实际上从来没有放弃乡村议题，实际上，从施拉姆开始，第三世界乡村的发展问题就是美国经验学派传播学很重要的一个研究方向，美国传播学者们称之为“发展传播学”。而这恰恰是需要引起我们警醒和颠覆重构的一种研究取向。第三世界乡村可能由于贫穷和落后而走上革命道路，是发展传播学尤为关注的。发展传播学认为，需要通过现代传播技术将农民从传统的束缚中解放出来，进而纳入全球资本主义体系。显然，发展传播学对乡村的关注是有特定政治指向的，在冷战地缘政治框架下，它不但将第三世界乡村置于西方中心主义的视角之下进行研究，而且将第三世界纳入资本主义进程和发展的轨道之中。

第三，在中国，“三农”是重中之重。中国现代革命最终以土地革命和农村包围城市的道路取胜。即使在改革开放后城市化进程加快的今天，“三农”问题依然是核心问题。这决定了中国传播研究如果要有自己的主体性和问题意识，就必须有城乡关系视野或乡村视野。

对于20世纪80年代初从浙江腹地小村庄考进首都北京读大学，大学毕业后又考取出国留学名额到北美求学，通过二十年刻苦求知，在批判传播学界披坚执锐奠定国际知名学术地位后又回国执教的赵月枝教授来说，从乡村到城市，从中国到西方，再重返中国的历程，使她具有“从村庄到全球”，再“从全球到村庄”的视野，重新构建与中国历史发展逻辑相统一，服务于中国社会主义国家现代化建设和乡土社会的科学发展，乃至有益于第三世界国家及其乡村、农民发展，甚至有益于西方国家里的底层人民的“新传播学”。以乡村为核心关注的新传播研究，因此是建立真正具有中国立场和世界视野的重要命题。只有在这个命题视域里，才能使传播学在参与中国政治经济转型过程中凸显对“三农”问题的思考，既关注中国农村庞大人口的发展，中国农业文明的现代化以及农耕文明、乡村及其村社理性的延续发展，助推乡村振兴；又在这一过程中，真正实现传播学对中国发展的贡献，使得传播学在中国社会科学发展中获得一席之地，使中国传播学在全球传播学研究中获得发言权，并在这一切基础之上展望构建全球传播新秩序格局。质言之，乡村传播研究，立足的是乡土，关注的是通过传播实现农民主体性成长和乡村振兴，观照的是构建城乡之间政治经济文化相平衡的传播新格局，放眼的是建立全球政治经济文化传播新秩序，并在对这些问题的关注、阐释及其推动实际问题的解决过程中，建立中国自主的传播学知识体系。

赵月枝教授在2015年初的这篇关于中国传播学的思考，如同一个宣言，宣告着她从实践层面持续深入地开掘进乡村传播这个领域。就在我埋头阅读她论著的春天，在刚由她主导创办的缙云县河阳乡村研究院——一个她志在建成学者观察乡土中国的窗口、以学术和文化反哺乡村的平台，赵月枝教授开启了以农村为核心关注的系列学术活动——以“构建平衡互哺的城乡关系”为主题的首届河阳论坛暨“乡村、文化与传播”学术周活动（2015 年 3 月 26—30 日）。首届河阳论坛由中国传媒大学传播政治经济学研究所、华东师范大学康奈尔比较人文研究中心、中国社会科学院新闻与传播研究所缙云国情调研基地作为河阳研究院的联合主办伙伴，既有知名学者分别从世界历史、中国革命历史和当下层面用城乡关系视野总揽政治、经济、社会、文化和生态“五位一体”的讨论；又有由不同层次和不同部门的学者参加的论坛和圆桌讨论；还有主要为研究生们准备的民间文化活动观摩和调研。值得一提的是，赵月枝教授在这次论坛中的主题报告《不只是乡愁，而是生态社会主义：学术研究城乡关系视野的世界历史和生态学意义》，从哲学高度和历史纵深解读了乡村传播研究对人类整体发展的意义。

从此，河阳论坛每年召开，每一届都是精心设计，活动丰富，新冠疫情期间也不曾中断。到这个春天（2024 年），已经是十年磨一剑。与此同时，赵月枝教授还创立了“从全球到村庄”暑期班，目的是培养全国甚至全球青年学子建立“以乡村作为方法”，创新“跨学科理论与实践相结合”新型学术视野。暑期班从缙云出发，同河阳论坛一样逐渐产生了感召力和影响力，接收培训过来自世界各地、不同肤色的青年学生，也受地方高校邀请，开到过西安、河南、宁夏等地。从德高望重的新闻学前辈到乡建与“三农”领域的领军学者，从文学与文化研究学者到人类学者、社会学家甚至管理学者，从高校学生、学者到社科院和党校系统的学者，从媒体工作者到基层干部、地方文史专家和乡土文化爱好者，不同领域、不同地域和不同角色的人们，为了乡土中国的复兴，为了植根乡土中国的学术创新，都曾在河阳论坛和暑期班相遇相识、相互激荡。

我也在被感召和被激荡之列。当我有机会到北京、上海的几所高校参加马克思主义新闻观研修班、批判传播学年会等学术活动见到赵月枝教授时，我也开启了向她当面请教、接受她引领指点，并走向深度交流的学术新旅程。由此，对于乡村传播研究，我也形成了一些粗浅的认知。

中国乡村传播研究确实到了应该出现的历史时刻。中国的改革开放道路，从农村改革到城市化发展，加入全球化竞合进程，再到形成中国式现代化的新发展理念，中国乡村的经济、政治、社会、文化、生态文明发展，都至关重要。如同一百多年前，李大钊发表的《青年与农村》一文指出的："我们中国是一个农业国，大多数的劳工阶级就是那些农民。他们若是不解放，就是我们国民全体不解放，他们的痛苦就是我们国民全体的痛苦；他们的愚暗，就是我们全体国民的愚暗；他们生活的利病，就是我们政治全体的利病。"[①] 历史发展到一定的时刻，需要有先知先觉者、睿智力行者探索机遇、迎接挑战。正如青年乡建学者、《回嵌乡土》一书作者潘家恩所体认到的那样，大变革的时代，需要有"顶天立地"的学问。而要把学问写在大地上，经世济民，首先需要知识分子"眼高手低"——既要有宏观的视野，又要有强的执行力度。而且，中国革命、建设和改革的历史也深刻地昭示着这样一个道理，高树不荫，独木不林，中国的事情，从来都是先行者举旗引领、披荆斩棘，继而人多山倒，力众海移。我开始思考，把论文写在大地上，做赵老师引领的乡村传播研究的同行者，我能做些什么？

首先，我深刻认识到，要亲身参与乡村传播研究，或者说参与以乡村传播研究为起点构建中国传播学的系统研究，其基础是深刻理解马克思主义及其新闻观，巩固历史唯物主义世界观。只有站在马克思主义的立场上才能认清世界格局，理解中国道路，科学把握世界历史、中国历史发展的大方向；从马克思主义的视野出发才能深刻认同劳动者的价值，尊重世界不同文化的多样性；我们也才能"不畏浮云遮望眼"，在身处与身受华夏文明的滋养的同时，真正深切地体认她、尊重她、在创新中延续她。也因此，才能不"言必称希腊、罗马"，破除对欧美资本主义国家方法论的偏听偏信，更广泛地向全球南方寻求思想资源，并为我所用。

其次，我向赵老师学习"在地"经验。赵老师把乡村传播研究的学研

① 李大钊：《李大钊文集》第十六卷，辽宁电子图书有限公司 2023 年版，第 20 页。

基地设在她的故乡浙江缙云，启发我把目前工作和生活的山东乡土传播作为研究对象。事实上，我们每一个学者或者学子都可以进行类似的研究。中国乡村历史悠久、地域广大、人口众多、文化多样，在社会变革、技术进步过程中也发生着各个层面、各种各样的传播现象，投身于其中，总能发现丰富的资源。

最后，在学术议题方面，我吸收了赵老师给予的建议。曾有青年学者向赵老师请教乡村传播过程中的问题意识，赵老师提出了非常具体的研究方向和议题：理论上，我们可以对传播与现代化范式影响下的“新媒体与乡村发展”研究进行反思；实证层面，我们可以从城乡关系的角度分析现有媒体和信息基础设施在表征、资源分配方面的偏向；我们可以进一步从这个角度分析媒体体制和新闻传播政策的偏向，然后提出构建更平衡的城乡文化和传播关系的建设性意见；我们可以深入田野，研究农村活生生的传播生态——从日常的传播现象到农民春晚；另外，我们不妨从广义的传播学和文化研究角度，跳出媒体中心主义和技术中心主义去研究传统知识的继承，村社共同体中价值体系和意义解体与重建，以及在城市中心主义媒体氛围下乡村中的代际、性别传播等问题。再有，我们往往倾向于从传播角度研究在城务工人员在城市如何，但很少研究他们回乡后又如何，更缺少对外出经商的农民企业家是如何与家乡维系文化与传播关系等问题的研究。这些问题很可能是中国特有的，而且是事关当下农村文化和农民主体性的根本问题。[①] 而我也正是从这些议题及其相关启发中寻找合适的方向，展开乡村传播的在地化思考的。

基于以上三点经验认知，笔者在理论层面进行了深入探索，即站在马克思主义历史唯物主义立场上，从反“线性历史观”视角思考中国乡村传播研究。在《反“线性历史观”启发的中国新闻理论方向与路径》(《现代传播》2022 年 7 月）一文中，笔者首先从宏观理论层面探讨了经验学派传

---

① 张志华：《学术、田野与“越界”实践——“乡村、文化与传播学术周”发起人赵月枝教授专访》,《中国传媒大学校报》2015 年 4 月 28 日。

播学和美国现代化理论，并揭示了二者相结合的产物“发展传播学”是植根于“线性历史观”的意识形态设计，与西方中心主义、城市中心主义同构为一套话语系统。我们既要使中国新闻传播理论研究具备突破“线性历史观”的自觉，又要对经典西方批判传播理论进行从中国历史发展逻辑出发的思考和评价，在中西方文明碰撞交流的跨文化视野中，确立以中国社会主义历史发展实践为社会历史坐标的理论主体性；从构建城乡平衡的传播格局、使新闻传播融入并推进中国式现代化和中华民族伟大复兴的历史实践中发掘问题意识，实现理论创新。

在关于乡村传播的宏观理论和道路取向清晰的前提下，笔者在《“红绿”融合发展与中国特色新闻学构建》（《当代传播》2022 年第 1 期）一文中，以赵月枝教授对浙江省丽水市委市政府 2019 年形成的“红绿”融合乡村生态文明建设构想的普遍化解读为启发，以 2020 年赵月枝教授组织的“‘红绿’融合的全面小康样本：历史、理论与实践”为主题的第六届河阳论坛为契机，对以乡村传播为出发点的中国特色新闻传播研究具体路径进行了构想和论述。所谓“红绿”融合发展，既“以红色精神引领绿色发展”，又“以绿色发展传承并弘扬红色精神”。笔者认为，“红”与“绿”相辅相成，具有多层次的立体内涵，并因此与中国特色新闻学形成多层面的互构关系，即“红绿”融合发展这一核心议题对中华优秀传统文化的继承发展，对中国特色社会主义生态文明发展的倡导和实践，有助于推进中国特色新闻传播学具体落实“两个结合”，尤其是构建马克思主义与中华优秀传统文化的视域融合。同时，中国特色新闻传播研究对“红绿”融合发展相关新闻传播舆论框架的构建，也蕴含了深入挖掘和阐发中华优秀传统文化视域，并把新闻传播融入中国特色社会主义历史发展逻辑的理论构建思维中。

在以上经验反思和理论探索的过程中和基础上，我开始立足山东本土乡村传播实际，多元构思和精心筛选议题，进而组队带队进行乡村传播实地调查和研究思考，由此形成了本书的三章主体内容。

第一章关注的是山东省菏泽市曹县淘宝镇、淘宝村的电商技术传播，解密一度以“北上广曹”蜚声全国的淘宝县——曹县怎样凭借“上下联动”的技术传播方针发展经济、建设文明社会环境。曹县是位于鲁苏豫皖四省交汇处的山东第一人口大县，这个曾经的贫困县因成为全国最大的汉服生产基地，产出了全国三分之一的汉服并匹配上电商的发展，成功翻身成了GDP近五百亿的富裕县。我们以曹县大集镇为典型研究对象，该镇电子商务发展始于2009年，处于内陆地区的大集镇，既没有天然的区位优势，又缺乏丰富的自然资源，但是，搭乘电子商务技术快车，大集镇的村民们自主探索出了一条独特的电商发展道路，大集镇的电子商务在电商能人引领、返乡青年创业，以及政府的因势利导下，发展得如火如荼，不仅摘掉了贫困镇的帽子，而且一跃成为年利润过亿的富裕镇。我们采用了传播学民族志、参与式观察法、深度访谈法等研究方法进行调研，梳理了曹县大集镇的电子商务模式由最初的“星星之火”发展为“燎原之势”的过程，以及探寻这一过程中哪些因素在影响电子商务的创新扩散，解读曹县借助电子商务实现乡村振兴的“财富密码”。大集镇电子商务的创新扩散吸引了人才回流、激活了农村闲置的劳动力资源、促进了城乡之间要素的流动，对于地区的发展具有重要的意义，当然其发展过程也存在短板和问题，针对一些具体问题，我们提出了粗浅的建议和思考。总体而言，大集镇在电子商务技术创新扩散过程中探索的经验本身值得推广和借鉴。

第二章探讨总结自2013年至2022年，正好十年历史的山东省“送戏下乡”群众性文艺活动是如何在毗邻泰山的宁阳县“自上而下”展开的，其组织传播机制和文化传播赋能效果究竟怎样？我们通过田野调查、深度访谈、参与式观察等方法，对宁阳县15个村展开实地调研和深度访谈，全面深入地了解了宁阳县十年来送戏下乡的情况，发现以送戏下乡为代表的山东乡村地区的文艺传播活动在开展过程中存在传播动力不足、传播内容欠佳、传播语境受限、传播模式不当等问题，并针对这些问题对宁阳县送戏下乡活动的传播机制进行了深入分析，提出了加强基层文化建设、优化创新传播内容、重构传播语境、完善传播机制等一系列解决方法。文化是一个国家、一个民族的灵魂。文化兴则国运兴，文化强则民族强。乡村地区作为国家文化建设最薄弱的环节，深刻影响着乡村振兴战略的实现。要全面繁荣乡村文化，离不开为乡村群众所喜闻乐见的文艺传播活动的繁荣发展。习近平总书记在党的十九大报告中提出：繁荣发展社会主义文艺，加强文艺队伍建设，推动文化事业和文化产业发展，完善公共文化服务体系，深入实施文化惠民工程，丰富群众性文化活动。只有全面深入地了解乡村文化传播现状，直面乡村文艺传播所面临的困境，才能推动乡村文化建设向着更高质量迈进。

第三章探寻历史悠久、举世闻名的潍坊风筝在新媒体时代遭遇了怎样的传播困境？如何才能有效借势传播技术发展，使潍坊风筝文化再次“鸢飞九天”？潍坊风筝作为民间手工艺品的杰出代表，具有浓郁的地域色彩和独特的艺术风格。1984 年以来，潍坊开始主打风筝文化，创设国际风筝节，潍坊风筝文化从此声名远播海内外。2006 年 5 月，潍坊风筝制作技艺被列入第一批国家级非物质文化遗产名录；2021 年 11 月，山东省潍坊市成功入选联合国教科文组织创意城市网络，成为我国第四个、山东省第一个世界“手工艺与民间艺术之都”，这也意味着潍坊风筝文化的传承、传播肩负着发扬光大传统文化的重大责任。我们通过田野调查、深度访谈等方法，探究潍坊风筝文化传播方式的演变以及在当下新媒体环境中遭遇的传播困境与机遇。伴随着移动互联网与自媒体的发展，非物质文化遗产传播正迎来一个值得期待的机遇期。特别是在新媒体传播方面，很多非物质文化遗产经过与新媒体的初步的磨合，已经探索出了多元、高效的传播路径，若能在目前传统传播方式和新媒体传播齐头并进的基础上，分析其出现的困境并进行突破，实现更好的传承与更广泛的传播，必然会使“非遗”在现代社会获得新生，本章对潍坊风筝文化传播的探索意义正在于此。

值得一提的是，上述主题及内容的创生，源自两个“我们”主体。第一个“我们”——从 2015 年我读到赵月枝教授关于乡村传播的系列论文，到我参加她主创的以乡村传播研究为宗旨的河阳论坛，再到我在赵老师指点下进行乡村传播研究和写作，赵老师和我构成了第一个薪火相传的“我们”。当然，由她引领和影响的乡村传播“我们”队伍如今已经非常之大，全国各大高校关注乡村传播研究的青年学者和学子，鲜有未受其学术启发者，很多人还每年参与河阳论坛议题探讨，追随每年的暑期班调研的脚步；而这十年会议和暑期班积累下来的大量研究论文和调研报告也在整理发表过程中。特别值得一提的是，河阳论坛十周年之际，赵老师的乡村传播研究和实践从中国乡村走向了全球南方。2024 年 7 月初，首届哈拉雷非洲论坛暨“乡村发展合作与中津文明互鉴”学术周在津巴布韦成功举办，赵老师受聘为论坛主席。该论坛旨在创造国际传播“受众一内容”的双重可能性，即在团结全球南方国家、采取“农村包围城市”的受众策略基础上，进一步将乡村故事作为题眼，在“一国一策”的具体实践中，致力于实现“南南传播”内容策略的创新。[①] 这不仅为乡村传播研究开拓了更为广泛的南方国家研究领域，也必将培育更多的南方国家研究主体成为更大的“我们”，而且为国际传播理论与实践突破西方中心主义视野，推进人类命运共同体理念的具体实现进行了传播学领域的先锋探索。

第二个“我们”是我和我的研究生们所形成的乡村传播调研团队，在这本书里，她们具体是李哲、张焕玉、闫诗乔三位女生。她们分处不同的年级，都在我将乡村传播研究作为中国传播研究多元前沿之一进行课堂讲授之后，对乡村传播研究产生了一定的兴趣。但是，限于长期形成的经验学派传播学主流研究范式的“规定性动作”要求——其突出特征是针对某种大众传播研究对象、应用某种传播学理论和系列实证研究方法，在我或针对她们各自的学术兴趣，或针对她们故乡地域文化特色进行研究选题设计时，只有李哲对曹县的电商技术传播专题比较自信，因为美国著名传播学家罗杰斯的“创新一扩散”理论的相关经典研究就是新技术的传播普及，这意味着曹县电商技术传播研究是典型的传播学研究，体现了新闻传播研究的专业性。而在给诗乔和焕玉选定乡土文化品牌传播和乡土文艺传播选题方向时，她们先后流露出犹豫与不自信，因为我的选题想法和研究

① 赵月枝、俞雅芸、杜学志:《国际传播“南方转向”下的乡村故事与中国道路——以首届哈拉雷非洲论坛为例》,《对外传播》2024 年第 10 期。

设计超出了她们原有的阅读经验，最关键的是，研究过程中很可能不会应用到任何西方传播理论，甚至连实证研究方法都用不上，还得辛苦去调研。

经过一段时间的学术引导和论证交流，她们最终还是坚定地选择了比窝在宿舍里看看短视频、读读理论书更艰难的研究道路。我也趁机鼓动起了大家的理想主义精神——我们这个各有分工、协调配合的调研团队，从长远看来，一定是“铁打的营盘流水的兵”，也正因如此，我们才能坚持把山东这个传统文化根基深厚的农业大省的乡村传播作为我们的宏观研究对象；我们将深入本省不同地区，对不同特色的乡村传播进行调查研究，在从专业角度了解国情、乡情的过程中推进整体性的研究，收获真才实学；经过长期努力，我们可以全面呈现山东乡村传播的多种面向、多种特色，发现多种问题，并提出针对性的合理化建议，甚至成为其他省份乡村传播与发展的可借鉴资源，从而以我们的专业知识服务于故乡发展、服务于乡村振兴，服务于国家社会发展。我也劝诫学生们，只有学会通过调查研究获得一手数据去发现真问题和解决真问题，才真正有助于构建研究主体性，不会浪费宝贵的时间精力做随波逐流式的、镜花水月式的研究。在构思、调研我们的选题期间，我还拉着李哲硬挤进赵老师年年“人满为患”的暑期班，然后传帮带我们的小团队，先利其器，以善其事。于是，像赵老师于我，我和我的研究生们也进行了一次“火炬传递”。

两个“我们”共同积累在这本书里的调查研究和研讨写作历经 3 年才得以完成，在过程之中时，常感风雨兼程，但正如学生们所说，一旦深入乡土，就很有感觉。我给予的解释是，这种所谓“感觉”其实根源于我们中国人对传统农耕文明的深沉感情，从城市的钢筋水泥森林回到草木葱茏的乡村，骋目田野广阔，万物生长，遥想原始先民们在丰衣足食之后俯仰天地、品察万类、缔造文明，源远流长至今，就深感这是一片希望的田野！同时，我们的研究选题促使我们走出书斋做学问，也让我们自己成为有力的行动者，成为自信能为乡土家园、为社会民生作出切实贡献的人，我们因此备感乡土社会和乡村传播研究本身都是希望的田野！这份感情很重要，正如韩毓海老师在《重读毛泽东》一书中所表达的观点，激励人做事、做成事的最终还是感情和感情所滋养的意志。

党的十八大之后，“民族要复兴，乡村必振兴”已然成为时代强音。宏观所见：乡村振兴已经成为学界热点，“据说仅在北京高校，各种形式的乡村振兴研究院，就达四十多个。在新闻传播学界，也出现了相关的乡村振兴研究机构，而本学科需要在根植中国实践中实现范式转型和自主知识体系创新的呼声，更是此起彼伏”[①]。微观所见：赵月枝老师那里，2022 年 4 月，中国农业大学一个跨学科团队启动了在教育部学位与研究生教育发展中心立项的中国专业学位主题案例项目——“革命老区实现乡村共同富裕的缙云之路”，这意味着，缙云乡村发展的故事，必然包含着缙云乡村传播的故事，也将在中国高校系统的“案例教学”库中拥有一席之地；我这里，2024 年初春，我们学院一位本科生发了一长排喜极而泣的表情包给我，告诉我，因为他看了我指点的一系列乡村传播研究论文，在参加北京一所名校的研究生考试时，对“乡村传播与中国式现代化关系”的考试题目做了很好的回答，所以专业课考了高分，录取不存悬念，这算是我自深入了解乡村传播之后长期坚持把这一研究方向带入课堂教学的成果之一。不过我想说的是，赵老师的乡村传播研究基地——缙云进入高校案例库，乡村传播研究进入考研题目，都体现了乡村传播研究本身的时代价值所在，这也是以乡村传播为起点构建中国传播学自主知识体系渐成共识的征兆。与此同时，不同群体、不同视点、不同层次、不同范围的乡村传播理论与实践，在中国乡村中，在从中国乡村迈入全球南方的过程中，在全球南方，正在相互激荡并逐渐走向同频共振。

星星之火，可以燎原。

---

① 赵月枝：《村庄、县域与大地上的学问》，《农民日报》2022 年 12 月 21 日。

第一章

要致富　修网路：山东曹县大集镇淘宝村电商技术的创新扩散

题记

淘宝村、淘宝镇是昔日给人以偏远、落后印象的中国村庄、乡镇搭乘上电子商务的快车，在党和政府支持农村地区进行的“五通”（通硬化路、通自来水、通电力、通网络宽带、通快递服务）① 基础设施建设前提下，农村地区数字经济、产业经济和社会文化快速发展，而形成的乡村振兴新模态。阿里研究院定义“淘宝村”要满足两个标准：一是一个行政村域内活跃的淘宝网店，累计有 100 家以上，或者这些网店数量，占该地家庭户数 10% 以上；二是全村在电子商务领域的年交易额，能满足 1000 万元的标准。一个镇、乡或街道具有的淘宝村大于或等于 3 个，就被认定为淘宝镇。中国从 2009 年出现首批 3 个淘宝村至今，淘宝村实现了裂变式增长。南京大学空间规划研究中心和阿里研究院的研究结果显示，截至 2022 年，“淘宝村”数量达到 7780 个，“淘宝镇”数量达到 2429 个。而在阿里研究院发布的“2020 年淘宝村百强县名单”中，山东省菏泽市曹县已连续两年排全国第二，排名第一的是享誉全世界的浙江省义乌市。曹县下属的大集镇是中国首批“淘宝镇”、山东省唯一一个淘宝村全覆盖的乡镇，成为山东省发展农村数字经济方面当之无愧的典型代表。正如清华大学赵月枝教授指出的，500 年来基于西方经验的资本主义现代性历史叙事，内含了从传统乡村社会到现代工业社会再到后现代信息化和数字化社会的线性历史逻辑。然而，乡村和数字化这两个在这一线性历史观中看似风马牛不相及的概念，在 21 世纪的中国就这样历史性地结合在了一起。由此产生的政治经济和社会文化生活的转型与裂变，成了我们在认识世界中碰到的前所未有的社会实践“新境界”，这也必然带来新问题和新挑战。②

---

① 各地情况不同，“五通”具体所指不尽相同，基本上是通路、通水、通电，有的是加上通电视、通网络，有的是加上通网络、通液化气，有的是加上通网络、通快递。

② 赵月枝、张志华：《跨文化传播政治经济学视角下的乡村数字经济》，《新闻与写作》2019 年第 9 期。

从 2017 年党的十九大报告提出“乡村振兴战略”到 2021 年中央一号文件《中共中央 国务院 关于全面推进乡村振兴 加快农业农村现代化的意见》的发布，乡村振兴始终是重要的时代命题。在“互联网 +”时代，“电子商务”这一新型经营模式，不仅引发了销售方式革新，也为乡村振兴提供了新的思路。一方面，发展电子商务是经济欠发达地区消除贫困、提高农民收入的有效途径。另一方面，农村地区发展电子商务能够带动不同产业的发展与融合，催生农村新的产业发展模式，助推乡村振兴。

目前，我国信息化建设持续稳步推进，互联网基础设施不断完善。2022 年中国互联网络信息中心（CNNIC）发布的第 49 次《中国互联网络发展状况统计报告》显示，我国网民总体规模持续增长，农村地区网民规模为 2.97 亿。城乡上网差距继续缩小，截至 2021 年 11 月，所有的行政村已经实现了“村村通宽带”，解决了农村地区的通信问题。2021 年 12 月 30 日，工信部召开“村村通宽带”新闻发布会，工信部信息通信发展司司长谢存表示，超过 99% 的村实现光纤和 4G 网络双覆盖，超过 97% 的县城城区和 40% 的乡镇镇区实现 5G 网络覆盖。[①] 互联网的普及率达到了 57.6%。[②] 互联网的普及为农村地区发展电子商务提供了坚实的物质基础。

就是在“村村通宽带”的 2021 年，网络主播的一句“曹县 666”将人们的视野聚焦到了这个鲁西南地区的偏远小城，全国各地的媒体、学者开始涌入这个原本默默无闻的小城，一时间，关于曹县的新闻、段子充斥着网络空间。事实上，曹县的“爆火”绝非一日之功。曹县曾是山东省省级贫困县，但是，这个昔日的省级贫困县，却依托电子商务发展，走出了一条独特的乡村振兴道路。2009 年，曹县大集镇的村民最早开始网络销售演

---

① 《我国现有行政村全面实现“村村通宽带”》，《科技日报》2021 年 12 月 31 日。

② 《第 49 次中国互联网络发展状况统计报告》，中国互联网络信息中心，2022 年 2 月 25 日，http://www.cnnic.net.cn/hlwfzyj/hlwxzbg/hlwtjb g/202202/t20220225_71727.htm。

出服，目前，大集镇已经形成了完整的演出服、汉服产业链，一件衣服从原料采购、图纸、剪裁、印花到打包，几乎所有环节都能在这个小镇上完成。当前，曹县电子商务的发展取得了较为瞩目的成绩：演出服企业超过1万家，占据了中国演出服市场 80% 以上的份额。截至 2020 年底，曹县县域内的汉服企业达到了 2000 多家，占据了汉服电商销售额的 10%。到了 2021 年，曹县汉服销售额已占据了中国汉服销售总额的 30% 以上[①]。

由此可见，曹县作为昔日的省级贫困县，在缺乏资源禀赋的窘境下，凭借电子商务的发展走出了一条有自身特色的“致富路”，这对其他农村地区发展具有一定的借鉴意义。本章选择最早发展电子商务，也是目前电子商务发展得最好的曹县大集镇为核心调研地点，从传播学的视角解读曹县电子商务的创新扩散过程，以期从这一角度探究大集镇的电子商务作为乡村振兴样本的意义所在。在研究过程中我们还将回答以下几组问题：

1. 在曹县大集镇电子商务创新扩散过程中，哪些因素会影响村民对这一模式的采纳？

2.“电子商务”在农村地区作为一项致富创新技术，在其传播扩散过程中存在什么问题？如何去解决存在的问题？中国式技术创新扩散与美国传播学家罗杰斯（E.M.Rogers）提出的“创新—扩散”基本假设有什么异同？

3. 通过发展电子商务发展经济的过程中，大集镇村民的生活状况和精神生活发生了哪些变化？其现实意义是什么？

第一节 曹县大集镇电子商务发展概况

曹县位于山东省西南部、鲁豫苏皖四省八县交界处，总面积 1969 平方千米，总人口约 170 万，是山东省人口第一大县。大集镇是曹县辖区内最

① 《曹县人民政府 2021 年政府工作报告》，2021 年 5 月 14 日，http://www.caoxian.gov.cn/art/2021/5/14/art_14661_10289683.html?xxgk hide=1。

早进行电子商务实践的乡镇，本节将深入分析大集镇的基本情况并仔细爬梳曹县大集镇从 2009 年至今的电商发展历程，理清电子商务在大集镇的发展脉络。

一、大集镇基本情况概述

本章选择的调研地大集镇是一个长期保留着农耕文明的传统村落，大集镇位于曹县东南部，东与安蔡楼镇相邻，南与梁堤头镇接壤，西靠阎店楼镇，北抵孙老家镇。区域面积 45.21 平方千米。属于温带半湿润气候区，大陆性季风气候特征明显。虽然大集镇位于华北平原，但是处于黄河冲击形成的“黄泛区”，贫瘠的土壤条件不利于农作物的生长。大集镇北靠菏泽新石线，不临省道、国道，距日东高速公路入口 45 千米，距郑州新郑国际机场 190 千米，距离连云港 320 千米，区位优势不明显。①

在人口方面，2020 年，大集镇下辖 25 个行政村、80 个自然村，1.2 万户，拥有人口 4.7 万，早期由于经济发展落后，村庄内的青年人多选择去青岛、浙江等地务工，甚至还有人远走巴西，造成了大量人口的外流。但是，近年来，大集镇电子商务的发展吸引了越来越多的外出务工青年回乡就业、创业。2014 年春节前夕，曹县县长亲自在火车站向返乡探亲的外出务工人员发放《县委县政府致曹县在外务工及创业人员的一封信》，同时出台了大量政策为返乡人员就业创业提供便利条件。②2013 年至今，大集镇已有七千多名外出务工人员、近七百名大学生、十四名研究生、两名博士生回乡创业，扭转了大集镇长期人口外流的局面。③人口的回流在电子商

---

① 沈威、雷龙涛、刘向前、张莉莉、康珈瑜、梁留科：《欠发达地区淘宝专业村发展问题探讨——以山东曹县大集镇为例》，《商业经济研究》2017 年第 14 期。

② 《山东曹县大集镇“淘宝村”背后电商年产值近 70 亿》，新华网山东频道，2021 年 5 月 12 日，http://www.sd.xinhuanet.com/sd/hz/2021-05/12/c_1127436158.htm。

③ 袁超君、罗震东：《乡村增长机器：电子商务推动城镇化的微观机制研究——以山东省曹县大集镇为例》，《国际城市规划》2023 年第 1 期【数据来源：根据曹县大集镇政府电商办工作人员座谈会中的陈述】。

务的创新扩散过程中发挥了促进作用，也解决了村庄的空心化以及留守儿童、留守老人等问题。

在产业基础方面，大集镇属于传统意义上的农业乡镇，工业基础较为薄弱。20 世纪 90 年代起，有些村里想致富的村民们开始销售影楼服饰，但是，依靠“走街串巷”的方式销售产品，投入高、收益低——家庭主要劳动力要常年在外奔波，连基本的农业生产也顾不上，赚取的收益也仅仅能满足家庭基本生活开支。不过，就是这种最原始的影楼服饰销售，为日后大集镇电子商务的发展奠定了产业基础。

二、大集镇电子商务发展的历时性分析

从 2009 年大集镇丁楼村开出第一家淘宝店以来，电子商务在大集镇实现了星火燎原般的扩散。十年辛苦不寻常，也是十年磨一剑，截至 2021 年，大集镇已经有网店一万八千余家，天猫店三千余家，25 个行政村全部被评为“淘宝村”，率先实现了“淘宝村”镇域全覆盖。下文将依照时间顺序，从 2009 年开始梳理大集镇电子商务十多年来的发展历程。

（一）早期初探阶段：农民创业点燃星星之火（2009—2013 年）

大集镇能实现经济发展，离不开当地农民的首创精神。在早期的电子商务发展中，任庆生、周爱华（任庆生妻子）、丁培玉等本地村民起到了探索者和典型示范作用，他们的成功实践，让其他村民相信“农民也能在网上卖东西”。所以，我们以大集镇早期电商创业者为例，阐述在早期初探阶段，大集镇的本地农民是如何勇于尝试和探索，进行电子商务实践的。

任庆生目前是大集镇某表演服饰公司的董事长（负责人），也是丁楼村的党支部书记。从 2009 年进行电商经营以来，任庆生通过经营电子商务实现了个人致富，也带动了丁楼村以及周边村庄的电商发展，是丁楼村当之无愧的“电商第一人”。但是，在发展电商之前，任庆生家的生活可以说非常拮据。贫困生活的经历是任庆生后来选择做电商的重要原因，因为“穷

怕了”，有了赚钱的方法总得去试一试。

任庆生开网店，与最早在大集镇开网店的军嫂葛秀丽有关。一次去部队探亲的经历，让葛秀丽了解到“网购”这一新型的购物方式，回家后，葛秀丽就开始在网上销售曹县特产“王光烧牛肉”。葛秀丽在网络上成功卖出商品后，便将这个“新鲜事儿”告诉了同村好友周爱华，周爱华听到在网上能赚钱，回家便和丈夫任庆生商讨了这件事。一开始，任庆生对这事儿半信半疑，但是周爱华铁了心想试试，便从父亲那里借了 1000 元钱，任庆生又凑了 400 元钱，买了一台组装的电脑，安装上了网线。

一台电脑，一根网线，任庆生和周爱华开始了电商创业。但是，他们的创业路并不顺利。村里人看到他们安了电脑，还要通过电脑卖东西，都来看热闹，质疑声大过好奇心。但是，村里人的态度，并没有影响任庆生和周爱华的选择，在他们的坚持经营下，丁楼村第一家以演出服销售为主的网店就开了起来。网店注册完成后，任庆生便开始学习打字，不会拼音打字，就从孩子课本上自学。终于，经过三个月漫长的等待，任庆生和周爱华的淘宝店有了第一笔生意，虽然只有寥寥几单，依然让夫妻俩备受鼓舞。

刚开始做电商，销量不高，经常隔一段时间才有订单，任庆生和周爱华一边种地，一边网上卖演出服，任庆生负责网上跟顾客沟通，去曹县寄快递，周爱华则负责准备演出服。他们的店铺注重信誉，发货速度快，任庆生选择售卖的产品也经常成为爆品。于是，到了 2009 年末任庆生便开了第二家网店。2012 年，网店的订单不断增加，任庆生开始扩大生产规模，买了五台缝纫机、一辆面包车专心做起了电子商务。[①] 在任庆生与周爱华的经营下，他们的网店一年便赚了几十万。村里人看到任庆生赚了钱，纷纷前来学习讨教，任庆生也不吝啬，将自己学会的电商知识倾囊相授，就这样，村里人也开始了电商实践。后来的又一员“电商大将”丁培玉便是这

① 曹县人大常委会：《电商扶贫结硕果》，2018 年 8 月 29 日，https://mp.weixin.qq.com/s/LOUXiuaNQGcdzwbPBCHa_w。

些村民中的一员。

丁培玉是土生土长的大集镇农民，初中毕业后，在东北干了五六年的苦力，1988 年开始去全国各地的照相馆推销布景，后来，妻子在家用缝纫机做衣服，丁培玉就去外面走街串巷推销衣服。1997 年，丁培玉花了两千多元装了部电话，有人要货，一个电话打过来就能联系上，他家的服装销售量也实现了突飞猛进的增长。[①] 更大的突破发生在 2010 年，当时，像任庆生一样注册了网店的其他村民把丁培玉做的演出服拍成图片发到网上进行售卖，成交量虽然不高，但是他们对这种新的销售方式都感到十分惊奇。随着丁楼村开网店的人越来越多，来丁培玉家拿衣服的人也多了起来，因此，丁培玉就停止了网上销售的渠道，专心做起了供货商。他经营的家庭服饰加工厂，最多时可以满足六百多家网店的销售量。

在 2009—2013 年间，这一时期主要进行电商经营的是大集镇的“草根”们，他们是当地土生土长的农民，没有经过专业的电商培训，也没有高层次的文化水平。因为“穷怕了”的境地和心理，他们的抓住机会致富的意识自发觉醒，他们没有退路，往前走，去尝试做电商，他们还有脱贫的希望，如果囿于传统思维，就只能继续贫困下去。

因此，像任庆生这样“第一个吃螃蟹”的人是非常难得的探索者、乡村能人，也是在他的典型示范和引导帮扶下，大集镇村民的致富路才有了明确的方向。开了几年淘宝店之后，任庆生因被村民们认为淘宝店做得最好，又乐于助人，担任了丁楼村党支部书记，他积极帮助主动来请教他的乡亲，还主动采用“精准带动”帮扶的方式引导村民从事电商实践。比如，丁楼村不乏无法干农活，也没有办法外出打工，收入来源非常少的村民，任庆生便多次到这些村民家中进行说服工作，教授他们电商工作技能，为村民个人成立网店奠定了基础。这种“精准式人际传播”对于大集镇内的村民具有重要的带动作用。丁培玉则紧随其后扮演了“后备军”的角色，

---

① 曹县电子商务:《电商发展带头人》, 2019 年 8 月 19 日, https://mp.weixin.qq.com/s/6jR_zxQhZ_Gu_cCAF6mTWg。

他能够为激增的订单提供货源，也就为村民们进行电商实践提供了坚实的后盾。他们虽然没有学习过相关专业的知识，但是，他们身上有着一种与生俱来的质朴与大爱，在他们先富起来之后，并没有捂着盖着独享新技术带来的富裕甜头，而是无偿分享电商知识，还给乡亲们支招、帮忙，由此带动了村民互相支招，互相帮忙，共同打造了一个“草根”创业的新气象。

丁楼村的发展历程说明了在电商技术传播过程中乃至在乡村振兴过程中，要有典型示范或先锋人物的引领、分享，才能让农民们充分了解新技术的相关情况，调动农民的创业热情；同时，农民们形成了内部的合力——既在产业发展和销售链条方面帮扶配合，也在情感与认知方面互帮互助，才能实现整个村落的发展，并在整个地区形成示范作用和影响力。也是在这样一个从点到面、协作共赢的过程中，农民们曾经因自然历史和结构性原因造成的农村落后而产生的某种自卑怯懦心理，才能逐渐被自立、自强、富裕满足、共同体支撑等心理状态所取代，农民们才能树立主体意识，乡村也才能实现真正的发展。

（二）飞速发展阶段：政府推动形成燎原之势（2013 年至今）

大集镇的电子商务发展起始于本地农民的自发性实践，但是，随着电商经营规模的不断扩大，出现了许多无法依靠农民自发性力量解决的难题。政府的适时介入，有效地帮助农户解决了经营中的难题，起到了规范引导的作用，大集镇的电子商务发展也进入了新的阶段。接下来，我们将阐述政府部门为推动电子商务发展采取的一系列措施。

2013 年 3 月份，大集镇新一届乡党委政府在进行消防检查时，发现丁楼村这一新兴的电子商务模式。[①] 大集镇政府对这一农民新兴创业方式非常重视，不久，村民们发展生产的四合院里，消防通道、消防器材陆续到位，

---

① 王盛：《我眼中的山东大集淘宝镇》，2015 年 4 月 17 日，http://sd.sdnews.com.cn/yw/201504/t20150417_1885175.htm。

消防知识宣传活动也快速展开。与之同步，时任乡党委书记苏永忠要求派出所的同志们统一着制服，亲自去给二十多个农家小院挂上了“重点保护企业”的牌子。这意味着，原本闷头闷声的农家院生产，第一次从政策上得到了支持。

随即，乡政府对这一农民创业方式展开了调查，发现当前的农民商家们面临着基础设施落后、物流系统不发达、光纤入户效果差、商户缺乏专业系统知识等问题，于是大集镇政府及时介入本地电商发展进程，通过完善基础设施、建设淘宝产业园等方式为大集镇电子商务发展实现跨越式增长提供了有力支持。可以说，大集镇政府在当地电子商务发展过程中发挥着重要的引导支持的作用。

1. 完善基础设施，建立淘宝产业园区

在大集镇电商发展过程中，自发形成的电商组织想要实现跨越式发展离不开政府的支持和引导。大集镇政府发现新的农民创业方式后，便着手完善大集镇的基础设施，为电商经营者们打造优质的营商环境。在完善基础设施方面，大集镇政府主要做了以下几件事：一是为辖区内的村庄修建了道路，保障了商品运输的效率；二是在农村地区进行光网改造，提高了农村地区的互联网普及率；三是建立淘宝产业园区；四是成立政府专门部门保障相关服务。

线上经营要想获得持续性收益，必须提高店铺的信誉，对于商家而言，发货时间与商家信誉密不可分。要想提高发货的效率，当务之急便是修建道路，保障商品运输。2017 年大集镇共完成农村道路改造 1205 公里，其中，为电商村改造道路 186.9 公里，占电商村全部道路的 15.5%。在 2013 年 4 月，大集镇政府利用山东省光网改造试点的机会，联合菏泽市联通公司曹县分公司，率先在农村地区进行光网改造，将宽带从 2M 提高到了 100M，实现了互联网村庄全覆盖。政府提供的硬件帮扶为大集镇村民从事电商实践奠定了物质基础，极大便利了电子商务在大集镇的扩散。

2013 年以来，大集镇电子商务的经营规模不断扩大，传统的以家庭为单位的小作坊式生产已经无法满足日益激增的订单量，电商经营者要想扩大经营规模，就要解决生产和销售场地受限的问题。2013 年以前，电商经营者扩大生产场地的方式只有在自己的宅基地前后扩建房子。当大集镇政府了解到村民们的经营难题后，便开始着手修建淘宝产业园区。

大集镇政府工作人员提供的资料显示，大集镇一期电商产业园投资 2.6 亿元，占地 120 亩，在企业布局上采取了“前店后厂”的形式，提高了土地的利用效率。产业园建设完工后，大集镇政府出台了大量优惠政策，吸引企业入驻。例如，对于前 10 名入驻产业园的企业提供 5 万元的现金支持；对于所有入驻的企业，3 年内给予财政补贴支持，返还企业缴纳的一部分所得税，支持企业进行科研以及扩大再生产；给予入驻的企业房租补贴等。这一系列措施，提高了产业园区的吸引力，吸引了大批的企业入驻。

产业园区内入驻的企业门口，大多挂着“电商扶贫就业点”的牌子。据大集镇电商办工作人员介绍，企业门前的“牌子”表明，这些企业都享受着政府给予的优惠政策。2017 年，曹县人民政府成立了电商服务中心，专门用于为县域内电商从业者提供公共服务，更好地推动电子商务服务和物流站点的建设。曹县电子商务服务中心启动建设了 27 个乡镇级、138 个村级电子商务服务中心，为村民提供技能培训、创业孵化、金融服务等相关电商技能培育及扶持，组织当地青年群体参加创业就业学习培训、交流分享，营造氛围，培育人才，推动农村电子商务发展。[①]2019 年曹县成功入选国家级电子商务综合示范县。2020 年，受到新冠疫情的影响，大集镇电商企业的销售额也呈现下滑的趋势，为了减少企业的损失，大集镇政府及时与合作银行进行沟通，为园区内企业提供优惠贷款额度，助力企业复工复产。

2. 组织电商培训，培育电商人才

人才是乡村振兴的关键要素，也是电商企业实现可持续发展的动力源泉。大集镇政府在为电商企业完善配套设施的同时，也积极组织电商人才

---

① 《可复制的“曹县模式”——曹县电商赋能县域经济发展纪实》，《牡丹晚报》，2021 年 9 月 30 日，https://www.163.com/dy/article/GL61S9H205149EKS.html。

培训，为电商企业提供源源不断的发展动力。2013年，曹县人社局积极探索组织，建立了系统电商培训体系，一大批电商培训学校承担起了培训电商人才的重任。比如，山东部分网络科技公司与人社局和电商部门结合，形成了县、镇、村三级培训体系，免费培训电商实用型人才，从电商零基础实现选品测品、运营设计一体化的实战演练，让老百姓在家门口就可以学到实用性的电商知识，并且可以很快实现触网销售。曹县人社局局长赵广民说："截至2021年底，全县共有5万多人次参加了电商专业培训班，带动了35万人就业创业，这种专业的技能培训为我们曹县电商的健康可持续发展提供了强劲的动力和坚实的基础。"①

以大集镇电商服务中心在2020年5月18日组织的电商培训课程为例，本次培训的内容涉及网店运营、引流、推广、售后、短视频制作等多项内容，培训对象覆盖大集镇辖区内的所有村民，政府为培训提供扶持，所有的课程内容均免费对所有村民开放。服务中心在为村民提供电商知识的同时，提供了大量的经济补贴，在学习完两周的课程后，学习人员还可以凭借曹县人社局颁发的《结业合格证书》申请十五万元的免息创业贷款。

大集镇电子商务的技术传播与产业发展离不开政府的引导与扶持，从大集镇政府所采取的一系列扶植电商发展措施也可以看出，即便农民抱团经营，在自身能调动的现有资源之外所遭遇的瓶颈也难以突破，只有政府适时、积极地参与基础设施建设和从政策层面解决问题，才能使得这份农民产业获得真正发展。如果说修公路、修网路是在"造血管"或"输血"，那么打造电子商务产业园、组织培训普及电商知识就是在引导提升，实现"造血"功能，如果只是浅层次介入的"输血"，没有深层次的政策出台、引领和普及活动，就不能培养大量的电商人才，不能大范围解决贫困落后的地区现状，唯有将"输血"与"造血"相结合，才能实现区域经济的跨越式发展。

---

①《曹县：提升电商技能 激发创业活力》，菏泽广电网，2023年2月20日，https://baijiahao.baidu.com/s?id=1758340640329303059&wfr=spider&for=pc。

第二节　大集镇电子商务创新扩散的影响因素及其模型建构

在介绍大集镇电子商务发展过程概况的基础上，本节主要是围绕“大集镇电子商务的创新扩散过程”展开的调查研究，意在深度挖掘大集镇电子商务创新扩散过程中的影响因素。在资料收集阶段，我们采用了传播学民族志、参与式观察法、深度访谈法作为本次调研的数据收集方法。在资料分析阶段，借鉴了扎根理论三级编码的数据分析方式进行数据呈现，并在本节第三部分建构出了大集镇电子商务创新扩散的影响因素模型，为第三节的“影响因素”分析奠定基础。

一、数据收集

在数据分析阶段，我们采用了扎根理论的方法。扎根理论是一种强调从感性认识或经验事实中提升出理性认知或概念理论的研究方法，其方法实施的基本步骤是首先收集数据，包括各种形式的社会现象数据，如文本、访谈、观察等；然后进行数据分析，其方式是进行三个层次的编码：一层次编码是从所收集的大量数据中识别和标记出有意义的单元，二层次编码是将编码后的有意义单元组织成概念和类别，三层次编码是将概念和类别相互联系，形成一个初步的理论框架。扎根理论要求在资料收集的过程中，收集的内容尽可能翔实，因此，在数据收集阶段，我们采取了半结构化访谈、参与式观察的方法。笔者与访谈对象进行沟通时，大部分访谈对象正处于工作状态（打包商品或线上与客户沟通），通过半结构化访谈的方式，可以激发被访谈对象的表达欲望，让访谈对象能够在相对自由的条件下表达个人情感，同时，半结构化访谈也可以让我们能够有足够的空间灵活处理采访过程中出现的新情况，及时对采访内容进行调整，从而收集更为有效的数据。

（一）确定调研地

前文已提及大集镇是本书的研究对象，但是我们有必要把选择曹县大集镇作为电子商务创新扩散影响因素研究调研地的主要原因再次进行充分说明。

第一，大集镇之前是非常传统的农业小镇，地少人多，村民的收入来源单一，主要依靠种植农作物维持生计，工业基础十分薄弱。大集镇的本地资源情况与曹县其他农村地区相对一致，既有普遍性，后来的发展也更具有代表性。

第二，曹县县域内的淘宝村数量从 2013 年的 2 个发展到 2020 年的 151 个，淘宝镇的数量由 2014 年的 7 个发展到了 2020 年的 17 个，可以说，曹县县域内的电子商务取得了较好的成绩。本次调研结束时的 2022 年 4 月最新数据显示，曹县“淘宝村”“淘宝镇”的数量占全省的 1/7、1/4，实现了“淘宝村”镇域全覆盖。大集镇也是山东省唯一淘宝村全覆盖的镇，早在 2014 年 12 月，大集镇就被阿里巴巴集团评为首批中国“淘宝镇”。

除此之外，大集镇电子商务成功入选第十一批全国“一村一品”示范村镇。① 基于大集镇在电子商务发展方面取得的成绩，笔者将曹县大集镇作为我们的调研地。

（二）确定访谈对象

我们选取的访谈对象为 15 名在大集镇从事电商经营且取得不同程度业绩的村民、6 名未从事电商经营的村民、2 名镇政府工作人员、2 名曹县广播电视台工作人员。确定以上人员为访谈对象主要基于以下几点考虑。

第一，大集镇村民在面对“电子商务”这项创新时，存在着“采纳创新”与“拒绝创新”这两种态度，因此，笔者根据村民对待电子商务的态

---

① 《2021 年政府工作报告》，曹县人民政府，2021 年 5 月 14 日，http://www.caoxian.gov.cn/art/2021/5/14/art_14661_10289683.html？xxgkhide=1。

度差异，将大集镇的村民细分为从事电商经营的村民和未从事电商经营的村民。

第二，在对大集镇电子商务的发展历程进行梳理时，笔者发现政府部门在电子商务的传播过程中发挥着重要的引导作用，因此，将大集镇政府的工作人员同样纳入访谈对象中。

第三，笔者选择曹县广播电视台的工作人员作为访谈对象，主要是为了了解和呈现在人际传播和政府直接宣传之外大众传播渠道对电子商务创新扩散的影响，以及本地媒体对电子商务这项“创新”的宣传报道情况。

表 1–1 为主要受访者信息表。

表 1–1　主要受访者信息表

编号	受访者	性别	年龄	学历	从事行业	访谈形式
F01	李先生	男	32	初中	电商经营者	面对面访谈
F02	王女士	女	26	专科	电商经营者	面对面访谈
F03	马先生	男	26	专科	电商经营者	微信访谈
F04	乐女士	女	42	初中	电商经营者	面对面访谈
F05	朱女士	女	50	小学	电商经营者	面对面访谈
F06	李先生	男	26	初中	电商经营者	微信访谈
F07	陈先生	男	25	本科	电商经营者	电话访谈
F08	张先生	男	25	专科	电商经营者	面对面访谈
F09	杨先生	男	40	初中	电商经营者	电话访谈
F10	杨先生	男	50	初中	电商经营者	电话访谈
F11	孙先生	男	31	专科	电商经营者	面对面访谈

（三）拟定采访提纲

我们注重对数据的挖掘，针对不同类型的访谈对象，拟定了内容基本相同但存在具体差异的采访提纲，在访谈结束后，及时对访谈资料进行整理，补充新的问题，进行二次采访。采访提纲基本内容如表 1–2（以电商从业者为例）。

表 1-2 访谈提纲（例）

访谈提纲 A（电商从业者）
一、基本信息： 1. 您的年龄是？ 2. 您的学历是？初中 / 高中 / 中专 / 大专 / 本科 / 硕士 / 博士 3. 您的店铺名称是什么？ 二、访谈问题： 1. 您什么时候开始接触电商的？您经营电商多久了？ 2. 最初是通过什么方式了解到电商的？如报纸 / 电视 / 手机 / 朋友 / 政府等。 3. 从事电商经营之前，您从事什么工作？外出务工还是就近工作？ 4. 什么原因让您决定从事电子商务经营？ 5. 跟线下销售相比，您觉得电商经营有什么优势？ 6. 您如何解决经营过程中遇到的网络技术问题？ 7. 您通过什么渠道学习与电商相关的知识？ 8. 您是否参加过政府组织的电商培训？您觉得效果如何？ 9. 政府有什么电商相关的补贴？ 10. 通过发展电子商务，您觉得生活发生了哪些变化？（细化） 11. 您的公司是如何分工的？是否雇用周边村民？

（四）访谈过程

本次深度访谈主要分为三个阶段。

第一阶段是为访谈工作进行准备的阶段。在这一阶段，我们从曹县人民政府网、曹县年鉴、大集镇电子商务微信公众号、相关媒体报道、已发表论文中寻找与访谈对象相关的内容，提前了解调研地的风土人情以及经济发展状况，为后期进入田野做好充足的准备。

调研的第二个阶段，我们调研团队成员进入曹县融媒体中心进行实习，深入感受媒体在大集镇电子商务发展过程中的作用，并且多次参加电商培训、电商节等活动，通过参与式观察的方法将自身融入整个传播体系中，建立起对曹县电商宣传体系的初步认知。除此之外，在调研的第二阶段对曹县融媒体中心的工作人员进行了访谈，并在曹县融媒体中心工作人员的帮助下，添加了大集镇政府工作人员的联系方式，为第三阶段的调研做好准备。

调研的第三个阶段，我们团队进入曹县大集镇进行实地调研，团队成员李哲还进行了为期一个月的参与式观察，同时向大集镇政府工作人员寻求帮助，在他们的帮助下，联系到了符合条件的被访谈对象，结合采访提纲展开相关调研。

二、数据呈现

一般来说，扎根理论研究包括开放式编码、主轴编码、选择性编码三个步骤。[①] 扎根理论的研究思路与我们所选取的研究内容一致性强，因此，下文将借鉴扎根理论的三级编码方法对收集的资料进行分析。

（一）开放式编码

在开放式编码阶段，我们将采访中的全部录音转换成文字，并对采访过程中的笔记进行整理，将频率出现在 3 次以上的概念进行初步类属，最终得到了“外地生活成本高”“政府鼓励支持”等 25 个范畴，用英文字母“a”加序号表示。出于浏览的方便性，表 1–3 仅展示部分编码。这一阶段的整理以原资料为准，具有真实性，同时也为后续的主轴编码和选择性编码打下基础。

表 1–3　部分开放式编码表

序号	标签	原始资料内容
a1	外地生活成本高	江西那边的幼儿园一个学期 7000 元，我弟弟妹妹是龙凤胎，一年光学费差不多快 2 万了；我之前在杭州租房子，一个月都要 5000 多，杭州房价很贵，在杭州生活成本高；在外面无论是结婚还是生活，压力都很大
a2	电商赚钱	做电商就是为了赚钱嘛，很简单，哪个地方赚钱往哪跑；周围朋友都在做这个，人家做这个赚了钱，我在外面也没有他们赚钱多；包衣服的话，一天能赚 70—80 元，包衣服也不累，在屋子里面干活就行，也不用风吹日晒，以前都是下地干活，一天的话，最多赚四五十块钱

① 姚曦、王佳：《国际品牌跨文化传播的影响因素模型与提升路径——一项基于扎根理论的探索性研究》，《新闻与传播研究》2014 年第 3 期。

续表

序号	标签	原始资料内容
a3	时间自由	之前是做电气自动化的，那时候在青岛，经常出差，做电商时间更自由；在家里就能做，时间比较灵活；在家里做电商能兼顾的事情更多了，既能照顾父母，又能照顾小孩上学
a4	投入成本少	要是想规模小点，买个电脑就行；村里人都在干这个，政府也会提供补贴；投入不多，各个流程都有补贴
a5	省略议价环节	我们这里也有那种试穿衣服、租衣服的人来，但是网上比较方便，比线下客流量大一点。而且，线上就是明码标价嘛，线下的话，顾客有时候砍价也得好长时间，线上就是比较方便一点，不好的就可以直接退掉。整个流程比线下的实体店更方便一些
a6	售后保障	要是遇到不喜欢的衣服，直接在平台上申请退款就行，非常方便
a7	大学本科及以上	高中的时候，看到村里都在做这个，大学就出去学了电子商务专业；之前在外地上大学，学的是音乐专业

（二）主轴编码

在主轴编码阶段，研究者要将开放式编码中初步得到的标签进行归纳和总结，发现标签之间的逻辑关系，对开放式编码阶段获得的标签进行范畴化，从而形成主范畴。这一阶段我们将开放式编码中得到的 25 个标签进行范畴化，提炼出了“电子商务收益高”“准入门槛低”“交易流程简单”等 11 个主范畴，用“A”加序号表示。出于浏览的方便性，表 1-4 仅展示部分编码（完整版本书略）。

表 1-4　主轴编码表

序号	主范畴	开放式编码
A1	电子商务收益高	外地生活成本高
		电商赚钱
		时间自由
A2	准入门槛低	学历要求不高
		投入成本少
A3	交易流程简单	省略议价环节
		售后保障
A4	受教育程度	大学本科及以上
		大学专科及以下

续表

序号	主范畴	开放式编码
A5	个性及价值观	敢于尝试
		性格保守
A6	外出经历	外出务工
		外出学习
A7	政策环境	政策鼓励支持
A8	经济环境	平台流量红利
		产业链成熟

（三）选择性编码

选择性编码是扎根理论三级编码的最后一个阶段，在这一阶段，我们将主轴编码阶段获得的 11 个主范畴进行整理后，最终提炼出了“电商自身特性”“传播渠道”“传播环境”“采纳者个体特性”这四个核心范畴，提炼出的这四个核心范畴影响了大集镇村民对电子商务的采纳行为（如表 1–5 所示）。

表 1–5　选择性编码表

核心范畴	范畴化	开放式编码
电商自身特性	电子商务收益高	外地生活成本高
		时间自由
	准入门槛低	学历要求不高
		投入成本少
	交易流程简单	省略议价环节
		售后保障
采纳者个体特性	受教育程度	大学本科及以上
		大学专科及以下
	个性及价值观	敢于尝试
		性格保守
	外出经历	外出务工
		外出学习
传播环境	政策环境	政策鼓励支持
	经济环境	平台流量红利
		产业链成熟

续表

核心范畴	范畴化	开放式编码
传播渠道	人际传播渠道	熟人影响从业
		熟人传播电商知识
	组织传播渠道	电商标语宣传
		大喇叭宣传
		微信群宣传
	大众传播渠道	研讨、培训
		电视广告
		电视访谈节目
		微信公众平台
		短视频

三、大集镇电子商务创新扩散的影响因素模型

我们借鉴扎根理论的研究方法对所收集的资料进行了三级编码，通过三级编码梳理出了主范畴的典型关系结构，构建出了大集镇电子商务创新扩散的影响因素模型（如图 1–1 所示）。通过三级编码，笔者总结出了影响大集镇电子商务创新扩散的四大因素，分别是“传播环境”“传播渠道”“采纳者个体特征”“电商自身特性”。

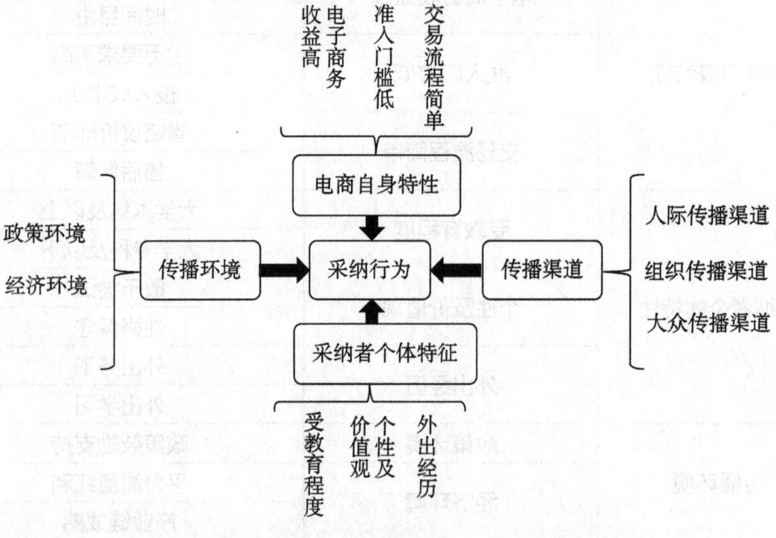

图 1–1　大集镇电子商务创新扩散的影响因素模型

第三节　大集镇电子商务创新扩散的影响因素模型概述

当一个观点、方法或物体被某个人或团体认为是“新的”的时候，它就是一项创新。[①] 罗杰斯认为，创新—决策过程包括五个阶段，分别是认知阶段、说服阶段、决策阶段、执行阶段以及确认阶段。[②] 电子商务作为一种新的销售模式，也是一种创新，但是，笔者在调研中发现，在大集镇电子商务的创新扩散过程中，创新—决策过程的五个阶段区隔并不明显，因此，笔者将大集镇电子商务的“创新—决策”过程看作一个整体加以分析，探究在整个“创新—决策”过程中，存在着哪些影响创新扩散进程的因素。

我们借鉴扎根理论的三级编码，在第二节的第三部分建构出了“大集镇电子商务创新扩散的影响因素模型”，总结出了“传播环境”“电商自身特性”“传播渠道”“采纳者个体特征”是影响大集镇电子商务创新扩散的四大要素，本节和第四节将针对这四大影响因素展开详细阐述。

一、传播环境影响电子商务采纳进程

农民分散化、原子化趋势是当前诸多农村问题的本质性原因。[③] 若想实现乡村振兴，应该先着手解决农民的“原子化”问题。将农民组织起来，激发起农民的创业动力。在这个过程中，政府引导与市场调节都大有可为。

在大集镇电子商务创新扩散的过程中，政府与市场在塑造传播环境方面都发挥着不可替代的作用，同时，政府与市场也在塑造传播环境的过程中发挥着将农民组织起来的作用，并使其释放出了强大的创业动力。下面

---

① ［美］E. M. 罗杰斯：《创新的扩散》，唐兴通等译，电子工业出版社 2016 年版。
② ［美］E. M. 罗杰斯：《创新的扩散》，唐兴通等译，电子工业出版社 2016 年版。
③ 王立胜：《毛泽东“组织起来”思想与中国农村现代化社会基础之再造》，《现代哲学》2006 年第 6 期。

将从政府与市场两个主体出发，分别阐述政府采取了哪些措施来优化传播环境，以及市场如何影响电子商务的创新扩散进程。

（一）政府主导顶层设计，优化营商环境

农民是乡村振兴的主体，要实现乡村振兴，就要牢牢把握住农民的主体地位，充分调动起农民的积极性。通过调研，笔者发现，在大集镇电子商务创新扩散的过程中，政府并没有过多干涉农民的主体地位，而是通过顶层设计进行侧面引导的方式，激发农民的内生动力，支持农民的创业活动。

在电商政策制定方面，提供政策支持是政府部门鼓励电商发展、引导电商经营者进行规范化经营的重要途径。在大集镇电子商务创新扩散过程中，大集镇政府出台了《大集镇党委政府关于鼓励电子商务产业发展的优惠政策》《大集镇淘宝产业园区优惠政策》等多项政策，鼓励发展电子商务。通过推行电商扶持政策，为电子商务的发展做好了道路铺垫。

在具体负责机构设置方面，曹县专门成立了“持续深入优化营商环境和推进政府职能转变领导小组”，监督优化营商环境的各项措施是否有效落地。大集镇党委、政府成立了电商产业发展办公室，带动村民进行电商经营。镇政府对本镇电商发展的态度是“学习、服务、支持、引导”，曾任大集镇党委书记的苏永忠说得很直接，“不了解，就要学，不能上来就管。不懂，又怎么管呢？”[①]

从大集镇整个社会营商环境来说，乡村振兴战略的推进，奠定了大集镇农村发展的整体基调，政府部门对于电子商务的发展持鼓励、支持的态度，村民们的电商实践活动与国家发展总体思路相契合，农民从事电子商务实践就有了权威支持。如：访谈对象F01认为，政府自始至终是鼓励村民们进行电商实践活动的，自己进行电商经营非常有底气，“在我们这里做电商，政府部门都非常支持，免费给村民们培训，买机器也有补贴，尤其

① 天下网商：《一个基层乡镇干部讲述的农村“怪现象”：万万没想到，村里会发生这样的事》，2018年9月4日，http://www.iwshang.com/articledetail/256911。

是疫情这两年，不管生意怎么受影响，但是咱心里有底嘛”（F01 访谈）。

访谈对象 F04 之前在秦皇岛经营着一家玻璃厂，看到家乡当地政府在大力支持电商发展后，选择放弃玻璃厂的生意回乡创业。F04 能够返乡创业的重要原因便是受到了政府政策的激励，与原先的生意相比，做电商能获取更高的利润以及政策补贴，“之前干玻璃厂的时候，就是自己做买卖，也没有政府给咱的这些补贴，赚不了大钱，现在回来干电商，刚开始厂房也是免费使用的，现在交的钱也不多，产业园这些物流配套都很方便，政府鼓励咱们干这件事儿，各方面都提供了便利”（F04 访谈）。

访谈对象 F10 之前在北京做电商，在曹县政府的号召下，F10 将企业回迁到了产业园中。他认为，政府提供的低价库房以及附近低廉的劳动力资源是吸引他回迁企业的重要原因，“之前在北京，场地费太贵了，做电商主要还是在网上销售，这跟在哪里建厂房没啥关系，曹县这边政府提供的厂房价格低，也好雇人，所以就把整个企业迁回来了”（F10 访谈）。

由此可见，大集镇电子商务能够取得现有的成绩，与政府部门完善顶层设计、提供专业管理和支持、优化营商环境等措施密不可分，通过以上措施，政府部门为大集镇营造了“尊商”“亲商”“护商”的社会风气，激励着更多的村民从事电子商务经营。

（二）市场有效配置资源，提供经济动力

党的十八大报告提出，经济体制改革的核心问题是处理好政府和市场的关系。所谓政府和市场的关系，实际上就是在资源配置中市场起决定性作用，同时更好地发挥政府调节作用。[①] 电子商务能够在大集镇实现创新扩散，也离不开市场在其中发挥资源配置的决定性作用。

1. 平台提供流量红利

电商平台的客流量是电商企业获取收益的重要依托。笔者通过访谈了

① 《使市场在资源配置中起决定性作用》，人民网，2013 年 12 月 4 日，http://opinion.people.com.cn/n/2013/1204/c1003-23735165.html。

解到，部分早期的电商经营者选择进行电子商务实践的原因是平台提供了较多的流量红利。例如，访谈对象F10是一位从事电商经营十年的商家，根据他的回忆，他最早进行电商经营时，平台提供了大量的流量倾斜，他认为平台提供的流量是他从事电商经营的一个重要原因，“刚开始干的时候，‘店小二’（电商平台工作人员）几乎是求着你干电商，那个时候注册的人少。现在不行了，现在你想要流量就得花钱了。一天仅投放广告费用就是三万，一个月下来就是九十多万，贵得很，但是你不花钱不行啊，不投广告，就没有流量，你怎么赚钱”（F10访谈）。

平台提供的流量有时也会成为制约村民进行电商实践的因素。例如，访谈对象F15之前在淘宝平台有自己的店铺，后来，在流量竞争中，访谈对象F15选择放弃了淘宝平台的店铺，转向了平台流量更优惠的拼多多平台。

因此，让市场在资源配置中起决定性作用，其实也是在激发电商经营者的内生动力。在早期的电子商务创新扩散过程中，电商平台提供的流量支持，吸引了一部分像F10这样的电商经营者。尽管后期流量不再是免费提供给商家，但是，从电商经营需花费高昂的广告费用获取流量以及转向其他优惠平台的行为来看，市场在资源配置中，始终占据着决定性的地位，电商经营者如果想实现店铺增收，就要遵循市场规律。

2. 产业链成熟

产业链成熟也是影响大集镇电子商务创新扩散的重要因素之一。大集镇目前已经建设了孙庄、付海两大淘宝辅料市场，解决了周边企业生产资料紧缺、运输成本高的问题。除此之外，目前，大集镇有两百多家大型绣花厂，一百五十多家印花厂，一百六十家布匹批发商，二十七家快递公司。这些公司为村民提供大量的货源，村民需要什么产品，直接在镇上就可以解决货源问题，降低了村民的经营成本。新从事电商经营的村民不需要自己购买布料、制作衣服就能在网络上进行销售。

例如，访谈对象F25说：“网上开店的流程还挺简单的，有人下单我就去丁培玉家拿货，拿过来就可以直接给客户发货，平常上班没时间弄。有

时间就稍微弄一下，一周也能卖十来件。”（F25 访谈）

访谈对象 F09 目前经营着一家服装厂，根据他的描述，自己的服装厂需要的布料会从镇上的布料店去购买。“镇上有专门做布料的，需要这些原材料，直接从镇上订购就可以，不用再跑到别的地方买，这就省下了很大一部分开支。孙庄那边就有很多公司是专门生产辅料的。”（F09 访谈）

笔者与访谈对象 F12 进行访谈时了解到，F12 与其父母正在家中进行演出服的制作。他说：“我们家做的生意小，不忙的时候就和家里人自己做演出服，要是订单多了，就直接去附近的服装厂拿货，价格低，也非常方便。”（F12 访谈）

由此可见，大集镇完整的产业链降低了村民们从事电子商务经营的门槛，吸引了较多的村民进行电商经营。

二、电子商务实现扩散的自身优势

通过三级编码，笔者发现，电子商务作为一种创新模式具有收益高、准入门槛低、交易流程简单的优势。下文将深入分析电子商务的自身优势如何影响村民的采纳行为。

（一）电子商务收益相对较高

大集镇在发展电子商务之前，全乡 25 个（2020 年确定）行政村中，省级贫困村有 2 个，市级贫困村有 14 个。农民的收入主要来自土地生产，土地资源十分有限，人均不足一亩，农产品的产量、销量波动较大，农民收入很低，经济发展十分落后。

以大集镇最早进行电商经营的丁楼村党支部书记任庆生为例，任庆生进行电商经营之前，做过电工，在工地干过，卖过净水器。尽管任庆生不断尝试赚钱的方法，但这些工作最多只给他带来能够满足基本生活需求的实际收益。大集镇其他村民亦是如此，虽然尝试过多种工作，但始终未找到能实现经济发展的门路。

电子商务的出现为村民提供了经济增长的新思路，通过发展电子商务，村民们的收入得到了大幅提高。在访谈中，当提及为什么会选择回乡从事电商经营时，多数电商经营者会提及“赚钱”二字，“做电商能赚钱”也是农村地区电子商务能够实现创新扩散的重要驱动力。通过访谈，笔者了解到大集镇村民在从事电商经营之前，尝试过的工作五花八门，有人在青岛做电气自动化，有人在江西做衣服，还有人在浙江做程序员，有人在远洋货轮上工作过，还有人在巴西开过饭店……他们之所以放弃之前的工作回乡创业，极为重要的原因就是与之前的工作相比，电子商务能够带来更多的收益。

例如，访谈对象 F06 之前在鞋厂打工，也是因为打工不赚钱，看到朋友们做电商后，便开始了自己的电商创业路，“我 13 岁下学（辍学），在鞋厂打工，也不理想，家乡的小伙伴都在干电商，我 15 岁的时候就回来了”（F06 访谈）。访谈对象 F07 毕业于黄淮学院的音乐系，毕业后在驻马店做过钢琴老师，决定返乡后，最初面试的是教师的工作，后来觉得工资太低，便开始经营电商，“之前在外地上学，在曹县面试过老师，感觉工资太低了，就回来做演出服了”（F07 访谈）。

（二）电子商务的准入门槛低

笔者对访谈资料进行整理后发现，电子商务作为一种创新模式，能够在农村地区实现扩散，与自身的低门槛性有很大的关系。这种低门槛性主要体现在以下两个方面。

第一，对于经营者学历要求低，能够简易操作电脑即可进行网上销售。大集镇最早进行电商经营的村民，诸如前文提到的任庆生、丁培玉等都是土生土长的农民，初中毕业之后便开始走南闯北地做生意，虽然职业经历较为丰富，但是他们的学历并不高。任庆生最初注册电商时，对于电脑的操作并不熟练，就连开机也是在咨询了安装电脑的师傅后才弄明白的。在跟客户沟通时，任庆生最开始对拼音打字也不熟悉，只能边自学拼音边与客户交流。

第二，需要投入的成本较少，风险较低。大集镇在发展电子商务之前，经济发展落后，辖区内贫困村较多，农民的收入较低，抵抗风险的能力又差，如果一种创新模式需要农民付出高昂的物质成本，那么这种模式便很难得到扩散。电子商务恰好能有效地减少农民的物质投入。最初进行电商经营的村民，都是以家庭为单位进行电商经营，这种家庭式的“小工厂”为农民减少了场地的成本以及雇用人员的成本。在场地方面，只需要有一个房间放置电脑，再寻找家庭中的一个空间进行产品的裁剪制作，便可满足生产场地的要求。如果有的电商经营者选择去工厂拿货，甚至不需要制作的厂房便可进行电商经营。在人员的雇用方面，最初的电商经营并不需要大量的人力成本投入，只需要家庭成员之间的简单分工即可完成整个交易流程。在大集镇，有的村民目前仍旧以家庭为单位进行电商经营活动，他们只需要几台电脑、几个缝纫机便可进行电商经营。

（三）交易流程简单

一种创新模式能否被采纳，一定程度上取决于它的复杂性。[①] 电子商务作为一种创新模式，能够被村民们采纳的重要影响因素便是相较于传统的销售方式，电子商务这种新型销售模式交易流程更简单。

囿于地理环境的限制，线下的店铺能够聚集的客源有限，并且存在议价的环节，整个交易流程相对烦琐。而线上的交易方式，扩大了交易范围，规避了线下议价这一环，简化了交易流程，能够使得店铺经营实现收益的最大化。

例如，访谈对象 F02 从 2015 年开始进行电商经营，目前有两家淘宝店铺，主要经营范围为儿童演出服，她所经营的店铺有时也会有人前来试衣服，对于线上和线下的交易模式，F02 有着不同的看法：“网上比较方便，比线下客流量大一点。而且，线上就是明码标价嘛，线下的话，顾客有时候砍价也得好长时间，线上就是比较方便一点，不好的就可以直接退

① ［美］E. M. 罗杰斯：《创新的扩散》，唐兴通等译，电子工业出版社 2016 年版。

掉。整个流程比线下的实体店更方便一些。”（F02 访谈）

由此可见，电子商务省去了交易中的议价环节，简化了商品交易的流程，同时，又能对商品的售后服务提供平台保障。因此，电子商务作为一种创新模式，更容易得到用户青睐。

三、采纳者个体特征分析

通过前文中建构出的“大集镇电子商务创新扩散的影响因素模型”可知：村民们受教育的程度、个性及价值观、外出经历是影响其接纳电子商务的几大因素。我们将从这三个方面展开论述，阐述采纳者的个体特征对电子商务创新扩散的影响。

（一）受教育程度

笔者对访谈对象中的 15 位电商经营者进行学历分析后发现：电商经营者 13.3％是小学学历，46.7％的电商经营者是初中学历，33.3％的电商经营者是专科学历，6.7％的电商经营者是本科学历。由此可见，初中及以下的学历的电商经营者占到 60％，比例相对较高（如图 1-2 所示）。

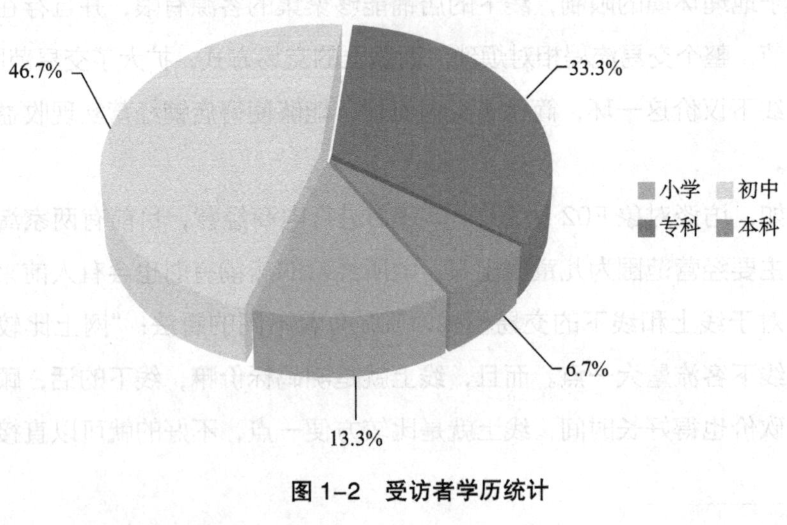

图 1-2　受访者学历统计

结合访谈数据，我们得出结论：在电子商务的早期发展阶段，学历并未制约村民的采纳行为，但是，随着电子商务经营规模的不断扩大，学历以及对电商知识的掌握能力成为电商经营者之间拉开差距的重要影响因素。

大集镇丁楼村的李燕出生于 1996 年，由于家里贫困，李燕在初中毕业后选择了退学，为了贴补家用，李燕退学后去了顺丰速运菏泽分公司工作，在看到村里人进行电商经营后，李燕也决定加入创业队伍中来，但是，由于知识的限制，店铺的销量一直不温不火，到了 2015 年，李燕自费参加了美工和运营的专业培训，补足了电商经营的短板，之后便开始了原创汉服制作。具备了专业素养，李燕的电商事业才迎来腾飞，目前，李燕设计的汉服已经申请了多个外观专利，店铺的销量也得到了大幅增长。

胡春青是大集镇有名的"创业博士"，博士毕业于大连理工大学，刚开始做淘宝店时，胡春青和妻子孟晓霞跟其他的村民一样，都要在工厂门口等着拿货，自己充当着"中间商"的角色，但是，这种从工厂拿货的模式并未满足胡春青夫妇的需求，凭借着自己在高校学习的知识以及准确的判断能力，两人开始自己生产服装。孟晓霞在大学期间学习过美术知识，于是开始设计自己的原创汉服。2017 年，两人成立了服饰公司，租用了村内的扶贫车间，开起了自己的加工厂，当起了老板，目前致力于汉服原创设计研发及生产销售，2019 年销售额突破了 800 万元，带动周边二十多名村民和三个贫困户就业。

通过以上案例可以发现，电子商务的准入门槛虽然较低，在准入方面对学历的限制不高，但是，如果想在电商经营的市场中占据竞争优势，知识素养以及基于此形成的完备的电商知识体系十分重要。

（二）个性及价值观

罗杰斯认为，早期采纳者与后期采纳者相比，具有更强的移情能力、抽象思维能力、推理能力等。并且将这些个体的特征归结为个性及价值观。[①]笔者通过调研发现，大集镇电商经营者中，较早进行电商经营的村民确实具有比较鲜明的精神气质，具体表现为以下两个方面。

1. 冒险精神

大集镇早期进行电商经营的村民所具有的冒险精神并不是一种莽撞行为，而是一种处于长期贫困状况下的“触底反弹”式行为。像前文中提到的任庆生，他是一位具有冒险精神的“创新者”，但是，他的这种冒险行为是被贫困的生活长久压榨后的绝地反击，是一种被动的冒险。无论是主动还是被动的冒险，早期电商经营者所具有的冒险精神都加快了他们对电子商务的采纳速度。

例如，笔者曾经访谈过两位都有过“开厂”经历的电商经营者，分别是访谈对象 F04 与 F14。2013 年，他们放弃了自己在外地已经发展得相对成熟的生意，返回大集镇创业。他们认为，做生意就是“有赚有赔”，即使做电商失败了，也没有关系。

“之前在河北开了一个玻璃厂，就想着回来试试，做生意时间长了，就不怕赔钱了，重要的是你得试试能不能行。”（F04 访谈）

“我常年在外地工作，后来听说村里有人干电商赚钱了，而且赚得比我之前开厂子还多，我就心动了。我不怕不赚钱，在外面做的生意太多了，也有赔钱的，但是这个商机，有时候你一犹豫就没了，我知道之后，就马上回来了。”（F14 访谈）

由此可见，早期具有冒险精神的电商经营者更倾向于采纳电子商务这种创新模式，同时，有过从商经历的人，还具有超越一般人的商业敏感。

2. 难以磨灭的韧劲

早期的电商经营者不仅具有冒险精神，还具有难以磨灭的韧劲，拥有一种“不破楼兰终不还”的气势，将电商视为他们未来发展的唯一道路。例如，访谈对象 F08 在 2015 年时辞去外地的工作回到大集镇创业，他认为虽然刚做电商时，吃了不少苦，但是，既然辞职回乡创业了，就没有任

① ［美］E. M. 罗杰斯：《创新的扩散》，唐兴通等译，电子工业出版社 2016 年版。

何退路，只能坚持做下去。

“刚开始的时候简直太难了，你看到有人赚钱了，就从外地回来了，村里很多人也不理解你为啥从外地回来，就猜你肯定是在外面混得不好了。家里人也不理解，他们觉得你做电商不赚钱。可以说没有人理解你。刚开始的时候，我们三四个人在一块研究平台，一个月基本上没怎么吃饭，夏天的时候饿了就吃点西瓜，晚上两点多睡，早上五六点就起来继续研究这个。”（F08 访谈）

访谈对象 F20 目前在大集镇从事小吃经营，当谈到自己为何没尝试做电商时，他说：“刚开始看着人家都干，心里也想试试，但是，咱啥也不明白，心里总是不踏实，还是在这里摆摊卖火烧心里踏实，卖多少就赚多少钱，能看得见就踏实。”（F20 访谈）

笔者发现，那些本身个性中带有冒险精神，愿意尝试新鲜事物并具有吃苦耐劳精神的村民更容易接受电子商务这一模式，那些对新鲜事物通常持有怀疑态度的村民不容易接受电子商务这一模式。

（三）外出经历影响

在访谈中，笔者发现，部分访谈对象有外出务工或者学习的经历。他们离开村庄的目的是获得经济收入或求学，后来，随着大集镇电子商务的发展，他们在看到家乡的变化后，便选择了回到家乡创业。与村庄内的村民相比，他们接受电子商务这种创新模式的概率更高，主要有以下几个原因。

第一，外出经历积累了电商经营的相关技能。外出务工的青年群体，要想在外地生存下去，必然要学习新的工作技能，他们有的人在江西纺织厂上班，在工厂里缝制衣服；有的人从事淘宝客服工作，锻炼了自己网上沟通的能力；有的人在快递点工作，能够掌握商品的完整交易流程。例如，访谈对象 F02 外出务工时，曾在江西的纺织厂上班，学习了制作衣服的技能。

“之前在江西打工的时候就是在做衣服，回到家里后，虽然也做过淘宝

的模特拍照片，但是不怎么赚钱，我又学过做衣服，所以就干脆开了个淘宝店，自己做衣服，自己在网上卖。"（F02 访谈）

因此，有外出务工经历的村民与本地村民相比，他们学习过更多的技能，也因此锻炼出更好的学习能力，更容易接受电子商务这种创新模式。

第二，有外出务工经历的村民眼界更开阔、思想更活泛，外出的经历也使得他们的胆量更大一些，更容易采纳电子商务这种创新模式。村民们外出务工或学习的经历让他们最先接触互联网，易于接受互联网思维。同时，在外地工作或学习的经历打开了他们的认知视野，比起长期在村子内封闭的同龄人，他们往往更具有冒险精神，承担风险的能力相对较强。像访谈对象 F04、F14 都曾有过外出务工的经历。因此，他们在面对电子商务这一新型销售模式时，往往会采用积极的态度接纳这种模式，并且能够承担一项创新有可能带来的风险。

第三，具有外出经历的村民启动资金较为充裕。通过对访谈资料进行整理，笔者发现，外出务工的村民在打工的过程中，积累了一定的物质财富，相对而言比没有外出务工经历的村民更为富有，这些物质积累为他们日后进行电商创业打下了坚实的基础。例如，访谈对象 F04 曾经在河北经营玻璃厂，收入勉强能维持生计，当他们看到家乡有了赚钱的门路后，便选择放弃了之前的经营，带着资金返乡创业。

除此之外，有外出学习经历的村民，他们学习的目的性较强。这其中，更有目光长远的"有心人"在高中时看到村庄发展电商，便在大学专门学习电子商务专业，为日后从事电商经营奠定了知识基础。例如，访谈对象 F11 目前经营一家汉服店铺，他在高中的时候，看到村庄里面的人开始从事电子商务经营，便在大学的时候选择了电子商务专业进行专门的学习，毕业后，他马上回家注册了自己的淘宝店，将所学的知识运用到了实践中。

第四节　电子商务实现创新扩散的渠道分析

通过对访谈资料进行整理，笔者发现，在对电子商务进行初步认知的阶段，大集镇村民获知并认可乃至从事电子商务的渠道主要有人际传播渠道、组织传播渠道、大众传播渠道。本节将围绕影响大集镇电子商务创新扩散的这三大渠道展开分析，试图呈现出不同的传播渠道对用户采纳行为的影响。

一、熟人社会构建人际传播网络

中国乡村社会是典型的熟人社会，在村庄中，人与人之间能够建立起关系纽带大多是基于居住地的接近性或者存在血缘关系。费孝通在《乡土中国》中将乡村描述成一个“熟悉”的、没有陌生人的社会，由于地缘的接近性以及血脉的传承性，乡村社会形成了以邻里、宗派等组成的“熟人社会”[①]。在这种“熟悉”的社会中，人际传播渠道是最为普遍的传播渠道，也是一种信任度极高和传播效果极好的传播渠道。接下来，笔者将分别阐述乡村人际传播的动因以及人际传播网络中的关键人物。

1. 人际传播的动因：乡村信任机制

费孝通在《乡土中国》中指出，在中国乡土社会，人和人之间的信任是建立在“熟悉”的基础上的，“乡土社会的信用不是对契约的重视，而是发生于对一种行为的规矩熟悉到不假思索时的可靠性”[②]。因此，笔者认为，电子商务能够在大集镇实现创新扩散，动因之一是基于“熟人”关系形成的人际传播网络更容易建立信任机制。

大集镇的村民在决定采纳电子商务这一模式时，会受到来自邻居、亲属、朋友的影响。例如，访谈对象F03曾在浙江务工，看到自己的“发

① 费孝通：《乡土中国》，生活·读书·新知三联书店2013年版。
② 乐晶、唐忠毛：《民间信仰与“信用机制”的再生产——以温州苍南钱库镇民间“拜经”习俗为例》，《世界宗教文化》2020年第5期。

小”回家做电商赚到了钱，于是，在跟朋友们交流了做电商需要投入的成本后，便开始了电商创业；访谈对象 F02 是看到哥哥在做电商，自己返乡后也开始做电商；访谈对象 F05 则是从邻居那里了解到电子商务模式的。

“跟朋友们聊天的时候发现他们都在家里做电商，都是从小玩到大的朋友，他们肯定不会骗我，回来创业后，要是遇到不会的问题，就问关系好的朋友们，他们也不藏着掖着。”（F03 访谈）

“我之前在江西纺织厂，俺哥哥先回来做电商的，他做了一两年，我就回来了，毕竟自己家里人在做，感觉没什么风险。”（F02 访谈）

“俺邻居很好，刚开始是他们家在干电商，有时候忙不过来，我去帮着干点零碎活，后来俺邻居也教我，邻居好多年了，跟着干也放心。”（F05 访谈）

由此可见，基于“熟人关系”进行的人际传播是一种相对无私的传播类型，传播者与受传者之间比较熟悉，各自知晓对方的社会背景，传播者在信息传播的过程中，也并未夹杂利己的目的，因此，经由人际传播渠道传递的信息拥有信任背书，更容易获取受传者的信任。事实上，这种乡村熟人之间的无条件的相互信任与相互帮扶，是由几千年中国乡土社会聚落而居、邻里守望所形成的村舍理性自然衍生出来的。于是我们发现，以竞争、效率、盈利乃至垄断为基本信条的市场经济原则，在乡村社会发生了不同于城市的变化，乡村社会的商业发展体现出的是“不怕你来竞争，拉你一起致富，大家相互帮扶”的价值观，这可以说是在乡村经济发展中，商业原则服从于传承不断的村舍理性，也可以说是村舍理性在市场经济时代的历久弥新。不管怎么说，这都是难能可贵的。

2. 人际传播中的关键人物：意见领袖

意见领袖分布于社会上任何群体和阶层中，每一个群体都有自己的意见领袖，意见领袖拥有较多的传播渠道，对大众传播的接触频度高、接触量大。[①] 在大集镇电子商务创新扩散过程中，返乡青年、“村能人”等早期

① 郭庆光：《传播学教程（第二版）》，中国人民大学出版社 2015 年版。

的电商经营者都扮演了意见领袖的角色。他们通过人际传播等渠道将自己对电商前景的乐观预期，尤其是自己掌握的电商技能传递给初学者，加速了观望者采纳电子商务这一模式的进程。

访谈对象 F08 之前曾在浙江务工，返乡后开始进行电商经营，积累了大量电商经营的经验后，便向身边的朋友无偿分享电商经营知识，加速了电子商务的创新扩散。

“我跟几个朋友做电商后赚了钱，我堂弟也想试试做电商，还有我的一些朋友，看见我赚钱了就都回来了。基本上我懂的，我就会跟他们都分享，他们就知道怎么入手了，不像我刚开始做的时候，走了很多弯路。”（F08 访谈）

在大集镇电子商务创新扩散过程中，“村能人”同样发挥了意见领袖的作用，像任庆生、丁培玉这样的“村能人”，他们自身的电商实践活动便是最好的带动。他们通过扩大企业生产规模的方式，在大集镇内吸纳了大量劳动力进行电商实践活动，在具体的操作中，传递电商信息，充分发挥了意见领袖的作用。我们在访谈中也了解到，目前丁培玉所经营的公司可以生产大量的演出服等商品，大集镇的村民无须进货、囤货便可以在网上销售产品，收到订单，直接在丁培玉的公司拿货就可以，降低了村民们电商经营的风险，吸引了更多的村民投入电商实践中来。所以像丁培玉这样的“意见领袖”远远超越了经验学派传播学“意见领袖”概念的内涵，他既是经验学派传播学意义层面上的信息传播意见领袖；也是以自身创业成功经历为引领示范的楷模，发挥着榜样传播的作用；还是在创业实践中通过生产保障群体商业活动顺利完成的物流中心，从而进一步拓展电商技术传播。

正是这样的中国式“意见领袖”，作为乡村人际传播中的重要角色，有效地助力了电子商务的创新扩散，对村民采纳电子商务这一模式起着重要的作用。

二、权威机构主导组织传播渠道

在乡村传播系统中，人际传播是一种最为常见的、使用频率最高的信息传播方式，但是人际传播存在着信源可信性不强、传播范围有限等问题。组织传播有效地弥补了人际传播的问题，成为当下较为有效的一种电商技术传播方式。

在大集镇电子商务创新扩散过程中，承担着信息传播作用的组织形式多样，其中有官方性质的组织，如各级政府、村委会等，也存在着民间自发形成的组织，如乡村的文艺协会。这些组织也都不同程度地参与到电商技术传播中。但是，有意识的、成规模的、传播效果显著的传播形式，主要是电商标语传播、乡村大喇叭传播、新媒体（群）传播、政府组织培训研讨。

（一）以电商标语为中介的组织传播

农村大墙上的标语，既丰富又鲜活，既有时代特色又有现实效果。大集镇墙上的标语是政府创作和刷写的，目的是通过绘制标语的形式激发辖区内受众的经营热情，营造一种电商经营氛围。镇政府在村民的墙上刷涂了“做电商，来大集”“农村淘宝样样有，买卖就在家门口”等电商宣传标语，并配上了简单的图画，形式活泼，浅白直接，在乡村旷野间和农家大白墙上也不失为一种色彩鲜亮的装饰，比都市里满街满目的广告牌更吸睛，因此也能达成更好的宣传效果。

因此，在大集镇电子商务传播过程中，电商标语作为政府进行组织传播的重要中介，一方面为村民们营造了浓厚的经营氛围，另一方面包含着公共权力机构对电子商务鼓励、支持的态度。因此，以公共权力机构为传播主体，以电商标语这种传统中介形式为内容，以大集镇村民为受众的组织传播渠道得以形成。

（二）以乡村大喇叭为中介的组织传播

20 世纪六七十年代，大喇叭在基层传播中表现出了强大的社会整合力和社区凝聚力。近年来，随着城市化进程的不断加速，大喇叭在城市区域销声匿迹，但是，在农村地区，大喇叭依旧具有强大的生命力。在大集镇电子商务创新扩散的过程中，农村地区的大喇叭作为公共权力机构进行组织传播的重要媒介，在以下两个方面发挥了不可替代的作用。

一方面，通过乡村大喇叭“权威”地传播电商信息有利于增强村民的“电商认同感”。农村地区大喇叭的使用者一般为基层组织或机构，所传播的也是经由公共权力机关认可并授权传播的信息，因此，村民在接收这类信源可信度强的信息时，会更容易接受所传播的信息内容。通过“权威背书”的方式，公共权力机构借助农村大喇叭营造了浓厚的电商经营氛围，增强了村民对电商的集体认同感。

另一方面，大喇叭起到了社会动员的作用。社会动员是一种由国家、政党或社会团体通过多种方式影响、改变社会成员的态度、价值观和期望，形成一定的思想共识，引导、发动和组织社会成员积极参与社会实践，以实现一定的社会目标的活动。[①] 乡村大喇叭通过动员村民们从事电子商务，改变“面朝黄土背朝天”的传统生产模式，为村民从事电商经营活动赋予了意义和价值，村民因此可以在接受权威引导和意义的过程中，权衡利弊，选择是否从事电商经营活动。

（三）以新媒体群聊为中介的组织传播

这里我们所要谈及的新媒体群聊有两种。一种是由村干部组织成立的微信群聊，它可以看作大喇叭的“新媒体化”，在农村地区履行着“组织喊话”的信息传播功能。另一种是村民自发的新媒体组织。

大集镇电商发展初期，在镇政府或村委会主导下，一些村庄建立了农村电子商务促进会形式的微信群，对于电子商务的传播扩散起到了很好的

---

① 甘泉、骆郁廷：《社会动员的本质探析》，《学术探索》2011 年第 6 期。

推动作用；当大集镇电商产业发展相对成熟，这样的群功能逐渐“历史性退化”。大集镇的村干部们也普遍采用建立村微信群的方式辅助村庄治理工作，但是，村微信群在处理公共事务、深化电子商务传播方面发挥的作用不明显。笔者在访谈中了解到，微信群的作用一般为下发活动通知，甚至有部分经营电商的村民并未在微信群内。因此，在大集镇电子商务创新扩散过程中，公共权力机关有通过建立微信群聊进行组织传播的意识，但是一方面，并没有将所有村民涵盖在统一的群内；另一方面，在具体的操作层面也缺乏持续性的、有吸引力的内容供给。

在组织传播过程中，发挥作用较好的反倒是一些村民自发的新媒体组织，比如村民们利用 QQ 等方式建立交流群，在群内共享电商信息，信息得以广泛传播，社群凝聚力与集体认同感也更强一些，发展电子商务的动力也就更足一些。例如，访谈对象 F02 加入了多个服装批发群、快递群，基于“互利共赢”的原则，QQ 群中的用户不断进行商品信息的互通有无，并不断通过新的信息共享和传播完成经营活动。

总的来看，在大集镇电商发展早期，大喇叭作为“权威”传播方式起到了较强的动员作用；当电商发展处于比较成熟的阶段，大喇叭的信息传播和消息通知作用更为凸显。而作为新媒体传播方式的微信，在大集镇电商发展初期阶段，村干部组织的微信群的人际传播对电商技术扩散和通过交流进行动员的程度比较高，而且，新媒体的精准性和即时性有效弥补了大喇叭反馈难、交互难的问题；在电商产业发展成熟之后，继续对电商传播起到推广深化作用的是一些村民自发使用的新媒体（微信群、QQ 群）组织传播方式，主要是通过商业信息交流和信息分享，以及由此带动的其他形式的互通有无直接促进了电商产业的发展。因此，在农村地区的组织传播中，利用微信群聊与大喇叭相结合的方式能够实现一种传播合力，既有效解决信息传达不到位的问题，也使得村民们实现了更有效的信息沟通。

（四）政府部门和村委组织的电商培训、研讨

前文中已经比较详细地介绍了曹县和大集镇政府部门组织电子商务培

训的相关情况，这里不再赘述，但还需补充前文中没能容纳进去的一些内容——政府部门和村委组织的电商培训层次多样，比如组织已经发展起来的淘宝商户，为贫困群众开办电商基础培训班，从最简单的打字基础、淘宝用语、工具使用、交易流程教起，在贫困群众掌握了一定的基础后，为他们提供实践场所和机会，提升实际操作能力；组织动员大型加工户，到周边村开办服装加工培训班，对培训合格的贫困群众直接吸收进厂实现就业，或通过免费提供原料的订单生产方式，带动贫困群众参与电商相关的加工产业，逐步建立稳定的致富渠道；组织和引导从事淘宝服饰加工的商户、加工企业，让他们将盘扣子、粘绣花等技术要求较低的工作，经简单的培训后下单给年龄较大的老人，使老人们也能实现就业。通过这些多层次、多形式的组织培训工作，使因为各种原因不能直接开店办厂的大集镇的村民都有机会解决就业问题，他们大多在家附近的仓库或加工车间工作，一个月下来能挣四五千元，还方便照顾家里的老人小孩。

值得一提的是，电子商务和服装加工产业适合女性就业，曾经在农业生产中处于相对弱势地位的农村女性在发展电子商务和服装产业的过程中有着广阔的创业和就业天地。所以大集镇政府也多次组织专门针对女性的培训班和研讨班，根据农村女性特点，以理论集中培训和现场观摩学习相结合的方式开展，旨在增强广大农村女性在电商经营方面的创业就业能力，培养造就懂技术、会经营、能管理的高素质女农民，示范带动更多的农村妇女创业增收致富，撑起乡村振兴半边天。我们在调研过程中也深有感触，政府引导下的技术赋能给女性提供了学习机会、工作机会，让她们有稳定收入，有经济地位，有生存尊严，甚至独当一面，创造事业，成就荣光。

三、大众传播渠道影响扩散进程

大众传播渠道的电商传播扩散，对于大集镇的村民来说，主要是指通过电视、互联网两种大众媒介渠道获知电商发展相关信息。村民们通过电视和互联网获得的电商传播相关内容非常庞杂，我们主要关注的是相对专业的电商知识传播，并对大众传播对村民的影响进行简要分析。

（一）大众传播渠道：提供电商知识

大众传播为电商经营者提供了一种有效的知识获取渠道。笔者了解到，在目前阶段，电商经营者会自主地通过互联网获取电商信息，新媒体的发展为电商经营者提供了更广阔的知识获取平台。像淘宝大学、腾讯课堂等都是他们进行学习的重要途径。例如访谈对象 F02，现在遇到不会的经营知识会利用互联网上的淘宝大学进行学习，她认为这种方式简单又高效，还能避免线下询问时的尴尬。访谈对象 F13 之前曾经在青岛务工，返乡创业后，他的电商经营技能几乎都是通过上网搜索学到的。

“现在遇到不会的知识，一般就是用淘宝大学，上面会有一些课程，我一般就看那些免费的，回来再自己研究。”（F02 访谈）

“我平时就在网上搜一下，想知道什么直接搜索就行，很方便。”（F13 访谈）

由此可见，互联网关于电商知识的免费供给为电商经营者提供了大量的可利用信息资源，即便是在电商经营过程中已经有一定积累的从业者，也会根据营商环境的发展变化适时选择利用大众传播媒介进行电商知识的提升学习。

（二）大众传播渠道对村民采纳创新模式的影响

在大集镇电子商务的创新扩散过程中，大众传媒向尚未进行电商经营的村民描述了“电商经营”这一极具吸引力的模式，引发了人们观念上的改变。

通过对访谈资料进行整理，笔者发现，部分访谈对象获知电子商务的渠道是大众传播渠道。例如，访谈对象 F08 在南方务工时，看到了媒体对于马云的报道后，很快作出选择返乡创业的决定。访谈对象 F10 在北京务工时，看到广告宣传牌上的网购宣传，了解到了电子商务这一新型的销售模式，于是开始接触、了解电子商务，听说家乡有机会之后便返乡创业。

访谈对象F13是在青岛务工时，通过大众传播媒介了解到了家乡有村民在做电商，于是萌生了回乡创业的念头。

“我在南方干活的时候，通过互联网看到了媒体对马云还有阿里巴巴的报道，这个报道让我对网上卖东西产生了好奇，我就开始慢慢了解电商了。”（F08访谈）

“当时，北京所有的广告宣传牌上、互联网上到处是支付宝的宣传广告，就是在那个时候知道了可以在网上卖东西。”（F10访谈）

“当时在青岛，看到媒体的报道说村里现在有人在做电商，周围朋友们也有不少做的，我就直接回来干这个了。”（F13访谈）

大众传播渠道可以摆脱地域的限制，凭借传播的广泛性将信息传递给原本身处各地的村民，尤其是在大集镇的电商产业处于起步阶段时，村庄内外的村民都能通过大众传播渠道了解到电子商务，对于日后从事电子商务经营既奠定了认知基础，也激发了内外合力。事实上，当外出村民把从外部世界获知的电商发展信息和前景带回村里之后，也增加了本地村民发展电商的信心。

（三）大众传播的“混合打法”：政府倡导扶持

如果说把大集镇的电子商务传播过程中，人际传播、组织传播和大众传播形式都比喻成开枝散叶，那么政府在倡导扶持电子商务及相关产业方面所做的宣传工作就是养元培根，通过大众传播渠道扩散的当地政府态度和当地政府行为，对本地人从事电商、外地人返乡进行电商创业都有很大鼓舞和影响。

随着乡镇政府引领当年无证经营的淘宝店渐渐走上正轨，2013年，大集镇成立了淘宝产业发展领导小组，这个由大集乡党委书记、乡长等几人组成的淘宝产业领导小组是大集镇乃至曹县电商办的前身。领导小组下设了淘宝产业发展服务办公室，目的是帮助村民开设网店，并推出一系列扶助优惠政策——对首次销售额、纳税超过一定金额的，在电商平台成功注册的，引进高端管理、设计等人才的，均给予政策优惠及资金奖励；派专人一站式为服饰企业办理各种证件；鼓励村民正规经营，所有注册营业执照的费用由镇政府承担。曹县和大集镇政府还组织成立淘宝产业协会，引导行业自律、健康发展。2014 年春节前夕，曹县县长亲自在火车站向返乡探亲的外出务工人员发放《县委县政府致曹县在外务工及创业人员的一封信》，同时出台了大量政策为返乡人员就业创业提供便利条件。[①]2014 年 12 月，大集乡被阿里巴巴集团评为首批中国"淘宝镇"，几乎与此同时，大集乡成功撤乡设镇，一字之差，背后暗含的是产业结构和经济状况的根本性改变。所有这些振奋人心的举措经大众传播媒体进行报道和广泛传播之后，对大集镇村民，对曹县其他乡镇村民，尤其是外出务工村民，都产生了非常大的影响，大大激发了他们回乡创业的渴望和信心。

之所以说是"混合打法"，是因为这些信息还被村民们"口耳"（社交媒体）相传，相关产业优惠政策也通过组织传播讲解扩散，是以大众传播"混合模式"大规模扩散出去的，对大集镇和曹县的电子商务产业的推广发展起到了良好的促进作用。《中国淘宝村研究报告（2009—2019）》中也指出，在"草根"创业者之外，"草根"推动者也是淘宝村电商发展不可忽视的力量，而这些"草根"推动者，大部分是村主任、村支书、乡镇书记或镇长。"在大量淘宝村，尤其是早期'无中生有'的淘宝村中，草根创业者和草根推动者基本是同时存在、相互成就的。很多时候如果不是精明的草根推动者的保护、推动与引导，草根创业者和他们的电子商务产业很难在乡村生根进而成为燎原之火。"[②]

曹县、大集镇名声在外之后，还吸引了媒体和媒体人的特别关注，比如著名摄影师焦波也曾率领摄制组在大集镇蹲守，拍摄淘宝村的专题纪录片。该纪录片作为首部农村电商纪录片《淘宝村》（5 集）于 2019 年 7 月在 CCTV 纪录频道连续播出，其中一集专门讲述大集镇故事。该纪录片

① 《山东曹县大集镇"淘宝村"背后电商年产值近 70 亿》，新华网山东频道，2021 年 5 月 12 日，http://www.sd.xinhuanet.com/sd/hz/2021-05/12/c_1127436158.htm。

② 沈外、李迎：《"马面裙之都"曹县：有公司春节销量同比去年翻十倍，出圈秘籍是永远跟着市场走》，《极目新闻》，2024 年 3 月 14 日，https://baijiahao.baidu.com/s?id=1793484242133825529&wfr=spider&for=pc。

的播映本身又作为新的内容得到了新一轮大众传播。这些都对提升本地知名度，吸引更多创业者和以媒体产品的广告效应推动本地产业发展作出了贡献。

第五节　大集镇电子商务创新扩散的现实意义

通过发展电子商务，大集镇村民提高了经济收入，实现了脱贫致富。为了满足日益多样化的市场需求，村民们充分调动自身创新意识，学习先进知识经验，补全产品短板，延长了产业链，带动了周边地区产业发展，也提升了社会的物质文明和精神文明建设。总之，电子商务在农村地区的创新扩散为传统的乡村社会带来了翻天覆地的变化。

一、聚人气：发展电子商务，吸引人才回流

村庄并非孤立和静止的，村庄一直是人员流动的所在，也是中国国家和社会关系不断转型发展的重要载体。[①] 大集镇的人员流动方向见证了这个小镇的经济崛起，在 2009 年以前，村民们最主要的经济来源便是经营自己的土地，土地所带来的经济收益极其有限，无奈之下，村民们只好外出务工谋求新的出路。2009 年以后，大集镇人口流动的方向发生改变，外出务工的人口开始陆续向村庄回流。下文将从电子商务传播作为“人才回流”的原因、成效两个方面展开论述。

（一）电子商务传播作为人才回流的原因

城市化进程加速发展使得与农村地区相比，城市地区在就业、教育、

---

① 赵月枝：《从全球到村庄：传播研究如何根植乡土中国》，《江西师范大学学报（哲学社会科学版）》2020 年第 1 期。

医疗卫生等方面存在着较大的优势。这些优势吸引着资源禀赋处于劣势的农民群体开始向城市转移。人口的转移尤其是青壮年的外出务工使得乡村失去了优质劳动力资源，无法进行农业生产的提升，况且农业生产效率和利润本来就很低。长此以往，农村经济发展形成了恶性循环，加剧了村庄的衰落。乡村要振兴，人才需先振兴，如果没有人才资源的支撑与维系，再多“输血”式的经济帮扶只能是扬汤止沸，无法遏止农村经济发展的持续恶化。

大集镇通过发展电子商务，扭转了人口转移的方向，为农村地区的经济发展吸引了优质劳动力，获得了现代化发展的智力支持，激活了沉寂的乡村，实现了经济社会发展的良性循环。电子商务的创新扩散能够吸引农村人口回流有以下几点原因。

首先，政府多措并举引进、培养人才。为了吸引人才回乡创业，曹县政府设立了返乡创业服务站，利用新媒体传播回乡经营电商的优惠政策，同时大力开展电商培训，为返乡青年提供创业支持。2014 年，大集镇孙庄村的返乡青年孙康佳从部队退役后回到家乡创业，对于返乡创业的原因，孙康佳这样描述道:“县政府这一块给我们返乡创业很大的支持，第一方面是资金支持，像我们贷款利息非常低，比如创业贷返乡贷，适合我们的贷款非常多。第二个来讲就是技术支持，聘请阿里巴巴老师经常给我们传业授课，让我们更好地提高淘宝技能。”[①] 因此，曹县政府通过宣传家乡电商成就、给予返乡青年优惠政策、开展电商培训等方式吸引了大量人口的回流。

其次，电子商务能够为村民带来切实的经济效益。据了解，大集镇村民通过经营电子商务实现了经济“大发展”，2019 年大集镇电商销售额达到 70 亿元。2021 年上半年电商销售额为 65 亿元，全年有望突破百亿，成为百亿小镇。大集镇丁楼村作为最早发展电商的村庄，2020 年的销售额达到了 4.6 亿元。中国的乡村是典型的“熟人社会”，虽然有村民外出务工，

① 《可复制的“曹县模式”——曹县出台六项措施发展电子商务纪实》，《菏泽日报》2021 年 8 月 16 日。

但是他们与村庄内部仍旧存在着联系，看到经营电商的村民收入提高了，生活富裕了，在外务工的村民便也萌生了回家创业的想法。例如，访谈对象 F02 就是在看到自己的哥哥回家乡经营电商赚到了钱，自己才从江西辞职返乡创业的。

最后，电子商务的发展模式契合村民“安土重迁”的思维模式和生活习惯。虽然村民们外出务工谋求生路，但是，他们的子女、父母通常会留守在乡村里。这种在外务工的漂泊经历使得村民们失去归属感，留守在老家的老幼亲人，始终是他们内心的牵挂。在外地务工始终无法实现家庭的“团圆”，这种两地分隔的生活状态也无益于家庭成员的可持续发展。当听到在村子里也能有工作机会的时候，他们便选择了回到家乡就业。

正如访谈对象 F01 所说的：“之前在青岛干电气自动化的时候，经常要到处出差，没时间回家。俺爸俺妈年纪大了，再加上小孩马上就要上学了，在外面也管不上他们，听到村里有人干电商还怪赚钱，俺就回来了。”

（二）电子商务传播体现人才回流成效

曹县人民政府多措并举，改善返乡人员的就业、创业环境，畅通就业渠道，吸引更多曾经外出人员“凤还巢”，推动了乡村经济快速发展。截至 2022 年 2 月，共吸引返乡创业人员近两万人，这其中不乏接受了高等教育的“知青”，创办各类经济实体 9413 家，带动就业 11.3 万人，并吸收 441 名曾经在外、如今已是县里的优秀创业人才进入村“两委”班子，使他们充分发挥“乡村能人”带头致富的作用，电商产业发展初期的任庆生、丁培玉这样的“村能人”所发挥的楷模示范和引领作用，通过“江山代有才人出”得到进一步加强和发挥。

大集镇孙庄村党支部书记说道：“我们孙庄村返乡创业人员已经突破了 200 人，返乡大学生达到了 30 名。估计到年底（2023 年）还会有六十多名返乡创业人员投入到我们孙庄村电商产业发展的大潮当中去。”由此可见，大集镇通过发展电子商务，在人才回流方面已经取得了较为显著的成效。而整个大集镇，在 2017 年电商年销售额就已经突破 40 亿元，网店数达到一万六千三百多家（淘宝店、阿里巴巴跨境站、批发站），吸引了七百多名大学毕业生、六千多名在外务工农民陆续返乡就业。

二、稳就业：提供工作岗位，缓解社会矛盾

就业是最大的民生，就业的背后，是一户户渴求安居乐业的家庭，一个个想要通过拼搏实现理想的创业者。[①] 大集镇通过发展电子商务，为当地村民提供了大量的工作岗位，农村闲置的劳动力资源得到充分利用，稳定了就业这一最大的民生。

（一）激活农村就业动力

大集镇电子商务发展初期，村民们以家庭为单位进行电商经营，但是，随着店铺订单量的增长，传统的"家庭小作坊"已经无法满足市场需求，简单的家庭分工也开始瓦解。为了满足市场需求，电商经营者开始扩大生产和经营规模，雇用周边村庄闲置劳动力进行电商经营。这样一来，既发展了产业，也解决了村庄内部的就业难题。

以丁培玉的服饰公司为例，丁培玉未进行电商经营之前，只能依靠走街串巷的方式销售影楼服饰，购买影楼服饰的客户较少，他和妻子两个人进行简单分工便可满足市场需求。但自从进行网上销售后，简单的家庭分工已经无法满足激增的订单量，因此，丁培玉便开始在丁楼村以及附近村庄招聘工作人员。村庄里闲置的劳动力资源因此得到了激活，在丁培玉的公司里，青壮年可以从事网上卖货、发货等工作，妇女、老人也可以从事演出服的缝制、布料的整理等工作。

除了为村里人提供工作岗位外，丁培玉在发展电子商务的过程中，也带动了村里人从事电商经营活动。访谈对象 F02 目前有四家淘宝店铺，她

① 《就业是最大的民生》，中国共产党新闻网，2020 年 8 月 3 日，http://theory.people.com.cn/n1/2020/0803/c40531-31807322.html。

认为自己能够从事电商经营与在丁培玉公司的打工经历密不可分。访谈对象 F02 以及家人曾经在江西打工，返乡后便在丁培玉的公司从事淘宝客服的工作，在工作的过程中，F02 积累了接单、卖货、发货的一系列经验，为之后个人从事电商经营打下了坚实的基础。

由此可见，电子商务的发展带动了多层次就业，激活了农村发展的关键力量，稳定了“就业”这一最大的民生，也就在稳定农村经济的同时促进了农村发展。

（二）缓解农村社会矛盾

在大集镇发展电商经济之前，贫困的生活驱使着一些人外出谋生，但单一依靠耕种极其有限的土地，还是无法有效利用剩余劳动力，村子里缺乏可持续发展的产业，无法为村民提供工作岗位，大量闲散的劳动力就极易滋生社会问题。

大集镇通过发展电子商务为辖区内的村民提供了大量的就业岗位，不仅解决了村民“就业难”的问题，也缓解了许多家庭、社会矛盾。访谈对象 F25 是大集镇电商办的工作人员，根据他的描述，电子商务的发展为村里减少了许多矛盾。

“发展电商之前，来村里主要就是调解矛盾，家里一共就那点活，没啥事干就找事干，婆媳矛盾多得嘞。现在（调解）少了，家里通过干电商都富起来了，每个人都有事干，都有自己忙的事，就没那么计较了，生活好起来了，问题也就少了。”（F25 访谈）

通过发展电子商务，家庭中的成员有了一致的生活目标、各自负责的具体工作，家庭中的矛盾自然减少了。

尤其重要的是，电子商务的发展为青年人提供了新的出路。在大集镇，有的青年人高中毕业便放弃了继续求学深造的机会，这些赋闲在家的青年人，年纪较小，人生观与价值观仍处在尚未成熟的阶段，如果没有及时的引导与教育，极易成为“问题少年”。幸运的是，大集镇电子商务的发展为这些青年人提供了新的出路。例如，访谈对象 F21 的儿子学习成绩不好，高中毕业并未继续求学深造，而是回家开起了淘宝店。

“俺女儿之前在外地打工，看着村里人都干这个，还怪赚钱嘞，她就回来自己开店了，俺儿高中刚毕业，学习不好，要是以前就在家待着混日子，不出去惹事都是好嘞，现在他自己也有两个店，平常忙着嘞。”（F21 访谈）

因此，电子商务的发展为无法继续接受教育的青年群体提供了一条新的出路，人有希望，有实现希望的途径，才有好好生活的动力，也因此才能战胜“躺平”“佛系”和各种胡作非为的不良欲望。菏泽当地的统计数据显示，全市 61 个淘宝村的刑事案件发生率低于全市均值的 50%。

三、促发展：提高生活水平，促进共同富裕

大集镇发展电商之前，公共设施比较破败，晚上出门见不到光亮，公路十分破旧，也没有路灯，比如从大集镇政府到丁楼村之间 20 多公里的路程，曾经坑坑洼洼、尘土飞扬，开车半个多小时都到不了。另外，镇里各个村都是人多地少，均分下来，每个人甚至分不到一亩地，很多村里的年轻人家里穷，到了适婚的年纪也没有姑娘愿意嫁过来，远近闻名的“光棍村”不在少数。但是，大集镇发展电子商务后，这些方面都发生了翻天覆地的变化，鉴于前文已经阐述过道路、网路等基础设施的建设，下文将从其他角度呈现电子商务为大集镇村民带来的生活改变。

（一）增加居民收入，提高生活质量

2010 年，大集镇 GDP 为 11.8 亿元，到了 2021 年上半年，大集镇的 GDP 就达到了 65 亿元。经济增长的背后，是大集镇村民生活水平的不断提高。从曹县进入大集镇的必经之路便是桑万路，这条道路见证了小镇的崛起。从发展电子商务以来，从破旧到平坦的桑万路上来往的车辆络绎不绝，物流车、外地车是这条道路的“常客”。

笔直的桑万路贯穿了沿边的村落，道路两旁是随处可见的二层小楼、淘宝店铺以及形形色色的“美食店”。进入大集镇，笔者最直观的感受是大

集镇与传统意义上的乡镇截然不同，在整体布局上，大集镇更近似于一个现代化的“工业园区”。电子商务为大集镇带来的变化不止于此，接下来，笔者将以大集镇丁楼村为例，详细阐述电子商务为农村带来的改变。

首先，通过发展电子商务，村里的路变“堵”了。堵车通常发生在人流量、车流量较大的城市，但是，在大集镇也会出现“堵车”的现象。出现这一场景的原因有两个，一是因为物流车、快递车变多了。从大集镇通往县城的阎青路上，经常会看到来来往往的快递车和物流车，到了产品销售的旺季，有时候都会堵车半小时以上。第二个原因是村民们的私家车也越来越多了。F02 在访谈中也曾提到，她的朋友之前在外地工作，看到家里的朋友经营电商赚钱后，回家干了一年便买了辆车。有车干电商和生活更方便，干电商很快就能买上车，也难怪村民们家家都有车。所以，有一次笔者从曹县去往大集镇时，本想乘坐公交车去，但从曹县到大集镇的公交车早已停运了，询问工作人员后才明白是因为大集镇家家户户都有小汽车，大集镇的私家车保有量已经占到了全县私家车总量的三分之一左右。坐公交车的人少了，自然也就取消了班次。而其他没有取消“村一镇一县”之间公交车的路程，全部都是免费乘坐，乘客可在站点随时上、随时下，一律不收费，即便是外地人，只要进到曹县境内，就可以享受这份待遇。

其次，通过发展电子商务，大集镇的村民们居住的房屋越来越舒适了。之前，村民们收入较低，房屋建设也比较落后，但是现在，有的村民家里都建成了二层小楼，房屋内的家具、装修也十分现代化，二层小楼拓展了村民们的生活空间，为村民提供了一个更加舒适的居住环境，也提升了村民们的生活品位。

最后，大集镇的各村早已摘掉了“光棍村”的名号，不仅如此，在村子里，现在年轻人结婚有了新的“嫁妆”。过去结婚的房子、车子早已成了家家户户的必备品，现在结婚开始流行送淘宝店，婆家送儿子淘宝店成家立业、娘家给闺女淘宝店作陪嫁的情况都有。如今，在大集找对象流行两句话：家境强不强，不如能上网；金银一斗，不如网店在手。值得一提的趣事是，大集镇的孙国强之前曾在青岛工作，后来回乡创业后，与村里的姑娘喜结连理。结婚前，小两口开始还想找点好车摆摆架势，最后一合计，干脆就用送快递的小电车，连新婚服装都是小伙子自己做的，这种新式的“淘宝婚礼”，简单又不失仪式感，结婚时，送快递小车组成的车队也成为大集镇独特的一道风景。

（二）完善基础设施，改善营商环境

通过发展电子商务，大集镇的整体村容村貌发生了新的变化。第一，在道路和网路建设方面，为了保障物流车辆畅行无阻，在大集镇政府的引导下，各村重新翻新了道路，为产品运输流转便利提供了最基础的保障。2015 年 6 月，菏泽建成全光网络，将老旧铜缆接入改为光纤，覆盖全市城区和 5755 个行政村。在这波“全光网”浪潮中，大集镇成为首批试点，整个村镇已经 99.9% 覆盖了光纤，信息高速公路直接通到了村民家门口。上海某财经类高校有个调研组到大集镇调研时曾惊叹，村子里的网速比上海还快！

第二，曹县在电商物流中心的引导下，建成了县乡村三级物流体系。最初发展电商时，村民们发快递，要到镇上的物流点发货，效率非常低下，对于尚处在起步阶段的淘宝店铺而言，发货速度是影响客户评价的重要因素。因此，县乡村三级物流体系的建成，提高了店铺的发货效率。2021 年 3 月，曹县县域内 20 个乡镇服务点全面启动，实现了辖区内所有农村快递 2 公里内全覆盖。村民们现在足不出户便可以实现收发快递。笔者在访谈时发现，为了节省时间，淘宝店主通常会将零散的快递打包好放在门口，等待快递员收件。数量较大的订单则有专门的物流车上门收取快递，这样一来，大大节省了收发快递的时间成本。而大集镇已是快递企业你争我夺竞相抢占的据点，仅顺丰一家，揽件点就有五十多个，平均 50—100 米就有一个，其他快递点也是鳞次栉比，密度多得令人咋舌。[①]

---

① 天下网商：《一个基层乡镇干部讲述的农村“怪现象”：万万没想到，村里会发生这样的事》，2018 年 9 月 4 日，http://www.iwshang.com/articledetail/256911。

第三，安全保障措施建设到位。大集镇电子商务技术得到政府肯定、支持和推广传播，就是源于十多年的一次防火检查。大集镇电子商务主营汉服和演出服，几乎每村每家都存有大量服装货品，而相关的服装加工产业又需要囤积大量布料和辅料，这些货料都是易燃品，一旦在防火方面出现失误，可以说后果不堪设想。面对消防工作巨大的挑战，2016 年初，镇领导班子打算给村里买辆消防车。镇党委书记跟淘宝商会的会长在闲聊间谈到此事后，会长转身就号召淘宝商会办了场集资，只 3 天就收到捐款五十多万元，先后置办了两辆消防车。一般只有市里才有的消防车，大集镇有了 2 辆，“是全市第一家，独一份！”[①] 这两辆消防车还有两个别致响亮的名字，一辆叫“淘宝之星号”，一辆叫“淘宝功臣号”。

第四，出现了随着服务电商发展而获得发展的现代服务业。随着电子商务及相关产业的发展，村里也出现了现代服务业，比如 24 小时营业的超市、夜排档、淘宝大酒店、淘宝豆捞、酒吧、KTV 等一系列现代服务业。也就是说，农村电商产业的发展壮大，不仅激活了本地的上下游产业链，而且配套服务也获得相应发展，本地对服务业的旺盛需求创造了这里新的投资机遇，那些不做淘宝的村民，也可以从服务业入手创业，市场非常广阔。可以说，电子商务传播扩散促进了新产业的创业孵化。

（三）精神文明的自发与自觉

大集镇淘宝村的村民们即使足不出户，也已经在本地十多年的日新月异发展历程中见识到了“外面的世界”，不仅腰包鼓了，思想也变了，正所谓“仓廪实，知礼节”。现在的淘宝村普遍富裕了，已经很难看到村民们聚在一起打牌、打麻将了，婆媳邻里吵架的闹心事也少了，以前是“穷玩穷玩，穷吵穷吵”，现在是“富忙富忙，文明礼让”。发展电子商务改变了他们的生活和视野，让他们的思维越来越“互联网 +”，精神面貌也发生了变

---

① 天下网商：《一个基层乡镇干部讲述的农村“怪现象”：万万没想到，村里会发生这样的事》，2018 年 9 月 4 日，http://www.iwshang.com/articledetail/256911。

化，有时间都用在尝试新事物、大胆创业创新上，村里镇里都呈现出求知向上的新气象。

大集镇发展电子商务后，吸引了众多外来的游客参观学习，仅 2015 年以来就有一千多批次、两万余人来到大集镇参观学习。于是，各村的领导班子开始着手发展乡村旅游业，在村庄内建立了休闲娱乐的广场，提供了健身运动的器材供村民使用。同时，修建了文化长廊，在文化长廊内展示村里的党支部成员、道德模范、劳动模范等典型人物。除此之外，还开辟了淘宝大舞台等文化游览景点，丰富了群众的文化生活。村民有学习楷模、有活动场所、有文体活动，而且几乎每家每户每个人都是对外展示的形象窗口，自然也就生出树立良好形象的愿望乃至责任感，所以普遍具有建设好生活环境和自身精神面貌的自觉意识。可以说，通过发展电商产业，原本物质和精神双重贫困的农村，已经走上了物质和精神双重富裕的康庄大道。正如通往大集镇的指示牌上写的："淘宝"逃出苦日子，"电商"奔向幸福路。

第六节　大集镇电子商务创新扩散过程中存在的问题及对策分析

从 2009 年大集镇村民自发开展电商实践活动，到现在电子商务在大集镇"遍地开花"，电子商务已经进入稳步发展的阶段。电子商务的创新扩散推动了当地经济的发展，促进了社会良好风气的形成，对于其他农村地区实现乡村振兴具有一定的借鉴意义。但是，在大集镇电子商务创新扩散的过程中，也存在着一些问题，本节将从不同的传播主体出发，分析大集镇电子商务创新扩散过程中存在的问题，并针对目前阶段存在的问题，提出相应的解决对策。

一、大集镇电子商务创新扩散过程中存在的问题

笔者发现，在大集镇电子商务创新扩散过程中，宣传部门、村干部以及村民等主体都在不同程度上影响着创新扩散进程，但是，也存在着诸如宣传部门定位不清晰、传播主体媒介素养偏低等问题，笔者将在本节对这些问题展开论述。

（一）镇宣传部门：自身定位模糊，缺乏反馈机制

大集镇政府虽然设有宣传机构专门传播本镇电子商务相关情况，但是机构的定位并不清晰，主要表现在两个方面。

其一，宣传部门缺乏清晰的受众定位。目前，大集镇政府设立的宣传机构主要将自身定位为“对外”传播机构，即将传播对象定位为来到大集镇学习参观的人员，已有的宣传片中的传播内容也是主要宣传如今的电商和相关产业成就，以大集镇村民为主要传播对象进行电商知识传播的内容比较少。访谈对象 F25 是大集镇电商办的工作人员，他认为，宣传部门既有的宣传工作在传播电子商务方面并未发挥作用，“宣传机构有啊，你刚才看的宣传片就是他们做的，要是有领导或者像你这样来学习的就给大家展示一下看看，主要还是看一下现在大集镇电商有哪些成绩”（F25 访谈）。由此可见，大集镇的宣传机构将自身的职能定位为“传播大集形象”，多注重在对外宣传已有成绩上的传播内容建设，以村民为主要传播对象的电商内容宣传有所欠缺。

如果把目前大集镇电商技术传播看作相对成熟的阶段，那么在电商技术传播初期和发展期，情况也类似，在电商技术及相关产业普及推广方面，镇政府相关领导和工作人员的引领与保障是到位的，但镇宣传机构的相关传播作用没有很好呈现和跟上实践发展步伐。如今，虽然大集镇乃至曹县的电子商务发展之路已经走出了自身特色，并走入了相对成熟的阶段，但仍然有广阔的提升空间，在参与和扶持本地电子商务及其产业发展方面，镇宣传机构作为乡镇治理和乡村振兴的有机力量，同样大有可为。比如，

对镇域乃至县域电商之间进一步产业协调、产业升级方面的内容进行调研、整理与传播，对国内、国际市场需求变动方面信息的收集与传播，县、镇、村各层次精神文明、生态文明建设成果展示，对更成熟的义乌经验的总结传播等。镇里淘宝村民们忙于日常生意，所知所见有限，也易被中国传统农业社会“小富即安”的心理束缚，镇宣传机构则需要有镇政府协同工作，推进商业产业可持续发展，实现更大范围、更深层次乡村振兴的预见性、前瞻性，让传播行为和内容更好地服务于电子商务，使相关产业经营者们眼光更长远，为村、镇、县的可持续发展注入智识能量、文明力量的软实力，推动曹县的大集镇不仅成为山东的大集镇、中国的大集镇，更成为世界的大集镇。

其二，宣传部门的新媒体平台缺乏清晰的内容定位。大集镇的宣传部门虽然开设了微信公众号，但是微信公众平台内容定位不清晰，平台刊载的原创内容较少，而且单调枯燥。微信公众号“大集淘宝镇”创作的内容排版较为简单，多是文字的直接堆砌，极难满足新媒体时代用户“懒”的阅读方式以及碎片化的阅读习惯。

新媒体时代的到来为用户提供了广阔的媒介内容选择空间，用户凭借手机这一载体可以在互联网上获取符合个人需求的媒介产品。因此，当粗制滥造的内容无法满足用户的审美需求时，平台方就需要转变创作思维，创作符合用户需求的媒介内容。

首先，大集镇微信公众号应该讲好大集镇故事。大集镇公众号的用户显然绝大多数都是本镇居民，他们会对什么内容感兴趣呢？——除了生产，还有生活。如今的大集镇已经不是十多年前那个贫穷落后、乏善可陈的农业乡，大集镇已经开创了自己的新历史，在创造新历史的过程中，有典型人物、有先锋探索、有奋发事迹、有感人故事……总之，大集镇电商创新传播的十多年间，每一个淘宝村里都涌现出了鲜活的大集镇故事，如果镇宣传公众号能够依托公众号图文并茂的传播特性，讲好大集镇故事，这样的以全镇各个淘宝村、具体电商人的“历史”、现实故事为内容的传播不仅能够激发村民的关注兴趣，其本身也是一种饱含正能量的精神文明传播。

同时，这不仅是在记录和整理着大集镇的发展史，也创造了讲好中国乡村振兴故事的一种模式。

正因为内容匮乏，所以大集镇微信公众平台推送内容的频度不高，并且推送的时间不固定，因此无法产生用户黏性。比如，“大集淘宝镇”在2021年11月30日进行内容推送后，直到2021年12月9日才进行第二次内容的推送，间隔了10天。这样的内容推送方式与“以用户为导向”的内容生产导向背道而驰，更接近于一种“建了一个平台”为目标的内容生产姿态，无法增强用户黏性。如上所述，如果大集镇微信公众号能够把大集镇日新月异的新人、新事、新历史、新现实用文字和影像收纳于自身，那么不仅有源源不断的素材丰富公众号内容，而且也必将提升更新推送频率，并从内容和更新频率两方面提升用户黏性。

其次，大集镇公众号还可以成为技术赋能乡村的重要载体。一方面，电商知识仍在日新月异的发展过程中；另一方面，随着大集镇电子商务的深入发展，为了迎合日益多元化的市场需求，大集镇的电商经营者们开始寻求电商知识的更新。于是，大集镇政府组织了电商培训来补齐电商经营者的经营短板。在组织电商培训的过程中，大集镇的宣传部门还存在着不可忽视的问题。

在宣传阶段，传播平台只是对培训信息进行上传下达，没有为了实现更好的传播效果进行更深层次介入。比如，从微信公众号目前已发布的大集镇“电商培训”信息来看，培训前期有主题培训相关的简短“广告”传达，培训之后既没有相关文字整理也没有相关视频留存。这导致无论是培训信息发布时还是培训内容发布后，用户关注度都是比较低的，因为缺少用户反馈和互动，这也就意味着电商培训结束后，培训传播效果如何，培训组织者和信息传播者都不能掌握。

例如，访谈对象F11表示，自己也听说过相关部门组织的培训，但是自己店里比较忙，后期就没有再参加。访谈对象F13认为，自己文化水平有限，培训的内容自己有些不理解。访谈对象F02认为，授课的老师讲完课就走了，听课中的疑问无处反馈。

“去过几次，就在镇政府那里，但是店里活太多了，后来就没再去了。”（F11 访谈）

“我参加过电商培训，就是有内容太深奥了，像在生活中具体应该怎么运营店铺、怎么留住顾客这些问题，还是不太明白。”（F13 访谈）

“老师讲完课就走了，遇到不会的问题，我就先拿个本子记下来，之后问问我哥哥，他比我有经验。”（F02 访谈）

由此可见，镇微信公众号有应用渠道做好电商技术传播的良好意愿，但传播过程中存在着几个层面的“没把握”：对作为公众号用户的电商村民们的电商技能水平处于什么层次没把握，对他们的接受能力没把握，对如何将培训内容转化成村民们容易接受的形式没把握。另外，也没有把握好新媒体传播形式的优势。其实，镇微信公众号在培训类传播内容方面，既可以将其转化为可以反复阅读的文字形式，而且可以对文字进行二次创作，使之更为通俗易懂，甚至可以进行方言化解读；也可以对长视频内容进行短视频分段和连载。这样，既可以照顾到用户的接受能力，也可以使用户充分利用工作间隙的碎片化时间，以达到良好的传播效果，使得新技术发展真正能为大集镇的电商及相关产业发展持续赋能。

（二）村干部：媒介素养有待提升

媒介素养就是公众与媒介交往的能力和理念，也是公众批判性地解读和创造性地使用媒介以完善自我、参与社会发展的能力和理念。[①] 村干部是一个村庄的主要管理者，也是村庄内信息的主要传播主体，村干部的媒介素养就是村干部使用媒介的能力以及对媒介及信息的看法，主要包括村干部的媒介认知和媒介行为。[②]

大集镇是淘宝镇，其辖区范围内的行政村几乎都是淘宝村，也就是说村干部自己往往也是淘宝商家或相关产业负责人，当这些人走上村干部

① 宋萍：《对媒介素养内涵的再认识》，《文学界（理论版）》2011 年第 5 期。

② 侯煜、杜仕勇、刘迅：《乡村治理视角下欠发达乡村村民媒介素养研究》，《四川理工学院学报（社会科学版）》2019 年第 6 期。

岗位后，除了要负责自家商业或产业的管理，还多了一份更高层面的责任——乡村治理，更准确地说，他们承担着通过科学的乡村治理实现乡村经济、生态、文化全方位发展的乡村振兴职责。那么他们就需要充分认识到并充分发挥现代媒介与传播在村庄治理和发展中的作用。

在大集镇电子商务创新扩散的过程中，有的村干部充分发挥了“领头雁”作用，通过“先富带动后富”的方式带动了部分村民走上了致富路。但是，受到信息技能、知识能力的限制，村干部在媒介认知与媒介行为方面还有很大提升空间。媒介认知既反映了受众对媒介信息的动态加工过程，也体现了受众关于媒介及信息的知识结构。[①] 通过实地调研，我们发现村干部的媒介认知存在以下两方面的问题。

其一，受到知识水平的制约，村干部对媒介信息的认识往往停留在对一些需要下达的信息进行机械式转发层面，缺乏对信息进行二次加工的思维和行为。事实上，无论是与村民生产生活密切相关的政策、文件还是行政法规、通知等，都因对村民来说存在着“陌生化”书面表述而出现村民“不求甚解”的情况，如果村干部在吃透信息的情况下，能够进行充分解读并辅以口语化传播，必将收到更好的传播效果。笔者在访谈中了解到，虽然大部分村庄已经建立了微信群聊，微信群中的传播内容多为通知、公告等与村庄治理相关的信息，村干部在传递通知类信息时，多半是通过“复制一粘贴”抑或是“一键式转发”等技术性的功能来实现传播目的，并未对信息进行实用性的加工和处理。例如，访谈对象 F02 所在的村庄有自己的微信群，但是微信群以转发书面通知为主，即使有些看不懂的信息，没人讲解也没人问，群内互动频度较低。“我们村有微信群，但是一般就是用来下通知的，通知我们打疫苗啥的，村干部就是把通知发到群里就完事了，也没有人回复。”（F02 访谈）

其二，村干部对媒介参与乡村治理功能的认识还有待提升，在日常工

① 侯煜、杜仕勇、刘迅：《乡村治理视角下欠发达乡村村民媒介素养研究》，《四川理工学院学报（社会科学版）》2019 年第 6 期。

作中往往是简化了媒介的功能与作用，导致无法选择高效的传播手段辅助其工作。电子商务发展早期阶段，村干部一般只通过人际传播进行技术推广，我们在访谈中了解到，外地返乡青年回乡从事电商实践的直接原因是自己看到周围朋友进行电商经营取得了成功，直接受村里或村干部通过社交媒体群传播影响的人很少见。访谈对象 F07 所在的村庄甚至没有建立微信群，一般村里是通过大喇叭来传播通知类信息。

在大集镇目前的很多电商村中，村干部既不利用新媒体继续深化电商技术传播，也没能充分利用新媒体传播参与村务治理。其实，村干部可以对县里、镇里的电商培训进行前期动员或后期解释说明，也可以通过全村微信群或 QQ 群记录村里的经济发展、好人好事、奖惩事宜等，推动乡村文明风尚的建设，既有现实价值，也是历史记忆，更是社会主义乡村振兴物质精神双重发展的表征。

当然，仅凭少数几位村干部是很难在繁忙的工作中做好这些事情的，这就需要县级融媒体或镇宣传机构与村里宣传工作进行深度联动，比如曹县融媒体可以在各村培养自己的通讯员，通讯员既可以抓取村里发展的第一手资料和经验，也可以及时发现村里发展的问题，便于及时整改；镇宣传机构和村里还可以联合设置或培养专门的乡村宣传人员，在通过新媒体信息传播管理村务、对外宣传、招揽人才、补足产业链短板、活跃乡村精神文化生活等方面发挥作用。

可以说，经济发展只是乡村振兴的第一步，良好的乡村社会治理、乡村文明风尚建立，乡村生态环境保护，农民身心和谐健康等多层面的可持续发展才是真正的乡村振兴，也只有这样，电商相关产业也才能得到可持续发展，农民们才能真正安居乐业。在这方面，信息、文化传播还有很多可发挥作用的着力点，村干部还有很多需要深入认知和探索的层面。

（三）村民：信息技能掌握不均衡，数字鸿沟显著

笔者发现，大集镇电子商务创新扩散过程中，代际之间也出现了数字鸿沟的问题。丁楼村以家庭为单位进行经营的电商从业者，家中分工一般

是：年轻的一代在网络上进行商品的制图、销售以及沟通客户，年长的一代主要负责打包快递、剪裁小的布料等工作。

例如，访谈对象 F01 与妻子负责在网络上销售产品，他的父母主要负责打包等工作。

“我们家是一家人在做，俺两口子在网上卖货，谁有空谁去聊天（客服工作），俺爸俺妈打包，剪剪衣服的材料，别的也干不了。他们没啥文化，用手机就是接打电话，别的不太会。”（F01 访谈）

不同年代的人群在电商经营中扮演着不同的角色，年长一代的群体出生在互联网并不发达的年代，他们掌握新媒介技术的能力较弱，有些中老年人虽然拥有智能手机，但是能够熟练使用的软件较少。例如，访谈对象 F02 的家庭中也是两代人分工不同，她的父母都有智能手机，但是由于文化限制，其父母对于线上的销售并不了解，对于手机软件的使用也不熟悉。

“我跟我对象还有我爸妈、公公婆婆一起经营这些店铺，忙的时候，我爸妈负责熨衣服、包货，我老公公也是熨衣服、包衣服、打单子、贴单子。我们有那个软件嘛，他们就是贴单子，其他的他们也搞不明白。跟客户聊天是我和我对象搞。我爸妈他们那个年代就是学的文字比较少一点，他们能看到你发什么货，但是具体的电脑方面的他们弄不明白，现在他们刚刚接触抖音，刚开始会发视频。”（F02 访谈）

大集镇淘宝村的很多家庭都是这样的分工模式，家庭成员各施所长，各展所能，分工是合理的，工作配合也是协调的。但是从整体上看，在大集镇电子商务创新扩散过程中，一道无形的“数字鸿沟”正在拉开人们之间的信息使用差距。掌握信息技术的年轻一代具有更加广阔的空间学习电商相关知识，提升个人能力。但是，年长一代在数字信息的迭代中败下阵来，他们依旧沿袭着过去传统的信息使用方式，在电商经营这一过程中，他们始终处于从属地位，未能实现真正意义上的职业转型，也就很难实现经济和精神层面的真正自主。事实上，中国农村地区的结婚年龄普遍低于城市，大集镇的公公婆婆、娘家父母也大多不过五六十岁的年纪，如果有学习电商技术的机会也会有发展的潜力，并获得不一样的人生体验。任庆勇老人的淘宝“成长经历”就是一个很有价值和意义的案例。

1949年出生的任庆勇，年轻时当过工程兵，退伍后做过泥瓦匠，再后来在家照料着一家杂货铺。因为常年做重粗活，他的一双手指节异常粗大，伸握不便。跟很多同村人一样，任庆勇的儿子儿媳早早开办了工厂，做起了网售演出服的生意。看着儿子儿媳网店开得红火，任庆勇心里痒痒。只要年轻人不在，他就偷偷往电脑旁边凑，一根手指一个字母一个字母地学打字，慢慢地，他成了远近闻名的“一指禅老人”。儿子儿媳生意做大了，杂货铺显得局促，就决定转到村外去。临走的时候，任庆勇突然拿出身份证，跟儿子说：“别忙走，把旧电脑留下，帮俺也开个淘宝店。”他的货从儿子的工厂拿，但跟儿子各做各的店，货款单独结算。开店第一年的“六一”后，老人就赚了十来万。2019年，任庆勇老人的老伴得了白内障，他没让孩子帮忙，自己通过网络预约了北京相关医院的专家，带老伴连看病加旅游，在北京待了二十多天。当地乡镇干部感慨道：“这么传统的一个农村老人，靠着一个字一个字地学电脑，硬是成了淘宝达人。现在自己能网上约大医院专家，到北京看病，还带老伴好好旅游了一趟。”[①] 这种经由互联网带来的幸福感、自豪感、自由度，是过去的农民们尤其是农村的老人们不敢想象的。

二、电子商务创新扩散的优化策略

如果只以大集镇为电子商务创新扩散目标，那么大集镇所有行政村的电商化即成为电商村，就已经宣告了电子商务创新扩散在大集镇取得了圆满的成效。但是，电子商务技术的日新月异，市场信息的瞬息万变，以及电子商务创新扩散过程中曾经存在的一些问题和短板，都说明大集镇电子商务的创新扩散还有进一步优化提升的空间。

① 天下网商《一个基层乡镇干部讲述的农村“怪现象”：万万没想到，村里会发生这样的事》，2018年9月4日，http://www.iwshang.com/articledetail/256911。

（一）明确平台定位，提供反馈渠道

在大集镇电子商务创新扩散过程中，自上而下的传播机制存在着弊端，主要表现为忽略了受众个性化的信息需求，无法为受众提供精准的电商信息。受众反馈是一个完整的传播过程中的重要环节，只有重视受众反馈的作用，才能提高信息传播效率。否则，长期自上而下的单向度传达性传播会使整个信息传播机制演变为以任务为导向的机械化传播，大大降低传播的有效性。为了解决当前已经出现的这种局面，避免传播无效，传播主体应当及时把握用户需求，追踪用户反馈，形成个性化、精准化、多样化的长久有效的信息传播机制。目前，农村地区的信息基础设施建设相对完善，信息化进程也在逐步加快，相关组织可以充分发挥新媒体即时性、便捷性的优势，利用新媒体平台拓宽受众的信息反馈渠道。比如，可以通过建立微信群聊的方式，定期收集受众意见，也可以通过建立微信小程序、微信公众平台等方式，为受众进行匿名性反馈提供渠道。

另外，信息传播网格化管理也可以作为一种解决该类问题的有效途径。近年来，网格化管理作为一种新型管理形式出现在人们的视野中，网格化管理是“把所有治理和服务事项落到网格内，打造配套完整的问题发现、问题分拨、问题处置、监督考核的闭环处理机制，推动城市管理向数字化、智能化方向发展，实现精准、高效治理的新管理模式”[①]。近年来，农村地区的信息化进程不断加速，手机的普及为农村施行网格化管理奠定了坚实的基础。在网格化管理的进程中，网格员扮演着关键的角色，作为传播系统中的“信息富有者”，网格员既可以利用微信等媒介将村庄内人群进行集聚，利用新旧媒介相结合的方式向村民传递有关的信息，又可以精准地获取用户需求，将用户需求进行总结、反馈。因此，网格化管理的方式大大提高了信息的传播效率，提高了信息的抵达率，同时，网格员收集到的用户反馈可以为上级宣传部门实现精准定位提供重要依据。

---

① 焦奕硕：《新一代信息技术和城市网格化管理融合态势研究》，《科技创新与应用》2020 年第 22 期。

在大集镇电子商务创新扩散过程中，传播主体将信息传递给受众后便自行结束了这一信息传播过程，忽略了受众反馈在电商信息传播过程中的重要作用。缺乏反馈也是导致宣传部门平台定位不清晰的原因之一。那么，就可以利用“网格化管理”的方式，通过及时收集的用户需求和反馈对用户进行精准画像，明确用户在不同阶段的信息需求，从而为平台传播信息提供借鉴。

首先，在人际传播过程中，可以通过建立信息台账的方式，把握用户需求。人际传播的传播主体范围较大，传播的信息内容较为冗杂，不太容易把控整个传播过程。但是村干部在对村民进行人际传播时，可以在传播过程中准确记录村民信息，了解村民进行电商经营的意愿，知悉目前阶段村民从事电商经营面临的问题、难题等。在整个动态的传播过程中，村干部应当做好信息台账，把握每一位村民的信息需求，从而精准地进行信息传播活动，解决村民面临的问题。

其次，各组织要精准把控传播过程各个环节的信息接收情况。村集体、镇政府等相关组织部门虽然举办过电商培训活动，但是在电商培训的过程中，存在着村民知晓率不高、培训内容晦涩、村民无处反馈疑问等问题。因此，相关组织在组织电商培训时，应当建立起完整的信息传播系统，运用多种传播手段将“电商培训课程”的信息传递给村民，通过一对一回访的方式了解村民的参与情况、知晓情况，及时地了解受众的疑问和需求，将受众反馈的意见和建议进行整合归纳，根据村民需求对下次电商培训进行调整，还可以对电商培训内容进行二次加工，比如使用当地“村言村语”进行传播，从而提高电商培训的效率。

（二）开展技能培训，提高媒介素养

媒介讯息并非直接针对个体受众发生影响，而是通常要先经过意见领袖这一环节，即经由意见领袖传递给其他受众后才产生一定的传播效果。[①]

① 邹利斌、崔远航：《从智库、意见领袖看政府与公众间距离的协调机制》，《国际新闻界》2012 年第 12 期。

因此，意见领袖在信息传播过程中发挥着信息传导的重要作用，在大集镇电子商务创新扩散过程中，各村的村干部都发挥了意见领袖的功能。但是，在进行信息传播时，作为意见领袖的村干部因为媒介素养不足，所以会一定程度降低信息传播效果。而相关部门现阶段组织的村干部培训多为电商知识、基层治理等方面的培训，与村干部信息技能提升的相关培训较少，要改变这一现状，可以定期开设专门的信息技能培训班，提高村干部的媒介认知能力与媒介使用能力，强化他们作为意见领袖的功能。

在提升村干部的媒介认知层面，第一，要让村干部正确看待新旧媒体之间的关系，学会利用互联网思维进行信息传播。在传统媒体时代，订阅报纸是村干部获取信息的主要渠道，随着新媒体时代的到来，传统的“报纸订阅”已经无法适应现有的传播环境变动。因此，在信息技能培训中，要让村干部认识到这种信息传播方式的变化，转换其被动接受信息的思维，提高村干部主动获取、加工、传播信息的能力。第二，通过信息技能培训转变村干部对新媒体传播方式的“刻板”印象，正确认识新媒体手段在乡村治理中的重要作用。

在提升村干部媒介行为层面，第一，要提高村干部的微信使用技能，从而充分发挥微信群聊在基层治理中的功能。微信群聊在整合公共空间、处理公共事务等方面发挥了“黏合剂”的作用，因此，可以在信息技能培训中传授微信使用、微信群运营的相关知识，提高村干部的微信使用技能，使其在基层治理中既能生发上文所述的丰富的传播内容，也有与之相匹配的微信群传播技能。第二，要提高村干部对短视频平台的使用技能，帮助村干部和村民从短视频平台提供的表层娱乐中挣脱出来，利用短视频平台呈现村庄精神面貌，实现从被动地接受媒体报道到主动地进行自我呈现。

（三）提供数字帮扶，弥合数字鸿沟

在曹县大集镇电子商务创新扩散过程中，代际之间也出现了数字鸿沟的问题，为了弥合数字鸿沟，避免在创新扩散中出现类似的问题，可以为老年群体提供数字帮扶，尽量弥合代际之间的数字鸿沟问题。

CNNIC 发布的第 49 次《中国互联网络发展状况统计报告》显示，得益于互联网应用适老化改造行动持续推进，老年群体联网、上网、用网的需求活力进一步激发。截至 2021 年 12 月，我国 60 岁及以上老年网民规模达 1.19 亿，互联网普及率达 43.2%。[①] 由此可见，互联网应用适老化改造在促进老年群体触网融合方面具有一定的成效。因此，在农村地区电子商务创新推广过程中，既要继续坚持互联网应用的"适老化"改造，又要为老年人的"数字权利"提供法律支撑，从硬件和软件上保障老年群体的数字融入行为。

在硬件方面，首先，政府机构要继续完善信息基础设施建设，多措并举促进农村地区互联网普及。其次，要保障老年群体平等接入互联网，老年群体使用的智能设备不要过分强调"老年"属性，忽略外观设计以及设备整体运行水平。最后，面对农村地区价格低廉、安全性低的智能设备，相关部门要酌情进行处理，避免出现安全隐患。

在软件方面，首先，政府部门要推出适当的法律法规来保障老年群体的隐私安全，为老年群体的数字接入提供坚实的法律保障。其次，智能设备的普及不能仅仅依靠智能设备的销售来完成，企业在销售智能设备获取利润后，也要自觉承担相应的社会责任，延长售后服务范围，为老年群体提供坚实的售后保障。

此外，大集镇主要的电商经营者是最先掌握数字技能的家庭成员，老年群体在整个电商经营过程中处于从属地位。可以说，电子商务的创新扩散改变了拥有数字技能的村民的生产方式，但并未彻底改变老年群体的劳作方式。部分老年群体依旧在工厂或者自家的企业中进行琐碎的包装等工作，并未实现真正意义上的"触网融合"。为了改变这一局面，笔者有以下两点建议。

第一，政府部门要提高管理水平，充分发挥各村网格员"意见领袖"

---

① 《第 49 次中国互联网络发展状况统计报告》，中国互联网络信息中心，2022 年 2 月 25 日，http://www.cnnic.net.cn/hlwfzyj/hlwxzbg/hlwtjbg/202202/t20220225_71727.htm。

的作用，加大对网格员的培训力度，使得各村都有“村能人”帮助老年群体解决智能设备使用过程中遇到的难题。政府部门还要发挥网格化管理“精准传达信息”的优势，采用线上、线下相结合的方式，将相关电商信息传递给辖区内村民。除此之外，定期开展电商培训活动并及时做好老年群体的“学习反馈”也是解决老年群体电商技能缺乏较为行之有效的方法。政府部门可以通过以上措施，多措并举，弥合代际数字鸿沟问题。

第二，相关企业以及公共机构可以在政府的统一领导下，为老年群体提供相应的技术关怀，保障老年群体的数字化生存能力。比如，把老年大学开到农村去，推出系列课程，帮助老年群体进行数字化尝试。当然，老年大学还应该开设适合老年人颐养身心、休闲娱乐的课程，在老年人物质生活丰裕的情况下，既要满足他们求知的愿望，同时也要保障他们的身心健康与家庭和谐。同时，还可以充分利用高校等社会资源，通过与高校进行合作的方式，建立实践基地，精准对接，对包括老年人在内的电商求知者进行数字帮扶。在促进老年群体“触网融合”的过程中，也要及时地做好心理疏导等工作，既激发起老年群体自觉学习电商知识的热情，也要减轻老年群体的心理负担。

近年来，乡村振兴战略稳步推进，农村地区的基础设施与信息化建设也日趋完善，在这样的大背景下，鼓励农村地区因地制宜发展电子商务是推动区域经济发展的有效方法。本章立足于乡村振兴的时代背景，将视线聚焦到曹县大集镇，旨在研究哪些因素会影响电子商务的传播与扩散、发展电子商务的现实意义以及电子商务创新扩散过程中可能存在的问题。经过研究，我们得出以下结论。

第一，“传播环境”“电子商务自身优势”“采纳者个体特征”“传播渠道”是影响大集镇电子商务创新扩散的四大因素。在传播环境方面，政府通过制定优惠政策来优化营商环境，市场通过提供流量、完善产业链等措施都会加快电子商务在大集镇的传播与扩散。在采纳者的个体特征方面，笔者发现，在电子商务早期的扩散阶段，学历会影响电子商务的扩散，但是这种影响并不显著，随着电商经营的不断深入，学历对于电子商务创新扩散的影响会更加显著。并且，那些有外出经历、具有冒险精神的村民更容易采纳电子商务这一模式。在传播渠道方面，人际传播渠道在电子商务的早期发展阶段发挥了重要的影响作用，组织传播渠道和大众传播渠道在电子商务发展的中后期发挥着积极的影响作用。

第二，电子商务的创新扩散具有现实意义。首先，大集镇通过发展电子商务，吸引了人才回流，有效缓解了农村“空心化”的问题，使得老有所养、少有所依成为现实。其次，电子商务的发展为村民提供了大量的就业岗位，激活了农村闲置的劳动力资源，缓解了社会矛盾。最后，通过发展电子商务，村庄内部的基础设施得到完善，村民的物质生活水平和精神生活水平都有了很大的提升。

第三，目前，大集镇电子商务的传播扩散还存在着“宣传部门定位模糊，缺乏反馈渠道”“村干部媒介素养有待提高”“代际数字鸿沟”等问题。基于现阶段存在的问题，笔者认为，可以通过为村民提供信息反馈渠道、开展技能培训、提供数字帮扶等途径来解决。

在乡村振兴的时代背景下，电子商务作为一种创新模式，为农村地区的经济发展提供了一条新的思路。在鼓励农村地区发展电子商务的同时，也要关注到创新扩散过程中存在的传播问题，力求寻找最为有效的方法进行电子商务的推广和深化，以及进一步提升工作。

在以上基本研究思路和结论的基础上，我们特别要提炼出文中已经给予扎实论述和充分肯定的两点，即以曹县大集镇农民为代表的中国农民采纳新技术的首创精神，以及当地党委和政府对电子商务创新扩散的积极推广和大力扶持。当电子商务的发展如同浩荡春风吹得乡村经济蓬勃兴旺起来，随之而发生的大集镇故事、曹县故事还有很多，我们只是从传播视角探索了新技术的传播扩散渠道和影响因素，只是梳理了这片热土上万千“故事”线中的一条而已。这里和全国其他的淘宝镇、淘宝县更多的故事等待着更多立足中国土地、深入体察民情的研究者去探寻。

第二章

今日“社戏”：山东宁阳县送戏下乡群众文艺活动的传播与发展

题记

“拉大锯，扯大锯，姥姥门口唱大戏。接姑娘，请女婿，小外孙也要去……”这大概是中国民间流传最广、妇孺皆知的童谣了。它对传统乡土社会人们最重要的文化活动做出了凝练传神的描绘。鲁迅脍炙人口的名篇《社戏》回忆的就是他小时候去姥姥家看大戏的欢乐感受；萧红最负盛名的《呼兰河传》也对乡亲们看戏的热闹场景着墨颇多，就像童谣唱的，娘家人们都趁这时节赶着马车，接上闺女、外孙，盛装出动，潮涌而来。由丰富多彩的地方戏构成的中国戏曲，是传统文化和地方文化的共同结晶。正如上海社会科学院戏曲研究专家张炼红研究员指出的，戏曲故事富含世道人心，凡经淘洗而保留下来的传统剧目，必然包含着民众世代相传的愿望理想，是群众思想情感最生动、最丰富、最充沛的表现形式；戏曲也曾以其所包含的仁爱、忠诚、勤勉、平等、坚韧等价值理念和文化品行化育着乡土社会民众的心理健全和生机活力。[①]正因如此，国家地方文化部门仍然把送戏下乡作为农村文化建设的重要内容。可是，在中国社会现代化转型过程中，在消费主义倾向的大众文化借助大众传播横扫城乡、农村人口结构发生变化的现实语境中，送戏下乡这种乡土文艺传播实践究竟能在多大程度上实现传播者的美好意愿？怎样才能使送戏下乡真正参与构建乡土社会民众的文化认同和情感价值结构？

---

① 张炼红：《历炼精魂：新中国戏曲改造考论》，上海书店出版社 2019 年版，第 2—3 页。

文化是一个国家、一个民族的灵魂。文化兴则国运兴，文化强则民族强。乡村地区作为国家文化建设较为薄弱的环节，深刻影响着乡村振兴战略的实现。要全面繁荣乡村文化，离不开为乡村群众所喜闻乐见的文艺传播活动的繁荣发展。习近平总书记在党的十九大报告中提出：繁荣发展社会主义文艺，加强文艺队伍建设，推动文化事业和文化产业发展，完善公共文化服务体系，深入实施文化惠民工程，丰富群众性文化活动。只有全面深入地了解乡村文化传播现状，直面乡村文艺传播所面临的困境，才能推动乡村文化建设向着更高质量迈进。

第一节　顶层设计与基层响应：文化传播赋能乡村振兴

中国特色社会主义进入新时代，我国社会主要矛盾已经转化为人民日益增长的美好生活需要和不平衡不充分的发展之间的矛盾。人民群众对美好生活的向往以及对共享改革发展成果的要求越来越凸显、越来越强烈。在经济快速发展的背景下，人们对于幸福感的满足不再仅仅关注物质层面，而是越来越追求更为丰富、更高质量的精神文化生活。要解决好新时代社会主要矛盾，必须牢牢抓住全面建成小康社会的核心要求，建成“五位一体”全面发展、惠及全体人民、城乡区域共同发展的小康社会。

务农重本，国之大纲。农业农村农民问题是关系国计民生的根本性问题。党的二十大报告提出“全面建设社会主义现代化国家，最艰巨最繁重的任务仍然在农村”的重要判断，凸显了农村发展的重要性，没有农业农村现代化，就没有整个国家现代化。在党中央对“三农”工作的高度重视下，农民收入持续增长，农村民生全面改善。然而，城市化的大规模推进在给乡村带来发展的同时，对乡村社会的文化也造成了冲击。在加快建设农业强国的进程中，全面推进乡村振兴，既要“塑形”，也要“铸魂”，既要“富口袋”，又要“富脑袋”。乡村振兴离不开乡村文化的振兴，文化振兴是乡村振兴的重要基石，是乡村发展内生动力的重要源泉。

一、顶层设计：党和政府高度重视乡村文化发展

2017 年 10 月 18 日党的十九大报告中首次提出乡村振兴战略。2018 年，中共中央、国务院印发了《乡村振兴战略规划（2018—2022 年）》(下文简称《规划》)，对乡村文化振兴作出了重要指示，关于公共文化服务和乡村文化建设，《规划》指出：“深入推进文化惠民，为农村地区提供更多更好的公共文化产品和服务。建立农民群众文化需求反馈机制，推动政府向社会购买公共文化服务，开展‘菜单式’、‘订单式’服务。加强公共文化服务品牌建设，推动形成具有鲜明特色和社会影响力的农村公共文化服务项目。开展文化结对帮扶。……鼓励各级文艺组织深入农村地区开展惠民演出活动。”“完善群众文艺扶持机制，鼓励农村地区自办文化。……加强基层文化队伍培训，培养一支懂文艺爱农村爱农民、专兼职相结合的农村文化工作队伍。”

事实上，乡村文化建设可以说是走在乡村振兴战略之前。早在 2005 年 11 月 7 日，中共中央办公厅、国务院办公厅联合发布了《关于进一步加强农村文化建设的意见》(下文简称《意见》)，旨在贯彻落实党的十六大和十六届三中、四中、五中全会精神，加强农村文化建设，扎实推进社会主义新农村建设的目标。包括开展多种形式的群众文化活动，丰富农民群众的精神文化生活，促进农村文化和经济、政治、社会协调发展。《意见》指出，要充分认识加强农村文化建设的重要性和紧迫性，解决文化基础设施落后，现有资源尚未得到有效利用，文化体制不顺、机制不活，文化产品、文化服务供给不足，文化活动相对贫乏，城乡文化发展水平差距较大等主要问题。所以，“农村文化建设的目标任务是，按照建设社会主义新农村的要求，经过 5 年的努力，基本形成适应社会主义市场经济体制、符合社会

主义精神文明建设规律的农村文化建设新格局。县、乡、村文化基础设施相对完备，公共文化服务切实加强。农村文化工作体制机制逐步理顺，现有文化资源得到有效利用。文化队伍不断壮大，农民自办文化更加活跃。文化产业较快发展，看书难、看戏难、看电影难、收听收看广播电视难的问题基本解决。农村文明程度和农民整体素质有所提高，文化在促进农村生产发展、生活宽裕、乡风文明、村容整洁、管理民主等方面发挥重要作用。”

在具体如何丰富农民群众精神文化生活方面，《意见》指出，“开展多种形式的群众文化活动。农村文化活动要贴近群众生产生活实际，坚持业余自愿、形式多样、健康有益、便捷长效原则，丰富和活跃农民群众精神文化生活。充分利用农闲、节日和集市，组织花会、灯会、赛歌会、文艺演出、劳动技能比赛等活动。……根据时代的特点和农民群众精神文化需求的变化，不断充实活动内涵，创新活动形式。”

“着力发展农村特色文化。加强对农村优秀民族民间文化资源的系统发掘、整理和保护。授予秉承传统、技艺精湛的民间艺人‘民间艺术大师’、‘民间工艺大师’等称号，开展‘民间艺术之乡’、‘特色艺术之乡’命名活动。对农村传统文化生态保持较完整并具有特殊价值的村落或特定区域进行动态整体性保护，逐步建立科学有效的民族民间文化遗产传承机制。积极开发具有民族传统和地域特色的剪纸、绘画、陶瓷、泥塑、雕刻、编织等民间工艺项目，戏曲、杂技、花灯、龙舟、舞狮舞龙等民间艺术和民俗表演项目，古镇游、生态游、农家乐等民俗旅游项目。”与此同时，还要提供更多更好的农村题材文化产品，“加强选题规划和内容建设，把农村题材纳入舞台艺术生产、电影和电视剧制作、各类书刊和音像制品出版计划，保证农村题材文艺作品在出品总量中占一定比例。宣传文化领域的有关专项资金要加大对农村题材重点选题的资助力度，每年推出一批反映当代农村生活、农民喜闻乐见的文艺精品。购买适合农村需要的优秀剧本版权，免费供给基层艺术团体使用、改编并为农民群众演出。”这些政策措施的实施，标志着党和政府对农村文化建设的高度重视，旨在通过加强文化基础设施建设、构建公共文化服务体系等方式，满足广大农民群众多层次多方面的精神文化需求，促进农村物质文明、政治文明和精神文明协调发展。

2017 年，党的十九大报告中提出乡村振兴战略的同时，强调繁荣发展社会主义文艺，推动文化事业和文化产业发展。完善公共文化服务体系，深入实施文化惠民工程，丰富群众性文化活动。2020 年，中央一号文件《中共中央 国务院关于抓好“三农”领域重点工作确保如期实现全面小康的意见》中提到：“改善乡村公共文化服务。推动基本公共文化服务向乡村延伸，扩大乡村文化惠民工程覆盖面。鼓励城市文艺团体和文艺工作者定期送文化下乡。实施乡村文化人才培养工程，支持乡土文艺团组发展，扶持农村非遗传承人、民间艺人收徒传艺，发展优秀戏曲曲艺、少数民族文化、民间文化。”2022 年，党的二十大报告进一步强调繁荣发展文化事业和文化产业。坚持以人民为中心的创作导向，推出更多增强人民精神力量的优秀作品，实施国家文化数字化战略，健全现代公共文化服务惠民工程。党的二十大召开之前的 2022 年 5 月，时任山东省委书记李干杰在中国共产党山东省第十二次代表大会上的报告中也从深化文化惠民工程，推进全民阅读，建设书香山东等几个方面对山东省城乡公共文化服务作出了具体部署。[①]

历史上，中国共产党自诞生之日起就十分关注中国的农村文化建设。以李大钊、陈独秀等为代表的“五四”新文化运动领导人坚信，要改造旧中国，必须改造其文化。随着大革命时期工农运动的高涨，许多共产党人和农民运动骨干创办农民夜校，对农民进行文化启蒙，比如，毛泽东在韶山创办农民夜校，在广州农民运动讲习所为学员授课。中国共产党在苏区和抗日根据地也十分重视农村文化建设，并将其作为发动农民和领导农村革命的重要手段。

---

① 《牢记嘱托走在前 勇担使命开新局 为建设新时代社会主义现代化强省而努力奋斗——在中国共产党山东省第十二次代表大会上的报告》，https://paper.dzwww.com/ncdz/PDF/20220610/02.pdf。

二、基层实践响应：送戏下乡助力乡村振兴

送戏下乡是在全国范围内广泛开展的群众性文艺活动，是文化下乡的重要组成部分，也是重要的文化惠民工程之一，同时也是实现乡村文化振兴的重要抓手。

早在 1998 年山东省就出台了“百场下乡”扶持政策，支持省直院团优秀文艺作品深入农村开展演出；2008 年又将扶持补助标准增加到每场演出 2 万元，支持省直院团下乡演出实现常态化、制度化。2012 年，为降低基层院团送戏下乡演出成本，减轻基层负担，省文化厅实施了“为基层文艺院团配备流动舞台车”工程、为庄户剧团更新演出设备“文化惠民实事”、为农村（社区）免费送戏 10000 场活动等一系列支持文化下乡的扶持政策，使农村演出场次明显增加。2014 年，山东省文化厅制定实施“一村一年一场戏”免费送戏工程，设立了“农村文化建设专项资金”，采取“政府补贴、市场运作、院团演出、农民受惠”的运作模式，由省财政整合中央补助资金和省级相关资金，会同市县两级配套资金，支持县级文化部门购买公共文化服务，将戏曲文化送到百姓家门口，同时也有力地推动了市、县文化惠民措施的密集出台。在政策指示下，宁阳县自 2013 年开始实施“政府买单、百姓看戏”的送戏下乡文化惠民工程，历年来，开展了“一村一年一场戏”“文艺轻骑兵，惠民走基层”“群众性小戏小剧创演”“戏曲进乡村”等一系列文艺展演活动，截至 2022 年底，累计送戏四千多场，565 个行政村覆盖率达 100%。

选取宁阳县作为送戏下乡活动的调研地点，主要原因有两点，一是宁阳县曾是山东省的财政困难县，在脱贫攻坚工作的开展下，全县 91 个省市级贫困村全部实现摘帽，在脱贫摘帽的过程中，乡村文化的建设发展情况作为乡村整体发展重要组成内容是值得研究的。再者，宁阳县的整体发展水平在山东省所有行政县中属于中等，在经济和文化建设方面和山东省大多数区县的水平相差不大，其发展具有一定普遍性，因而具有较强的代表性。原因之二是宁阳县历史悠久，戏曲文化丰富，送戏下乡资源丰富，具

有文艺传播的典型性。宁阳县始建于公元前200年（汉高祖七年），至今已2200多年，数千年孕育了很多杰出历史人物，如春秋时期孔子曾在宁阳向学生讲授礼制，传授“酒礼”；复圣颜子的后裔在此聚居，颜氏家风家训传承至今；西汉“大夏侯学”“小夏侯学”创始人夏侯胜、夏侯建，东汉“建安七子”之一的刘桢均是宁阳历史文化名人。一方水土养一方人、育一方民俗文化。文化底蕴深厚的宁阳县有着丰富的特色传统戏曲文化，有宁阳本土的木偶戏、拉魂腔、弦子戏、渔鼓、朱氏唢呐，也有山东梆子戏、山东吕剧、柳琴戏、豫剧等。近几年，宁阳县相继出现了三个依托本土戏成立的庄户剧团，分别是磁窑镇王府村拉魂腔剧团、宁阳县木偶曲艺剧团和宁阳县朱氏唢呐艺术团。在历年的送戏下乡活动中，都曾担任过戏曲文化传播者的角色。

因此，本章以山东省泰安市宁阳县为例，通过实地考察，深入调研山东部分农村地区开展的群众性文艺文化活动，剖析乡村文艺文化传播过程中存在的问题，旨在深入了解乡村文化建设的现状，探寻乡村文艺文化传播的优化发展路径，为文化惠民活动更好地普及、文化兴村事业更好地发展提出建设性建议，促进社会主义文化在乡村地区的广泛传播，进而为推动城镇与乡村公共文化服务均衡发展以及推动乡村文化建设建言献策。

第二节　泰安地区乡村精神文化建设发展回顾及其送戏下乡概述

一、新中国成立初期乡村精神文化建设的有效探索

新中国成立后，我国由半殖民地半封建社会转变为新民主主义社会，进而过渡到社会主义社会，在此巨大变革时期，中国人民的精神文化领域也逐步除旧布新，中国共产党领导人民群众迎来了与政治“翻身”相适应的文化上的“翻身”。

党和国家重视农村工作，立足于传统农业大国的基本国情，积极探索社会主义乡村的精神文化建设，在整肃社会风气、繁荣文学艺术、推动文化教育等方面取得了卓越的成就。在这一时期，我国乡村精神文化建设所做的探索主要包括以下几方面。

（一）开展社会主义思想教育和扫盲为主的文化教育

“凡是思想问题，都是不能用任何速成的、性急的、强迫的、粗暴的方法去解决，而是要有步骤的、耐心的、启发自觉的、和风细雨的方法去解决。说得更简单一些，思想战线上的斗争，是一个长期的教育的过程。”[①]新中国成立初期，社会政治、经济、文化等方面都在过去的基础上重建，为巩固政权，占领思想文化阵地，农民的教育问题至关重要。因此我国积极开展思想政治教育和科学文化教育，培育社会主义主流意识形态，在启发教育农民过程中奠定广泛的群众基础。

据《泰安市志》记载，新中国成立初期，泰安市农民教育的主要形式是办冬学，利用秋后至春初农闲时间开展识字运动。1950 年后，办常年民校，坚持农闲多学、农忙少学、大忙放学、忙后复学的原则，鼓励农民学习接受文化教育。1952 年，推行祁建华“速成识字法”，通过推广通俗易懂的识字方法，让农民能认识并使用常用字。1955 年，农业合作社办起了记工学习班，培养会计和记工员，发动基层办业余扫盲班。次年，县科普协会与电影院合作，举办科教片放映周，各县广播站开始进行每周 1—2 次的科技广播，开展了大范围的农业科学知识的宣传教育。1958 年，各村、各工地兴办扫盲班，通过学校包村、教师包片、学生包人的办法开展教学活动。摘掉文盲帽子的青壮年和未能升学的小学毕业生，分别参加业余小学、业余中学、业余技术班学习。[②]通过教育培训、技术推广等方式，

---

① 熊复：《为坚持毛泽东文艺路线而斗争》，中南人民文学艺术出版社 1951 年版，第 78 页。

② 泰安市泰山区、郊区地方史志编纂委员会编：《泰安市志》，齐鲁书社 1996 年版，第 1058 页。

让农民学习生产、生活中的科学技术知识。1964 年，包括宁阳县在内的泰安市各县陆续成立工读教育委员会，设工读教育办公室，各公社设工读教育辅导员，进一步开展半工半读教育。通过创办农民学习班、开展科教宣传等多种教育形式，马列主义、毛泽东思想在农村广泛传播。同时，教育的普及也满足了农民识字、学习文化知识的迫切需求，农村大多数青壮年都学会了识字用字及简单算术，能够做到初步看书读报、书写信件，进行简单的公粮计算。

（二）加强乡村文化基础设施建设

文化基础设施是农民精神文化活动的载体，也是乡村文化建设的物质基础。新中国成立后，党和政府在开展社会主义文化教育的同时，也重视乡村的文化基础设施建设，增建了各种文化设施和场地，主要体现在以下几个方面。

第一，普及农村广播网。我国农村地区经济、交通、通信设施相对落后，导致信息资源匮乏。而广播承载着发布新闻、传达政令、社会教育、文化娱乐等任务，对教育农民、宣传思想具有重要的推动作用。因此，新中国成立后，依据“面向农村，为生产服务”的方针，我国农村开始建设广播网。1952 年 4 月 1 日，全国第一座面向农村的县广播站在吉林省长春市九台县诞生，随后，江苏、浙江、山东等省派人学习“九台经验”，建起了有线广播站。据统计，1966 年，全国县级广播站共 2001 座，全国 96% 的县开通了广播，放大站和公社广播站共 8435 座，广播喇叭有 848 万只，“77% 的人民公社、54% 的生产大队和 26% 的生产队均普及了有线广播”[①]，达到了农村广播网历史上的最高水平，宁阳县也在这一波广播站建设热潮中拥有了自己的广播站。广播普及之后，降低了学习知识的门槛，人人都能通过广播受教育，学习文化知识，丰富业余生活。

---

① 孟伟、杜浩男：《党领导下的人民广播事业的创建与发展》，《理论视野》2021 年第 8 期。

第二，建设各级文化馆、文化站。新中国成立后，国家为了开展群众性文化活动，在改造原有的民众教育馆的同时，以较快的速度兴办了一大批新型的群众文化事业机构——文化馆或文化站。1951 年，宁阳县文化馆和文化站相继成立，文化馆和文化站主要工作如下：负责组织图书的借阅与发放；在每个村和互助合作组设立黑板报，并发展黑板报通讯员，指导骨干分子刊登黑板报；以合作社、民校、互助组为基地巡回放映幻灯片、露天电影；负责业余流散艺人的演出管理及经常性的文化宣传，组织开展广泛的群众文艺活动以及文艺工作者培训等工作。文化站和文化馆在乡村文化建设中发挥着深入基层、联系群众的重要作用，为农民及时了解国家的方针政策、学习新知识新技术、丰富文化生活提供了良好的平台。

第三，发展农村电影事业。新中国成立后，电影放映机制造工业、电影胶片制造厂、影片洗印厂相继成立，新中国电影事业逐渐起步。电影作为一种新颖的、富有吸引力的文化艺术形式逐渐进入乡村，一系列有关农村题材的科教片、宣传片层出不穷。1956 年，泰安市各县电影放映队逐渐形成，开始在乡政府驻地巡回放映，以包场或售票的形式进行收费，维持运转，但为水利建设、炼铁、炼焦等场所服务的电影队很少收费。1962 年，采取定点收费，普及放映的方式，根据定点人口数和经济状况，确定收费标准，每场最多收 33 元，最少收 9 元。电影放映队每年约 220 个工作日，放映 220—240 场次，以流动电影放映的形式为农民普及爱国主义教育、宣传安全卫生等知识，对农民群众的思想政治教育和科学文化教育具有强大的影响力。

第四，创办俱乐部。为丰富农民的业余文化生活，发挥农民的主体作用，政府鼓励农民创办自己的俱乐部，据《泰安市志》记载，20 世纪 50 年代上半期，群众文化活动非常活跃，许多村街建立了以演出小戏为主的业余演出队伍，革命歌曲、民歌广泛传唱，为政治运动、生产建设服务的图片展览、美术创作活动蓬勃兴起，农村俱乐部迅速普及。大部分街道、工矿企事业、村庄建立了俱乐部、图书室、业余剧团。① 俱乐部成为开展思想文化教育的重要阵地，也是农民群众开展各种文化活动的主要场所，伴随而生的往往是综合性的、群众性的业余文化组织，涵盖了文艺、体育、教育、宣传、娱乐等多方面的活动内容，对繁荣农民的文化娱乐生活，促进乡村文化建设具有重要的推动作用。综上所述，这一系列的文化基础设施建设，为乡村文化建设和发展奠定了坚实的物质基础。

（三）开展形式多样的群众性文艺活动

毛泽东在 1940 年 1 月的《新民主主义论》中提到：新民主主义文化应该是民族的、科学的、大众的文化。这种大众的文化就是民主的文化，应该为全民族中百分之九十以上的工农劳苦大众服务，并逐渐成为他们的文化。② 在 1945 年《论联合政府》报告中，毛泽东再次强调，农民是当时中国文化运动的主要对象。“所谓扫除文盲，所谓普及教育，所谓大众文艺，所谓国民卫生，离开了三亿六千万农民，岂非大半成了空话？”③ 在毛泽东看来，我国的文化建设不能脱离人民群众，也不能脱离农村，人民群众才是文学艺术真正的创造者，农村文艺事业的主体和服务对象是广大的农民群众。因此，文艺活动要密切联系群众，一切从群众的需要出发。创造农民群众喜闻乐见的文化。新中国成立后，我国乡村地区广泛开展形式多样的群众性文艺活动，一方面，将群众文艺活动与思想政治教育宣传有机结合起来，通过文艺活动来传播新的先进的文化思想，达到教育农民的目的。20 世纪 50 年代初，宁阳县文化馆建立后，每年都会举办全县规模的文艺会演，并进行评奖活动。此外，逢青年节、国庆节、元旦等重大节日也举办不同题材、内容及各种艺术表演形式的文艺演出活动，还结合党在各个历史时期的方针、政策和任务的宣传编创节目进行演出。另一方

---

① 泰安市泰山区、郊区地方史志编纂委员会编：《泰安市志》，齐鲁书社 1996 年版，第 1089 页。

② 《毛泽东选集》第 2 卷，人民出版社 1991 年版，第 708 页。

③ 《毛泽东选集》第 3 卷，人民出版社 1991 年版，第 1078 页。

面，贯彻“推陈出新，百花齐放”的方针，加强对地方戏、民间说唱等传统文学艺术的改造和发展，创造丰富多样、通俗易懂的文学艺术形式。组织农民群众创造、开展属于自己的文艺活动，充分发挥农民的主体性和创造性，让他们自己演、演自己，创造属于自己的乡土文化。例如，新中国成立后，泰安戏曲事业有了很大的发展，62 个业余剧团（组）相继在农村建立，除演出传统节目外，还移植创作近百出现代戏。1976 年以后，出现了一批群众创作的新剧目，如现代戏《来电之前》《农机新兵》《评奖之前》《戏中戏》《谁的责任》《三打渔》《丰收》等。这一时期，农村业余剧团在全国广大地区也大量出现。

二、改革开放以来乡村精神文化建设的接续发展

改革开放以来，我国在经济、政治、文化、社会等领域都发生了深刻的变化，乡村社会处于急剧变迁之中，农民群众的思想观念、生活方式、文化取向都发生了显著变化。基于不断变化的乡村现实，党和政府适时进行重大的理论创新和实践创新，使我国的乡村文化建设体系契合乡村现实。

十一届三中全会重新确立了“解放思想、实事求是”的思想路线，为乡村精神文化建设指引了新的方向。随着 1979 年十一届四中全会上正式提出“社会主义精神文明”的概念，以及后续提出建设社会主义国家“不但要有高度的物质文明，而且要有高度的精神文明”的论断，精神文明建设逐渐成为改革开放以来乡村文化建设的重点内容。具体包括以下几个方面。

第一，加强思想政治教育。深入宣传爱国主义、集体主义和社会主义，引导农民摆脱小农经济思想，克服封建腐朽思想，提高农民的文明程度，逐步开展社会主义核心价值体系建设。改革开放以来，宁阳县响应上级政府号召，陆续开展“五讲四美三热爱”（讲文明、讲礼貌、讲卫生、讲秩序、讲道德，心灵美、语言美、行为美、环境美，热爱祖国、热爱社会主义、热爱共产党）、“五十佳”单位评选及“文明示范村”评选等活动，通过社会主义思想教育、遵纪守法教育、移风易俗教育等方式，引导广大农

民树立健康、科学、文明的生活理念。

第二，提升农民的科学文化素养。推行“燎原计划”，大力发展职业技术教育，办好文化技术学校，扫除青壮年文盲，全方位提升农民的科学文化水平。据《宁阳县志》记载，21 世纪初，宁阳县农民教育主要是“农技校”“农广校”“农函大”三种教育形式。[①]农技校采取灵活多样的办学方式，对农民进行文化技术培训；农广校运用广播、电视、录音、录像等现代化教学手段和传统的面授辅导手段，对农民进行农学、畜牧、果树、蔬菜、乡镇企业管理、现代乡村管理、农村电气化等专业技术教育；农函大以乡镇党校、村农民技术培训学校为教学场所，开展农民实用技术培训、技术推广与技术服务，有效促进了农业增效、农民增收，培养了一批农村乡土人才和农村科技带头人。

第三，推进乡村公共文化建设。不断加强乡镇文化站、广播电视“村村通”、农家书屋、文化活动室的建设，改善公共文化基础设施条件。在山东省广播电视“村村通”工程中，省广播电视厅免费为宁阳电视台提供卫星信号接收设备 14 套，解决了个别山区和盲区村收看电视难的问题。2002 年，全县电视覆盖率稳定在 98% 以上。[②]1987 年，宁阳县开展创建农村文化大院活动，先后建起市级文化大院 23 处、县级文化大院一百二十多处，未建文化大院的村大部分建立了图书室、文化活动室。村文化大院一般设有图书阅览室、文艺演唱室、广播电视室、卫生室、体育活动场等。随着文化基础设施的建设，部分设施设备齐全、常年开展活动的文化大院逐渐成为文艺爱好者的重要文化活动场所。[③]

第四，推动乡村文化事业蓬勃发展。开展文化科技卫生“三下乡”活动，为农民送书、送戏、送电影、送文化科技知识，举办农民喜闻乐见的文娱活动，发展地方戏、民间技艺等传统特色文化，满足农民的文化需求。例如，每年春节宁阳县文化局、文化馆组织民间文艺队上街表演，并举办

① 宁阳县地方志编纂委员会编：《宁阳县志》，方志出版社 2007 年版，第 567 页。
② 宁阳县地方志编纂委员会编：《宁阳县志》，方志出版社 2007 年版，第 589 页。
③ 宁阳县地方志编纂委员会编：《宁阳县志》，方志出版社 2007 年版，第 579 页。

灯展、书画展、电影晚会、戏曲表演等。各乡镇、各企事业单位、各类文艺团体、各农村文化大院，也都积极开展节日文艺活动，既能丰富农民群众的业余文化生活，也能传播豫剧、山东梆子、拉魂腔、鼓吹乐等传统戏曲文化。

可见，改革开放以来，在党和国家的领导下，我国乡村精神文化建设在不断探索中逐渐走向成熟，为社会主义文化建设的持续发展积聚了力量。

党的十八大以后，中国特色社会主义进入新时代，社会主义精神文化建设逐步上升到建设社会主义文化强国的战略高度。党和国家以乡村振兴和实现“三农”现代化为主导，贯彻落实“以人民为中心”的发展思想，推动乡村精神文化建设不断深入发展。

第一，深化社会主义文化建设。以乡村振兴为导向，在乡村持续开展宣传教育、文明实践志愿服务、文化惠民等活动，改善乡村风貌，提升农民的思想道德修养，深入培育社会主义核心价值观，为乡村民众提供了主流价值建设。近年来，山东省文化强省建设显著加强，乡村文明建设水平稳步提升，新时代文明实践中心实现县乡全覆盖。社会主义核心价值观在乡村地区广泛传播，群众性精神文明创建成果丰硕，截至 2022 年底，累计建设省级美丽乡村 2500 个，建成美丽庭院 287 万户。乡村社会文明程度得以提升，焕发了乡村文明新气象。

第二，深化公共文化建设。在相关文化政策的指引下，山东省持续增加乡村公共文化产品与服务的供给，加大了文化建设资金的投入。首先是深入实施广播电视户户通、村村通工程。因地制宜，因户施策，统筹无线、有线、卫星三种技术覆盖方式，以无线数字电视为主、有线电视为辅、直播卫星为补充，于 2018 年底实现了“广播电视户户通、应急广播村村响”的目标。其次是提升乡镇文化站、农家书屋的建设水平。以泰安市岱岳区马某镇为例，全区共有 36 个行政村，建有文化活动室 36 个，农家书屋 31 个，文化健身广场 36 个。文化站、文化大院每周开放 5 天，共 40 个小时，镇里每年组织送戏下乡 108 场，每年组织广场舞比赛及其他活动 20 次。文化站和农家书屋建设水平的提升推动了优质资源向乡村延伸，使得农民群众享受到了更优质的公共文化服务。

第三，持续加大对下乡活动的支持力度，文化科技卫生“三下乡”工作逐步普及化、体制化、常态化。宁阳县通过“文化进万家”“一村一年一场戏”“文艺轻骑兵，惠民走基层”等主题文艺活动传播丰富多彩的文化，丰富了农民群众的文化生活，加快了基层文化建设的步伐。

总的来看，进入新时代以来，一系列的举措正推动我国乡村精神文化建设向纵深发展，为助力社会主义文化强国建设，实现乡村振兴战略奠定了深厚的基础。

三、宁阳县文化惠民工程——送戏下乡概况

宁阳县隶属于山东省泰安市，位于鲁中偏西，泰安市南部，东邻新泰市，西连汶上县，南与济宁市兖州区交界，东南与曲阜市、泗水县接壤，北以大汶河为界与岱岳区、肥城市相望，总面积1125平方千米。县城距泰山56千米，距曲阜25千米，距水泊梁山40千米，处于泰山、曲阜、水泊梁山旅游三角中心。宁阳县下辖2个街道、10个镇、1个乡，共565个行政村。2021年全县常住人口65.83万人，其中农业人口31.7万人。[①]

宁阳历史悠久，有文字记载的历史，已有四千余年。夏朝属徐州之域，西周春秋时期全境属鲁国，有重邑阐、郕等。秦朝属薛郡，有刚父、阳关、曲池等名邑。宁阳县始建于公元前200年（汉高祖七年），因邑置宁山之南，故名宁阳。作为千年古县，在悠悠历史长河中，涌现出了一大批杰出历史人物，积淀了优秀的文化基因。一方水土养一方人、育一方民俗文化，历经几千年的风雨洗礼，齐风鲁韵在这片土地上源远流长。文化底蕴深厚的宁阳县有着丰富的特色传统戏曲文化，例如宁阳木偶戏、拉魂腔、弦子戏、渔鼓、朱氏唢呐等。历经上百年的传承与革新，这些传统戏曲流传至今，也正是基于这些宝贵的文化财富，才使得宁阳县“送戏下乡”文化惠

① 数据来源于宁阳县人民政府官网：www.ny.gov.cn。

民工程能够持续开展。

2013年，宁阳县开始实施“政府买单、百姓看戏”的送戏下乡文化惠民工程。送戏下乡源自文化、科技、卫生三下乡中的文化下乡，文化下乡包括：图书报刊下乡、送戏下乡、电影电视下乡、开展群众性文化活动。送戏下乡是其中一项重要的“服务基层、服务三农”的文化惠民工程，采取“政府补贴、市场运作、院团演出、农民受惠”的运作模式，由省财政整合中央补助资金和省级相关资金，会同市县两级配套资金，支持县级文化部门购买公共文化服务，将戏曲文化送到百姓家门口。历年来，依托“一村一年一场戏”“文艺轻骑兵，惠民走基层”“群众性小戏小剧创演”“戏曲进乡村”等一系列文艺展演活动，戏曲文化被带到农民群众身边。

宁阳县送戏下乡活动自2013年开展至今已持续了10年之久，累计送戏下乡四千多场。文艺演出的时间主要集中在每年的3月至11月，采取“集中下乡”和“经常下乡”相结合的形式“送戏”。送戏下乡活动以县、乡镇、村三级联动、层层发动、全面铺开的方式组织开展，由宁阳县文化和旅游局主办，承担全县70%行政村数量的演出任务，各乡镇、街道（下辖534个村）、宁阳经济开发区（下辖19个村）、环城科技产业园（下辖12个村）承担全县30%行政村数量的演出任务。2021年，宁阳县共投入资金160万元用于支持农村文化活动、文化文艺骨干宣传培训、送戏下乡、文化志愿者巡演等农村文化建设。[①]其中，120万元资金用于支持送戏下乡文化惠民工程，县级购买的文化服务队伍按照要求对全县400个村（社区）进行配送，各乡镇承担剩余村（社区）的演出任务，以确保达到“一村一年一场戏”的要求。在演出队伍的选拔与组建方面，一是面向全社会招募文化志愿者，形成覆盖城乡的文化志愿方阵，政府根据情况予以适当补贴。目前，宁阳县共成立了36支志愿服务团队，其中，有13支在考核中脱颖而出的优秀志愿者队伍，这些志愿服务队每年在全县各村进行巡回演出。

① 《关于宁阳县2021年财政预算执行情况2022年财政预算草案的报告——2022年1月23日在宁阳县第十九届人民代表大会第一次会议上》，2022年2月10日，http://www.ny.gov.cn/art/2022/2/10/art_253232_10302801.html。

二是选拔本土现有的商业艺术团体，由县专业人士、文广新局、乡镇文化站以及社会代表组成的评委小组，对报名的所有团体进行节目评审，评审合格后签订演出服务购买合同。蒋集镇远芳文化艺术团、东疏镇荷花豫剧艺术团、宁阳县木偶曲艺剧团是宁阳县较为著名的本土艺术团体，也是承接送戏下乡演出体量较大的队伍。

宁阳县自开展送戏下乡文化惠民活动以来，不仅丰富了农民的业余文化生活，而且在促进乡村文化建设、改善村风村貌、传播传统戏曲文化方面做出了突出贡献。这些成就依赖于国家政策的支持，各级政府的努力以及文艺工作者的付出，但值得注意的是，送戏下乡活动在开展的过程中仍存在不足之处。本章通过对宁阳县送戏下乡活动进行实地调研，从探析乡村文艺文化的传播机制入手，探索宁阳县送戏下乡过程中存在的问题。

第三节　宁阳县送戏下乡文化活动的组织传播机制

本节立足于传播学视角，从传播主体、传播渠道、传播内容及受众的角度出发，分别对送戏下乡活动的组织机制、传播形式、演出内容和受众群体展开分析，研究送戏下乡文艺传播的实际成效，深入分析文艺传播过程中存在的不足之处，并提出建议。

一、宁阳县送戏下乡活动的组织机制

（一）县—镇—村层层联动

送戏下乡活动是由政府部门牵头主导的文化惠民活动，政府为满足人民日益增长的文化生活需要，履行文化建设职能，出资购买公共文化服务，并会同文艺团体将其配送到百姓身边。在这个过程中，政府部门是文艺文化活动传播链条的起点，也是传播过程的主导者。在国家政策的指导

下，宁阳县文化和旅游局作为主办单位，成立由分管领导任组长，文化艺术科、公共服务科、乡镇街道文化站站长任成员的送戏下乡演出工作领导小组。根据上级文化主管部门和县委、县政府有关“一村一年一场戏”文化工程的文件精神及要求，在每年年初规划本年度送戏下乡的主题、内容、演出计划和场次，制定并下发实施送戏下乡活动相关文件。各乡镇（街道）政府部门根据上级部门指示制定适合本地区的子文件，既要发挥乡镇的积极性，运用市场化机制，引导民间文化团体在各自的乡镇内开展演出活动，同时也要根据上级安排，与承接本乡镇（街道）送戏下乡活动的演出团体对接工作。在这一过程中重要的尾部环节是合理配置演艺资源，即具体落实各村（社区）的演出时间、地点，审核演出节目单、时长以及舞台背景板的制作，将演出相关信息提前公示，并由乡镇文化站站长负责后续演出的监督工作。各村（社区）会在文艺活动举办之前做好迎接准备工作，预留、清理搭建流动舞台的场地，并号召本村居民准备自己的文艺节目参与和丰富演出。演出当天，村（社区）干部负责演出团体的接洽工作，协助完成舞台搭建、音响设备调试等工作，并为演出人员安排休息场地，提供后勤保障，以保证演出顺利进行。在演出开始前，村（社区）负责人将演出时间、地点以广播和微信群信息的形式通知到村民。此外，村（社区）要在演出过程中负责末端的监督工作。

以 2022 年的情况为例，8 月，宁阳县文化和旅游局下发了 9 月份的送戏下乡演出计划表，各级文化站和文艺团体进入了一年当中最忙碌的时期，全县各乡镇在这一时期同步开展送戏下乡活动，蒋集镇张某村的演出时间安排在了 9 月 17 日晚上 7 时 30 分。当天傍晚 5 时 30 分左右，远芳文化艺术团到达张某村，两名村干部为艺术团工作人员安排场地，并协助搭建舞台，调试音响及灯光设备，演员则在文化活动室化装、换演出服。舞台设备调试完毕后，演员上台走位彩排，文艺团负责人现场给民乐班子进行了短暂的指导。演出开始前一个多小时，村干部用广播呼吁村民提前吃晚饭，晚上 7 时 30 分带着板凳到村广场观看演出，恰逢星期六，有一百多人来到演出现场。演出开始后，伴随着欢快的节目和主持人与观众的互动，观众情绪逐渐高涨，现场热闹非凡。台下坐着的不仅有村民，还有村委干部，他们在观看演出的同时还会对演出情况和现场效果进行拍照记录，并在晚上 9 时 30 分演出结束后填写演出评价表。

送戏下乡从整体流程上看就是以这种县、镇、村三级联动、层层发动、全面铺开的方式有序组织开展的，是一种以自上而下为主并且上下结合"送戏"的文艺传播过程。

（二）文艺活动带头人以点带面

据《宁阳县志》记载，1987 年，宁阳县开展创建农村文化大院工作。1990 年，开展创建社会文化先进县活动，音乐、舞蹈逐步融入老百姓的日常生活。[①] 随着经济水平的提升和文化建设水平的提升，农民群众中不乏文艺积极分子带头，号召其他业余文艺爱好者"扎堆儿"唱戏、跳舞、拉二胡、吹唢呐……业余班子初现规模后，他们就三五成群，趁农闲时节自发地在民间组织小型的公益演出活动，例如伏山镇马某村就有文艺带头人依托文化大院，组织举办文艺演唱会和节日文艺活动。久而久之，就发挥了以点带面的作用，吸引更多文艺爱好者的加入，形成了本土的文艺演出队伍。

近年来，随着乡村文化建设的推进和人民生活水平的提高，各乡镇农民自发组织的业余文艺团体越来越多。宁阳县木偶曲艺剧团、蒋集镇远芳文化艺术团、东疏镇荷花豫剧艺术团、磁窑镇王府村拉魂腔剧团以及发源于原茅庄乡的朱氏唢呐艺术团等都是本地的庄户剧团。无论是家族技艺传承，还是兴趣爱好使然，这些团体都是由最初一两个文艺活动带头人慢慢发展成了几十人规模的艺术团。蒋集镇远芳文化艺术团团长王某平时在镇上经营一家饭店，由于爱好文艺表演，再加上村支书"老有所好，老有所乐，老有所养，老有所为"的倡导，2012 年，王某带领村里的文艺爱好者自发成立了蒋集村文化宣传队，以"宣传党和国家的方针政策，弘扬社会

① 宁阳县地方志编纂委员会编：《宁阳县志》，方志出版社 2007 年版，第 578 页。

正能量”为宗旨走村串镇开展业余文艺演出活动，随着其知名度的提升，演出队伍逐渐扩大。2019 年，文艺团正式注册成立。目前，剧团有固定演出人员五十多人，装修活动场所 500 平方米，配备办公室、排练室、财务室等配套场所，购置各类音响乐器设备十余套，演出服装五十余套。他们的成员有镇上做小买卖的、开车的，也有车站售票员，但大多数还是农民，也就是说他们是一群业余的文艺爱好者，大部分都是兼职做演员，鉴于此，剧团的训练没有强制性要求，成员平时忙自己的工作，得闲便聚在一起排练、培训，送戏下乡活动的开展通常在农闲时节，因此大部分演员都能参与排练和演出。

在送戏下乡活动中，这些艺术团成员承担着政策执行者的角色，根据政府工作部署，集中下乡演出，以文艺会演的传播形式将国家的政策方针以及传统戏曲文化带到群众身边，使得国家惠民政策落到实处，促进基层文化的繁荣，同时还担任了文艺活动带头人和文艺文化传播者的角色。他们从群众中来到群众中去，自发地“走街串巷”义务演出，通过群众自娱自乐传播本土的文艺文化，不仅其演出活动而且其生活方式本身都起到了乡村文化传播的良好示范作用。

（三）农民群众自发参与

送戏下乡活动的核心在于将文艺文化送到基层，以引导农民组织开展群众文化活动，增加公共文化产品的供给，促进乡村文化的繁荣和发展。在送戏下乡活动中，当地的农民群众既可以作为信息接受者观看演出，欣赏文艺会演节目，也可以转变身份，主动加入演出当中，成为群众文艺文化的创造者和传播者。也就是说，即便不是乡土文艺团队中的成员，也可以通过提前沟通加入演出活动，或是现场踊跃自荐，在演出最后即兴表演。这说明了群众的参与积极性正在被调动起来，群众的主体性逐渐形成。

笔者在各村庄调研时发现，在村委和文艺爱好者的号召下，有个别村的村民自发参与的情况，一般是在送戏下乡的演出中融入 1 到 2 个由本村村民表演的节目，最常见的节目形式是广场舞。例如，在张某村送戏下乡演出活动开始前一周，该村的妇女主任便在本村广场舞团队微信群里号召大家共同学习新舞蹈，为送戏下乡文艺演出贡献新节目，其中有 13 名女士和 2 名男士积极响应号召，连续 6 晚在村文体广场排练节目。经村妇女主任和文化站站长及演出剧团的沟通，该村广场舞队在活动当晚穿插表演了两个舞蹈节目。通过和这些女士的交谈，笔者了解到这已经是她们参与演出的第二年了，上一次的参与体验和观众的称赞使她们体会到了新鲜感和荣誉感，也使她们的心态从最初的不好意思表演转变成了每年都想积极报名参加。此外，个别村庄还有戏曲爱好者上台唱戏、演奏传统乐器。虽然参演节目形式单一，但也能起到调动村民的热情和积极性，活跃演出氛围的作用，同时能够潜移默化地提升农民群众的文化主体意识。当地农民通过自身的才艺表演展现乡村风貌，这种自发性传播和政府的引导性传播形成有益补充，丰富了文化产品的供给。

二、宁阳县送戏下乡的传播形式

10 年探索，10 年经验，从常规性送戏下乡演出到集中下乡和经常下乡的有机结合，再到以训代演的新尝试，在延续既有好的做法基础上，宁阳县送戏下乡活动探索了多种“送”的传播形式，使得送戏下乡的传播机制更加科学、灵活，效果也更好。

（一）集中下乡与经常下乡结合

自 2013 年开展送戏下乡文化惠民活动以来，宁阳县文化和旅游局总结以往的经验，探索出集中下乡和经常下乡有机结合的传播形式。集中下乡送戏是由县级政府采购的文艺团体所开展的“一村一年一场戏”专题性演出，演出时间较为集中，一般是在 8 月下旬至 11 月下旬，每年的具体时间根据天气、农忙情况具体安排。

以 2022 年宁阳县送戏下乡活动为例，集中专题演出安排在 8 月下旬至 11 月中旬，在此期间避开了冬小麦的播种期（10 月 1 日至 10 月 10 日）。

集中下乡以“喜迎二十大·宁阳县2022年‘一年一村一场戏’送戏下乡暨群众性小戏小剧展演”为主题开展，由宁阳县木偶曲艺剧团承接东疏、堽城、乡饮等乡镇辖区内演出，蒋集镇远芳文化艺术团承接蒋集、磁窑等镇辖区内演出，东疏镇荷花豫剧艺术团承接华丰、东庄、鹤山等镇辖区内演出。本轮集中下乡演出最早开始于8月20日上午8点，在泗店镇薛家庄村举办，由东疏镇荷花豫剧艺术团承办，演出内容主要是戏曲《绣楼奇缘》《清宫风云》《下南京》《打金枝》《铡西宫》等豫剧选段，演出时长共计90分钟。一台常规的集中下乡演出活动举办过程如下：组织演职人员前往送戏地点—搭建临时舞台—调试音响、灯光设备—组织观众—主持开场—演员就位演出—演出结束—拆除临时舞台—转运设备及人员。由于时间较紧，集中下乡送戏期间，个别艺术团每天最多安排三个村庄的送戏演出，三场时间分别是上午9：30—11：00，下午15：00—16：30，晚上18：30—20：00，演出时长共计4.5个小时。一般情况下，安排在同一天的村庄在同一乡镇，虽然路程不会太远，但由于演出准备工作复杂，需要运输和安装设备、化装换装等，工作量仍较为繁重。

经常下乡送戏主要包括由各级政府补贴的文化志愿者队伍所开展的“文艺轻骑兵，惠民走基层”文艺会演，或是由各乡镇采购的送戏下乡演出以及号召本土文化志愿者开展的志愿演出活动。这些演出的主体有的是由大的文艺团体化整为零形成的文艺小分队，有的是各乡镇的小型庄户剧团或志愿者队伍。每年的经常下乡送戏演出时间并不会固定在某一时间段，一般不会和集中下乡送戏演出时间相冲突，同时，尽量避开炎热、雨水、严寒等恶劣天气，避开农忙、工作等特殊时间，根据各演出主体和各乡镇的实际情况机动安排演出时间。演出以轻型、便捷为主要特点，突破场地和布景限制，服装、设备较简单便携，演职人员十几人，演出内容涵盖歌曲演唱、器乐演奏、舞蹈、戏曲等。这些志愿演出或乡镇采购的演出活动会优先覆盖本年集中下乡送戏演出未能惠及的村庄，以实现全县送戏下乡100%覆盖的目标。同时，在经常下乡送戏的政策安排下，一些乡镇政府驻地村、企业工厂驻地村等人口数量较多的村庄能实现一村一年两场戏，使送戏下乡活动逐渐趋于常态化。文艺志愿者以轻体量的演出方式走到百姓家门口，让更多群众欣赏到文艺节目，提升送戏下乡活动在基层的覆盖率。两种形式在送戏下乡的过程中有机结合、互为补充，丰富了送戏下乡的内容和形式。

（二）公益性节日会演、以训代演作补充

为全面贯彻落实党的二十大精神，落实中宣部等15部门“三下乡”活动部署，推动“三下乡”活动常态化、制度化，把优秀的精神文化产品和服务送下乡，2020年以来，宁阳县动员社会各方力量，除了常规性的送戏下乡活动之外，还开展了一系列公益性的节日文艺会演、主题文艺会演以及“以训代演”送戏下乡等形式的演出活动。

自1988年起，每年重阳节，县老干部活动中心都举办全县性的老年书画展和老年文艺会演，一些节日文化活动、重要庆典活动等，都吸收老年人参加。由老干部自愿组成的老年戏曲队、老年舞蹈队坚持常年开展活动，并多次参加省、市文艺会演并获奖。如今，在妇女节、青年节、儿童节、重阳节以及护士节、教师节等重大节日，全县都会举办不同形式的、丰富多彩的节日性文化活动。此外，县里还会在重要的时间节点开展“听党话，跟党走”“喜迎二十大，文化乐万家”等文艺会演，带着丰富多样的节目走进广场、养老院和村庄，以满足人民日益增长的文化需求。

“以训代演”是近年来探索出的全新的送戏方式，在不便开展大规模的演出活动的情况下，宁阳县文化和旅游局和各乡镇文化站创新开展了小型的戏曲培训活动，该送戏形式曾在2021年下半年施行过，向三百多个村庄送去了戏曲文化培训，此次送戏活动主要由宁阳县木偶曲艺剧团、东疏镇荷花豫剧艺术团、磁窑镇王府村拉魂腔剧团、蒋集镇远芳文化艺术团以及各乡镇出色的文化志愿者队伍承接，由文艺骨干带领戏曲班子（一般共6—8人）走进村文化活动室或文体小广场培训教学，演奏乐器和唱戏的都是团里的“老戏迷”，对戏曲感兴趣的村民围坐在一起，看“老戏迷”唱戏、讲戏，学唱戏曲选段，学习乐器研究。在零距离、交互式的沟通交流

中，传统的豫剧、秦腔、木偶戏被更多人所知晓、学习，一些参加过“以训代演”送戏活动的群众表示，这是一次难得的学习体验，并且收获颇多，有的文艺爱好者还自愿加入了文化志愿服务队伍。这些公益演出和“以训代演”送戏的形式作为送戏下乡文化演出活动的有益补充，共同服务群众的文化需求，充盈了群众的精神文化生活，让更多人接触、学习了戏曲，推动了戏曲文化的传播。

三、宁阳县送戏下乡节目构成

（一）宁阳县送戏下乡节目单

为提供丰富多样的文艺节目，满足农民群众的多种文化需求，送戏下乡演出综合了传统戏曲、小品、快板、流行歌曲、舞蹈、魔术等多种节目类型，演出时长一般为 90 分钟，每场节目数量不低于 12 个。2022 年 9 月 17 日，蒋集镇张某村举行“喜迎二十大：‘一年一村一场戏’送戏下乡暨群众性小戏小剧展演”集中送戏演出，演出时长约 120 分钟，共 14 个节目，具体节目单如下：舞蹈《我和我的祖国》、歌曲《最美的歌儿献给妈妈》、豫剧《绣红旗》、广场舞《时代最美风景线》、歌曲《再度重相逢》、豫剧《穆桂英挂帅》、广场舞《祖国你好》、豫剧《刘墉下南京》、歌曲《三世轮回这份情》、山东梆子《樊梨花征西》、豫剧《训罗成》、魔术表演、歌曲《我的心在等待》、歌伴舞《祝福您，盛世中国》。从这份节目单来看，演出以流行类歌舞居多，传统的戏曲节目占不到一半的比例，不同节目类型交叉安排演出。这场演出的时间背景正值党的二十大召开前，选用的歌唱祖国、传播正能量的节目占了整场节目的三分之一，节目设置较合理。

此外，综合所有送戏下乡的演出来看，在传统戏曲的演绎中，除了宁阳县木偶曲艺剧团和磁窑镇王府村拉魂腔剧团较多表演本土戏曲，其他艺术团演唱最多的剧种是豫剧，偶尔有 1—2 个节目是经过改编的山东梆子。

笔者从观众口中了解到，他们最耳熟能详的戏曲也是豫剧，对宁阳县本土戏了解较少，原因之一是豫剧的很多成熟剧目在山东地区的流传度较广，如《打金枝》《朝阳沟》《穆桂英挂帅》等，一些青少年在长辈的熏陶下，也对这些豫剧略知一二。原因之二是宁阳县各个文艺团体的演出范围较为固化，很多地区的群众缺乏接触到本土戏曲的机会。这也侧面反映了虽然宁阳县在大力扶持地方戏，个别剧团也将本土的木偶戏、拉魂腔、山东梆子带到了部分群众身边，但本土戏曲的传播力度和传播广度仍远远不够，知名度仍需提高。如果想促进本土戏曲文化的发展，培养中青年尤其是青少年群体中的戏曲欣赏者甚至是传承人，那么在本土戏曲文化传播方面多下功夫是送戏下乡需要考虑和施行的重要任务。

（二）宁阳县送戏下乡的本土戏曲剧种

近几年，宁阳县大力扶持地方戏的发展，支持创办本土戏曲艺术团，参与送戏下乡活动中巡回演出，宁阳县本土的木偶戏、拉魂腔和山东梆子作为小众戏曲也参与到了演出中，老戏新唱、创新融合使得本土戏曲被更多人了解。

1. 宁阳木偶戏

号称“江北第一木偶”的宁阳木偶戏是宁阳县最具代表性的地方传统文化之一，至今已有一百四十多年的历史，唱腔以山东梆子、山东吕剧、豫剧等为主，生旦净末丑行当齐全，其独特的四杆内操纵技艺使其在全国木偶戏中独树一帜，是全国稀有地方剧种之一。2006 年 12 月，宁阳木偶戏被列入第一批省级非物质文化遗产保护名录。

依托宁阳木偶戏成立的宁阳县木偶曲艺剧团是木偶戏传播和传承的主力军，也是宁阳县送戏下乡活动的主要演出团体之一。2022 年，宁阳县木偶曲艺剧团承接了伏山镇、葛石镇、堽城镇、乡饮乡、东疏镇等地的演出，8 月和 9 月共演出 113 场，目前是送戏下乡活动中承接演出体量最大的剧团。演出代表剧目主要有《陈平打朝》《反杨河》《孙悟空三打白骨精》《变脸》《长袖舞》《墙头记》《人子 · 人》。宁阳木偶戏因剧目丰富，内容通俗易懂，贴近老百姓生活，故事内容多为民间传说、神话、童话、寓言，由木偶、操纵演员、配音演员和乐队四部分配合演绎，能吸引儿童、老人、中青年、妇女等各个群体的关注，受到了送戏下乡观众的广泛喜爱。

2. 宁阳拉魂腔

拉魂腔又名柳琴戏，因其曲调优美，演唱时尾音翻高或有帮和，故叫“拉魂腔”。它形成于清代后期，在民国年间流传到磁窑镇王府村，后经艺人们加工和改编，形成了节奏明快、赶板夺词的宁阳地方戏。其唱腔优美，融合南、北方风格，婉约与豪放并蓄，尤其是女声唱腔，婉转柔情、优美动人，被群众誉为“有拉魂的魅力”。

宁阳县王府村拉魂腔剧团成立于 1978 年，曾到泰安岱庙、济南多地展演，自宁阳县 2013 年开展送戏下乡活动起，王府村拉魂腔剧团就参与其中，每年承接十余场演出，基本都是剧团所在乡镇辖区内。演出节目有《回杯记》《对花厅》《三句掌》《拍女婿》《秦香莲》等地方经典曲目，还有结合新形势自编自演的《健康生活好》《满意不满意》等现代节目。拉魂腔表演者以其独特的表演技巧，优美动听的唱腔，为老百姓送上了原汁原味的传统戏曲。

3. 山东梆子

山东梆子是流行于山东省鲁西南及鲁中地区的传统地方戏曲剧种。又名“高调梆子”，简称“高调”或“高梆”。又因其高昂激越的特点，被人称为“舍命梆子腔”。主要流行于山东西南部的菏泽、济宁、泰安等地的大部分县市，以及临沂、聊城等地区的广大城镇乡村。山东梆子传统剧目极为丰富，内容以历史题材为主，有传说故事剧，也有民间生活小戏。其中描写反抗强暴、大忠大奸、杀富济贫、除暴安良的剧目，占有相当大的比重，反映了鲁西南人民敢于斗争、争取自由的剽悍个性。2008 年被列入国家级非物质文化遗产名录。

在宁阳县送戏下乡演出中，没有剧团专演山东梆子戏，但几乎每个剧团都会有山东梆子节目，一般是直接演绎经典山东梆子剧目，如蒋集镇远芳文化艺术团常演的《樊梨花征西》《下南京》，宁阳县龙腾艺术团曾下乡演出《日月图》《回龙传》等剧目。或是采用戏曲融合的方式改编剧目，如东疏镇荷花豫剧艺术团曾融合豫剧和山东梆子的唱腔，创新《墙头记》《铡美案》的唱法，老戏新唱给观众带来了耳目一新的感觉。

综上所述，送戏下乡并不仅仅是送戏曲剧目，而是以戏为主，融合其他各种类型的内容，有传统戏曲的演绎，也有现代流行节目的呈现，既有助于传统文化的传承与发展，也能使时代精神得以弘扬。这些节目单不是随意拼凑的，而是顺时应景安排的。虽然承接送戏下乡演出的各文艺团体节目内容不同，但是，由于他们每年负责的演出区域基本固定，导致同一乡镇各村的演出主体相同，节目同质化较高。为满足农民群众多元化的节目观赏需求，促进本土戏曲文化的传播，需要在演出安排和节目设置上做出适当调整。

四、宁阳县送戏下乡的受众群体

（一）观众以本村居民为主

所谓送戏下乡，就是将戏曲节目送到百姓的家门口，也就是说举办送戏下乡活动的场所在各个村庄，当地的村民为主要的受众群。据了解，在送戏下乡演出的观众中，有九成都是本村的村民，其余观众一般来自附近村庄或附近的工厂和企业。笔者在跟随送戏下乡队伍巡回演出时发现，由于每个村的人口数量有多有少且村民留守情况不同，再加上各村的演出时间不一，导致各个村庄的演出观看情况不同。一般来说，晚上场演出的观众较多，尤其是在乡镇政府驻地村、企业工厂所在村和人口规模较大的行政村，单场演出观众人数最多能达到二百多人。相比之下，白天场演出的观众相对较少，在人口规模小且附近没有企业或工厂的村庄，一场演出仅有二三十名观众也是常见现象。

观众较多的演出现场通常比较热闹。华丰镇西某村的村民说："对于村里的人来说，像这样的演出活动，一年最多有两次，现在天气凉快点了，晚上也没啥活，村里人一般都会来凑个热闹。”剧团演职人员提前约一个小时到达演出现场，在他们开始搭建舞台、安装设备时，就有观众自带小板凳前来等候。演出开始前，村里会用广播通知村民，音响师提前播放歌曲热场，观众陆陆续续就多了起来，村民们聚在一起有说有笑，一边谈论着家长里短，一边等待节目开始。演出时，观众围在舞台前，有人自带板凳坐着看，有人在一旁站着看，也有邻村听到消息刚刚赶来看戏的村民，现场十分热闹。

（二）受众老龄化特点显著

由于各村的人员留守情况和演出情况的不同，送戏下乡演出的观众年龄结构也有所区别：对于当地设立工矿企业的村庄和乡镇政府驻地村来说，很多中青年会在本地就业，村里的留守儿童、妇女和老人相对较少，这种情况下，送戏下乡演出的受众年龄分布较均衡，观众数量多，演出反响较为热烈。然而，宁阳县大部分村庄除种地之外几乎没有其他就业机会，青年劳动力基本都会选择外出务工，村里常住的人口以老年人居多，妇女、儿童、青少年中青年占少数，参与观看演出的基本都是六七十岁的老人。因此，从总体上看，送戏下乡演出的观众至少一半是老年人，受众年龄偏老龄化。

由于一年之中看演出的次数有限，村里人聚在一起的机会也很少，看戏对于村民尤其是村里的老年人而言，是每年农闲时节重要的一场活动。笔者在调研时发现，很多村庄在开展送戏下乡演出活动时，村里每家的老人基本都会去观看。在他们看来，送戏下乡不仅仅是一场文艺观赏活动，更是亲邻聚在一起沟通交流的契机，通过看戏可以填补时间和精神上的空虚感。比如，西某村几名70岁以上的老人们聊起来，“每年的送戏下乡演出俺都来看，孩子都外出打工了，俺在家也没什么事”；“俺小时候没有电视，也没有手机，只要有来唱大戏的和放电影的，村里就挤满了人，周围村里的人都来，就算不吃饭也得看”；“小时候俺们人人都能唱上几句，最喜欢的就是看戏，现在的小孩都不愿意看了”。至今，一些老人依然保留着听戏的传统，平时就喜欢拿旧收音机听戏或者在手机、电视上看戏曲视频。

送戏下乡规模较小的受众群，即妇女、儿童、青少年和中青年，他们基本上都对送戏下乡持肯定态度，认为这种文化惠民活动本身是非常有意义的，能充实农民的精神世界，通过观看送戏下乡演出，不仅能观看各种类型的节目，了解到平时不会接触的戏曲文化，还能感受到邻里相聚面对面交流的热闹氛围。但是，这些受众针对送戏下乡演出也提出了一些意见，如有的青少年表示在这些节目里他们最感兴趣的就是魔术表演，因为没接触过戏曲，所以听不懂、看不懂这类节目，对于这种传统的内容也希望能够进一步学习和了解。有的妇女和中青年则认为送戏的内容应多听取农民的想法和建议，最好能让农民参与节目的选择。虽然妇女、儿童和中青年在送戏下乡演出观众中的占比较小，但不可忽视的是，儿童是每一个家庭的核心，包括妇女在内的中青年是乡村生产生活的主要生力军，在乡村的文艺传播中也有巨大的潜力，特别是妇女，在将来或许能担任起文艺传播者的角色。因此，充分尊重儿童和中青年农民的意见，发挥其主观能动性，加强对青少年的培养和教育对乡村文化的传播和传承至关重要。

综上，笔者倾向于将送戏下乡活动的传播机制总结为自上而下的线性传播，即由各级政府统筹主导，文艺团体、文化志愿队执行演出任务，向农村地区的受众传播形式多样的文艺文化，并带动村民参与到演出当中。在此过程中，农民的乡村文化主体意识和积极性逐渐提升，戏曲文化的传播也取得了一些成效，但该机制中仍存在互动与反馈机制较弱、忽视农民主体性、执行方案落实不当等问题，制约着文艺传播的效果。下文将会从送戏下乡文化惠民活动发挥的作用及其存在的问题具体阐述。

第四节　送戏下乡对宁阳县乡村文化建设的功能分析

在乡村振兴战略的指导下，乡村文化建设正稳步推进。送戏下乡作为群众性文化活动，通过文艺表演的形式向广大的农民群众提供了传统与现代相融合的文艺节目，同时也传播了政策方针、思想文化，在推动乡村文化建设中发挥了重要作用。

一、丰富农民群众的文化生活

毛泽东《在延安文艺座谈会上的讲话》中提到“为什么人的问题，是一个根本的问题，原则的问题”，他总结了延安时期文艺的问题“基本上是一个为群众的问题和如何为群众的问题”。文艺为人民群众服务，在今天亦是如此。随着我国整体经济水平的提高，乡村地区的物质生活条件得到了极大的改善，在此基础上，农民群众的精神文化需求日益增长，开始追求更高水平的文化生活。送戏下乡等文艺活动通过为农民送文艺节目，提供演出舞台等方式，为农民群众提供免费的文化“食粮”，填补乡村地区的文化生活空缺。

送戏下乡文艺演出综合了戏曲、歌舞、小品等多种形式的艺术节目，送到家门口的文化为农民群众的生活增添了乐趣。笔者在访谈中了解到，送戏下乡的观众大多数为老年人，他们很少有机会离开家乡，对文化娱乐活动的接触很少，再加上文化水平的限制，有的老人不会使用智能手机，娱乐消遣方式较单一，除了邻里间坐在一起聊天，就是听收音机、看电视，送戏下乡活动给他们的生活增添了新鲜感和趣味感。由于乡村文化生活相对贫乏，即便是文艺演出节目质量达不到专业的水准，很多观众仍对送戏下乡活动持满意态度。在访谈时，有不少老人表示“很喜欢这个活动，觉得很热闹，希望这种演出能多举办”。除老人之外，还有一类人值得关注，那就是村里的妇女群体，从对送戏下乡的节目贡献数量来看，她们是乡村地区最广泛存在的文艺传播者，也是值得挖掘的“潜力股”。其中有一些参与演出的村广场舞队伍，也有爱好唱歌、唱戏的个人在送戏下乡活动中展现了才艺。

送戏下乡为农民群众提供了自我呈现的平台，让普通村民也有机会登上舞台唱歌、跳舞，同时也能启发农民自发组织业余文化娱乐活动，使农民非农忙时期的娱乐活动不再局限于聊天、打牌、刷手机，能参与到文艺活动的创作和传播当中。笔者在访谈艺术团 75 岁的陈老师时得知，她从年轻时就喜欢唱戏，那时候没有演出的机会，送戏下乡兴起后，六十多岁的她跟随艺术团在各村庄演出，慢慢就变成了附近小有名气的“唱将”。在送戏下乡活动的启发下，去年她和蒋集镇、堽城镇的戏曲爱好者组成了十几人的兴趣班子，五到六人演奏唢呐、二胡、小镲、手锣、管子、梆子、乐鼓等民间乐器，其余人主要是演唱传统戏曲。他们一行人经常在村委大院、大汶河畔或者是月牙河水库附近唱戏，有不少附近的人前去观看。因为他们的年龄都在 50 到 80 岁之间，所以他们给自己取名为“夕阳红乐团”。在笔者看来，这种自娱自乐的民间“小团体”是送戏下乡以来，农民文化生活日益丰富的佐证，也是群众文化发展的积极趋势。

二、提升农民群众的素质修养

习近平总书记指出，乡村振兴，既要塑形，也要铸魂。所谓“铸魂”，就是要依托优秀的文化影响人的思想观念、生活方式，提升人的思想道德素养和科学文化修养。戏曲运用形象的手法、娱乐的方式，一直承担着向民间传达中华民族文化价值观念的重要使命。送戏下乡将戏曲节目和现代节目有机结合，既能通过传统戏曲的演绎传承民族优秀文化和道德，也能以现代节目传递时代精神，将社会主义核心价值观、方针政策、科学文化知识传播到乡村，使人们建立传统与现代交融的良好价值观，有助于基层农民自我教育，打通乡村文化建设的“最后一公里”。

在思想政治层面，送戏下乡活动担任着“宣传者”的角色，与时俱进地传播国家政策方针，将社会主义核心价值观、美丽乡村建设、精准扶贫等融入群众喜闻乐见、通俗易懂的文艺作品中，以歌曲、小品、快板等形式传播至乡村。另外，通过文艺下乡，国家政策能通过“软着陆”的方式落实到基层，为农民送去先进的思想和科学的理论指导，能够提高其素养，助力社会主义新农村建设。

在道德文化层面，送戏下乡活动承担着“教育者”的角色。各艺术团的演出，特别是传统戏曲及其现代呈现形式，以其蕴含的诚信、节约、仁孝等优秀品德的文艺节目滋养着观众，在新时代弘扬正能量，传递真善美。例如，东疏镇荷花豫剧艺术团曾演绎的豫剧现代戏《婆媳冤家》，剧情主要讲述了农村婆媳因日常琐事产生矛盾，儿媳愤然离家，进城创业并获得成功。后来听闻婆婆住院，想起父母平日教诲，使她从内心的两难抉择转变为对婆婆的宽容体谅。其中，有关婆媳相处以及如何赡养留守老人的社会问题的探讨，是非常有意义的。笔者在与现场妇女谈论节目感想时，有不少妇女反思自己在处理婆媳关系上的问题，并表示通过这部戏受到了教育。此类作品能通过小节目传递大道理，在潜移默化中提升农民的道德修养和文化素养，推动乡风文明建设。

三、助力地方戏曲的传承发展

党的十九大报告明确提出：“文化是一个国家、一个民族的灵魂。文化兴国运兴，文化强民族强。”[①] 戏曲是中华传统文化的重要组成部分，戏曲文化是中华文化传承的重要载体。地方戏曲由劳动人民在生产劳动中创造发展，是当地从古至今流传下来的文化瑰宝。送戏下乡活动是传播和传承地方戏曲的有效途径之一，具体体现在以下两个方面。

一是促进传统戏曲文化的横向传播和纵向传承。戏曲自古就是受人欢迎的文化形式之一，但由于现代文明的冲击以及戏曲传承的式微，很多地方传统戏曲未能跟上时代发展的步伐，演变成了小众的文化，甚至濒临消失。以宁阳县朱氏唢呐为例，家族代代传承的朱氏唢呐原本是以承接红白事为营生的民乐队，经历移风易俗后，红事白事简办使民乐班子收入微薄，难以维持发展。但是，朱氏唢呐演奏技艺高超，表演风格也为当地百姓喜

① 习近平：《决胜全面建成小康社会夺取新时代中国特色社会主义伟大胜利——在中国共产党第十九次全国代表大会上的报告》，人民出版社 2017 年版，第 40 页。

闻乐见，宁阳有关部门因此对朱氏唢呐进行保护、扶持，通过向其购买送戏下乡演出服务、引导剧团面向社会发展传承，使其重新焕发生机。

本土戏曲搭载送戏下乡巡回演出走进乡村，走到群众身边，通过演绎使更多不同地域、不同年龄段的人接触并了解本土戏曲，提升了本土戏曲的知名度，扩大了传统文化的传播范围。同时，在戏曲进乡村、戏曲进校园以及戏曲培训等活动的共同推进下，越来越多的青少年开始接触传统戏曲文化，了解传统戏曲的唱腔技巧、文化内涵，学唱名家名段。向青少年播撒戏曲文化的种子，让孩子们接受传统艺术的熏陶，培养孩子们的兴趣，甚至可以从孩子们中间选取好苗子进行专业培养，逐渐改变本土戏曲鲜为人知、后继无人的尴尬局面，为戏曲文化代代传承注入了新鲜血液。

二是盘活戏曲传承的主力——传承人及剧团。随着现代多元文化的冲击和媒体的勃兴，传统戏曲演出受到挑战，民营剧团生存空间日益萎缩，难以维持经营，致使剧团演员流失，戏曲传承断裂。由政府出资开展的送戏下乡活动盘活了地方剧团，由剧团“接单”将戏曲节目送到乡村，不仅增加了演出场次和收入，维持剧团经营，还能为戏曲做宣传，提升本土戏曲的知名度。此外，宁阳县文化和旅游局本着鼓励宁阳籍艺术团体创立和发展的原则，支持地方戏曲传承人成立自己的艺术剧团，如宁阳县木偶曲艺剧团、磁窑镇王府村拉魂腔剧团都是依托送戏下乡活动逐步建立的。宁阳木偶戏曾一度几近失传，后来在宁阳县政府的扶持下，于2016年成立了木偶曲艺剧团，以孙氏传人为代表的民间艺人对宁阳木偶戏又进行了抢救、挖掘、改革创新。如今，在政府的支持下，宁阳县木偶曲艺剧团依托送戏下乡活动在济南、泰安、聊城、济宁等多地进行演出，木偶戏得以传承和弘扬。剧团的成立焕发了本土戏曲的生命力，接续了文化的传承和发展，同时也能促进本地人员就业，培养更多戏曲爱好者和从业者。在送戏下乡活动的推进中，地方剧团朝着良性的方向运营发展下去，演员队伍不断壮大，剧目质量在创新和打磨中日益提升，为乡村本土的戏曲传承积蓄了力量。

乡村振兴的战略下，文化的复兴和资金、科技向农村的回流同样重要。

古村落的保护、非物质文化遗产的传承、农村公共文化体系的建设等都是文化复兴的重要努力。送戏下乡活动在文化复兴中起到了传承非物质文化遗产、弘扬传统文化的重要作用。

四、激发农民群众的主体意识

受农村一些落后观念的约束，以往农民在文艺创作和表演上往往羞于表现自我，不积极不主动，甚至连广场舞最早在村里兴起时，参加的人都寥寥无几，一些不参加的人还会说三道四。但毋庸置疑的是，乡村的文化建设离不开农民。农民群众是乡村文化建设的主体，他们既是参与者，也是受益者，唤醒农民的文化自觉、激发农民的主体意识是培育新时代农民的关键。

送戏下乡由政府牵头、群众参与，文化传播者基本都来自农民群众，传播的是农民喜闻乐见或自编自演的文艺节目。只要有才艺、有兴趣，每个人都能上台表演，将文艺创作的自主权把握在自己手中，成为文化传播的主体。农民对送戏下乡活动有意见或不满，也能通过热线向上反映。这种具有参与感的群众性文化活动能有效激发他们的兴趣，调动他们参与的积极性、主动性和创造性。在调研时，一位农民讲述了她从听戏到唱戏的经历：在远芳文化艺术团团长的感染下，她从零基础开始学习豫剧和山东梆子，平时有时间就学习、练习，偶尔还会自己改编创作，慢慢就唱成了艺术团的“台柱子”。像这样的农民主动参与的行为在各乡镇的演出中都有体现，农民乡村文化建设的主体意识在观看和参与演出的过程中逐渐树立起来。

第五节　以送戏下乡为典型的山东乡村文艺文化传播的现实困境

在乡村振兴的背景下，我国正加大对乡村文化建设的力度，但由于多种因素的影响，很多地区在乡村文化建设方面依然存在诸多不足，文化传播仍面临种种困难。正如送戏下乡活动在政策的支持下每年都会为农民群众提供免费的文化“大餐”，给群众的精神文化生活增添了新鲜感和充实感，受到基层人民的欢迎，同时也为传播传统戏曲文化以及推动基层文化建设作出了重要的贡献。随着政府部门的监督和改革，送戏下乡活动在近几年的推进中演出场次及覆盖率均有所上升，演出质量有所改善，但在一些方面仍存在些许不足之处，制约其长足发展。笔者以送戏下乡活动为抓手，分析山东地区乡村文艺文化活动在传播过程中所面临的现实困境。

一、传播主体：演出后备力量不足

送戏下乡文化惠民活动是由政府部门为主导、文艺团体为核心主体共同参与完成的，在文艺文化传播的过程中，政府部门的统筹、文艺团体的践行都是直接影响传播效果的关键因素。笔者通过调研发现，目前送戏下乡活动面临着演出后备力量不足的问题，后备力量主要指在人力、物力方面的存量和投入，具体体现在以下几个方面。

（一）基层文化建设投入不足

首先，文艺下乡活动经费来源单一，资金不足。2005 年，中共中央办公厅、国务院办公厅下发的《关于进一步加强农村文化建设的意见》指出：“中央和省、市三级设立农村文化建设专项资金，确保农村重点文化建设的资金需求。提高财政资金的使用效益。”然而笔者在调研中了解到，宁阳县送戏下乡活动所需经费均源自山东省文化和旅游厅拨付的专项资金，市县级政府基本没有配套资金。特别是县级政府，由于经济不发达，财政能力有限，目前在送戏下乡文化惠民工程中的专项资金投入仍存在空缺，文化活动面临着经费不足的困境。然而，资金是文化活动顺利开展的物质基础，笔者在访谈文艺团负责人时得知，送戏下乡每场演出的财政补贴要用于支付演职人员的大巴租赁费、道具车运输费、装卸费、食宿费、服化道费以及演职人员劳务费，演出经费使用很紧张，甚至有时会入不敷出。资金投入不足会束缚文化活动的开展，影响文艺节目的整体质量。此外，宁阳县在送戏下乡文化惠民工程中至今尚未组织社会资金筹措渠道，没有政府部门主动引领以形成通过社会力量发展乡村文化事业的机制，在引导社会力量参与文化活动、完善政府购买服务、引入市场竞争机制等方面也还未开始探索。

其次，部分村的文化建设和后续管理投入不足。笔者在葛某镇调研时发现，包括文体活动广场、综合活动室等在内的村级综合性文化服务中心覆盖率较高，但建设标准较低，利用率不高。主要体现在文体活动场地面积小、文体设施单一陈旧、举办文化活动的频次少等方面，这样的文体活动场所能够发挥的实际作用显然有限。即便是这样的条件，有一些村庄的活动室甚至形同虚设，平时都处于关闭的状态，不主动对村民开放，这就反映出了政府部门对文化设施的后续配套和善管善用投入不足。在基层文化基础设施建设薄弱，后续维护和管理欠缺，以及文化活动资金不足的多种客观条件制约下，有的村庄的送戏下乡演出条件十分简陋，连像样的舞台都没有，只是在地上铺一块红地毯，用绳子挂起背景布，打开音响和灯光设备就开始演出，这种客观条件，不仅降低了整体的演出质量，而且很难吸引受众前来观看——村民们对送戏下乡活动缺少了仪式感，也就缺少了重视和被重视的感觉，去围观者也是与“草台班子”相对应的漫不经心状态，使文艺文化传播难以达到预期的效果。因此，政府部门应及时解决资源供给不足和资源配置不当的问题，不仅要在“建”上下功夫，还需加强后续的管理，尤其避免只建不用的资源浪费现象，关注如何根据农村具体情况建好、用好文体基础设施，使其真正发挥文化惠民功能。

（二）现有演出队伍有待健全

人才队伍是文化活动顺利开展的中坚力量，文化活动的有效性与演出队伍的专业程度息息相关。因此，建立健全演出人才队伍，提升演职人员的专业素养对于送戏下乡等文化活动而言至关重要。宁阳县送戏下乡演出队伍基本都是来自本地的业余文艺团体，演职人员大多数都来自农民群众，这种人员构成能够发挥农民的主体性，也能拉近文化传播者和接受者之间的距离感，形成群众娱乐群众的文化氛围，但与此同时，参与演出的本土文艺团体也面临着演职人员匮乏、老龄化严重、人才引进难、业务能力不足等难题。

笔者在跟随宁阳县送戏下乡队伍演出时发现，每场演出的演职人员有二十余人，共表演 12—15 个节目，类似歌伴舞的节目至少要有 8 个人上场，这就意味着每个人几乎都要重复上场多次，因为一般载歌载舞的节目比较受欢迎，节目数量安排上就尽量多一点。以远芳文化艺术团为例，除去固定的由 6 人组成的传统民乐班子和一个负责调试音响设备的工作人员，其余十几人在演出中经常出现一人身兼数职的情况，有的演员要参演多个节目，有的既要唱歌，又要担任主持人，有年轻点的演职员在演出结束后又要化身舞台道具的搬运工。人员的匮乏使得整场演出下来几乎都是熟悉的面孔，缺乏新鲜感，节目本身也显得乏善可陈。不仅如此，老龄化也是宁阳县本土文艺团体普遍存在的特点。笔者在访谈艺术团工作人员时了解到，该团至少 90% 的演员都在 50 岁以上，就算有新人加入也都是中老年人，极度缺乏年轻力量。像这种业余的艺术团不同于正式的文化事业单位，在薪酬待遇、工作稳定性方面没有保障，这就造成了人才难以引进和人员易流失的情况。能在艺术团待得住、靠得住的演员很少，所以每年演出几乎都是他们这一帮人。在此影响下，不仅人员专业培训难成体系，而且文艺节目也面临一成不变、缺乏创新的难题。目前，人员的匮乏和老龄化是文艺团体面临的最大的问题，解决这两个基础问题，才能有效解决节目创新、提升业务能力和演出水平、曲艺传承等问题。

（三）演出队伍扩建困难

面对现有演出队伍不健全的问题，宁阳县相关部门及艺术团体在队伍扩建方面做出了努力，如支持本土艺术团体的创办、开展文艺工作者培训工作、招募文化志愿者等，但演出队伍仍面临扩建困难的问题，主要原因包括三个方面。

其一，随着城乡的快速融合，城市文化对农村文化的同化日益凸显，大量农村青年追求城市的生活方式，纷纷涌向城市谋求发展，乡村“空心化”现象日益显著，削弱了文化建设后劲力量的补充。目前看来，留守在农村的大多是老人、妇女和儿童，由于年龄和文化水平的限制，仅仅依靠这部分群体难以担起文化传播和传承的重任。其二，农民群众是乡村地区文化传播的主体，而群众的主体性和参与积极性有待进一步激活。在宁阳县送戏下乡活动中，虽然有送戏当地的村民自愿参与演出，但大部分是临时贡献一两个简单的广场舞节目，真正能长期参与到巡回演出队伍中的人少之又少。笔者在与村民们的访谈中得知，他们不参加演出的原因主要有三个：不知道如何参加演出、不愿 / 不好意思展现自我、没有可展示的才艺。群众参与演出的积极性不高，再加上基层缺乏自下而上招募、选拔的渠道，使得群众主体性没有得到充分的重视和发挥，演出队伍的扩建面临难题。其三，青少年是传统文化传承的新生力量，但他们对传统文化尤其是戏曲文化的了解却甚少。传统文化教育的缺失以及外来文化的冲击，使他们在接触互联网中多元文化的同时，逐渐淡化了对传统文化的关注，对此类文艺文化传播活动缺乏参与兴趣。

二、传播内容：供需失衡下演出质量待提升

随着乡村地区生活水平的提升，农民群众的精神文化需求不断增加，同时，因为媒介使用的便利，农民们的鉴赏能力和艺术品位也随之提升，这对文艺活动的整体质量提出了更高的要求。近年来，宁阳县送戏下乡活动举办场次逐年增加，覆盖的村庄也越来越多，丰富了乡村地区的精神文化生活。送戏下乡活动在“量”上稳步提升，但在“质”上仍存在短板，演出质量需进一步提高。具体问题主要包括以下方面。

（一）供需失衡使内容与需求脱节

文化形态必须嵌入一定的社会结构中，与之有机地互动，才能受到人们的欢迎，并发挥一定的社会功能。相反，如果传播主体来自接受者社会结构的外部，“自上而下”地以“送”或“反哺”的方式将一定的文化形态强加于接受主体，则可能带来格格不入或适得其反的社会效果。[①] 各级政府在进行乡村文化建设的过程中，主要是以送图书、送戏、送电影等形式将文化送给农民群众，这种文化活动的初衷是丰富农民群众的精神文化生活，改变农村文化结构，推动乡村文化建设，但在实施过程中却忽视了农民文化主体性，难以满足其内在文化需求，也难以触及农民的生活方式和价值情感体系。

在送戏下乡文化惠民活动中，由政府部门统筹组织的文艺团体将文艺节目送下乡，属于文化供给端，也就是文艺文化的传播者，群众则是文化惠民服务的受益者，属于文化需求端，也就是文艺文化的传播对象，供需两端有效衔接才能真正满足群众的精神文化需求，供需不对称会导致文化活动只是走形式、走过场，无法达到文化传播的预期效果。根据调研，目前在乡村留守的大多数都是老人、妇女和儿童，他们的文艺文化需求是多种多样的。一般说来，老年人偏爱经典的豫剧、京剧和具有本土特色的小众剧种；中青年妇女喜欢黄梅戏和流行歌舞；少年儿童则喜欢皮影戏、木偶戏和魔术表演。然而送戏下乡活动是自上而下组织、落实的，演出内容基本上都是由上级部门评审、安排。虽然宁阳县成立了专门的评委小组对节目进行审核把关，但在文化供需对接方面的工作存在空白，没有事先征集基层群众的意见，调研农民群众对文艺节目的兴趣、期待和接受程度，村民在节目设置上缺乏提出意见的渠道。“政府送什么，观众看什么”成为惯例，每年的演出都沿袭老一套的方案，甚至演出内容都相差不大。这种自上而下的“文化派餐”忽略了信息飞速发展时代不同群体变化着的、多

① 沙垚：《乡村文化传播的内生性视角：“文化下乡”的困境与出路》，《现代传播》2016 年第 6 期。

层次的文化需求，容易使群众产生审美疲劳，因而会出现演出送下乡却只有寥寥几人观看的尴尬局面。

（二）演出节目质量欠佳

在文艺演出中，真正优质的、精彩的演出才会吸引广大群众驻足观看，受到人们的喜爱和欢迎，送戏下乡活动也不例外。由于活动前期缺乏调研，对群众的文化需求了解不深入，再加上宁阳县本土的文艺团体建设缓慢，演职人员专业素养有待提升，导致文艺节目质量良莠不齐，很多地区的送戏下乡演出存在内容单调乏味、质量低下的问题。

在送戏下乡演出中，各艺术团体的节目质量都存在参差不齐的问题，真正能吸引观众的优质节目只占少数，很多节目质量堪忧，有应付、凑数之嫌。一方面，内容的参差很大程度上和演员的业务能力挂钩。据调研，承接送戏下乡的文艺团体都是业余的庄户剧团，其成员本身就缺乏专业性，更需要多加培训。然而，由于团内成员一般都是主要从事其他职业，兼职做演员，文艺团体一般不作硬性的培训要求，因此很多演员会因个人原因缺席文艺团体或县级文化部门组织的艺术培训，只是在演出期间到岗排练、演出，这种散漫随意的工作方式阻碍了个人的专业素养的提升，进而会影响节目质量的优化。另一方面，配套设施不完善将直接影响节目的质量。由于剧团资金较为紧张，服装、道具、音响等设备无法及时更新换代，面临老化、过时问题。部分演出甚至因为音响质量差，导致观众根本无法听清节目内容，严重影响节目观感。如果不加强对演职人员的管理和培训，对演出设备做好维护升级，长此以往，将无法吸引观众观看演出，难以满足人民群众日益增长的精神文化需求，更无法达到推动乡村文化建设、弘扬传统戏曲文化的目的。

（三）节目内容与形式缺乏创新

送戏下乡活动由政府相关部门和文艺团体商定节目内容，再由文艺团体将演出送到基层，节目形式以歌曲、舞蹈、戏曲、快板、小品为主。目前，宁阳县送戏下乡活动在内容和形式上存在创新力不足的问题，主要表现为演出对旧有节目过度依赖，缺乏创新，内容重复率高，送戏模式单一等。

笔者在走访调研时了解到，豫剧《穆桂英挂帅》《樊梨花征西》《打金枝》《下南京》等经典剧目是宁阳县送戏下乡活动中演出频次最高的戏曲，尤其是主演豫剧的东疏镇荷花豫剧艺术团，几乎是年年演、场场演，每个文艺团体真正原创的节目屈指可数，这种现象和团内缺乏创作人才密切相关，创新能力不足导致演员对旧有节目过度依赖，要么把传统的剧目反复唱，要么模仿网络上的节目，要么直接挪用其他艺术团的节目，立足本土的创新节目十分少见。演出内容重复率高。同时值得注意的是，本土戏曲的传播力度不足，除磁窑镇王府村拉魂腔剧团和宁阳县木偶曲艺剧团之外，其他大大小小的文艺团体有关本土小众戏曲的展演非常少，这也和各团演出区域固化有直接关系。常年向固定的村送戏导致本土戏的传播范围难以扩展，难以培养新的传承人和新的受众群体。如此看来，着眼于繁荣地方文化发展的送戏下乡活动，反倒成了本土戏曲文化发展的一道障碍。这一问题非常值得深思，也亟待解决。

此外，宁阳县送戏下乡活动一直以来都是以传统的文艺演出的形式展开，仅在2021年下半年阶段性地创新过送戏方式，即“以训代演”送戏下乡，对于开展线上演出活动、开办农村老年大学文艺班等形式未曾探索，送戏方式较为单调。同时，传统线下送戏演出的节目设置刻板，文艺团体会将同一套节目单用于不同乡镇各个村庄的送戏下乡演出，使得几十个村庄演出节目一模一样，而且很多节目还会在其他文艺演出中重复出现，如远芳文化艺术团的《绣红旗》等节目在近两年的文艺演出中几乎每场都演。这种一成不变的节目设置和活动形式不仅会使观众审美疲劳，影响观看体验，而且会让演员产生懈怠心理，不利于激发其演出热情和创作激情。长此以往，演员和受众都会对送戏下乡活动产生“走过场”的心理，对国家和省市县的文化惠民、文化兴村政策产生质疑，使传播效果与预期背道而驰。

三、传播语境：客观与主观条件的制约

任何事物的产生都不是孤立的偶然事件，更不是单纯个体行为所致，而是必然与社会背景等因素有着千丝万缕的联系。[①]送戏下乡文化活动根植于乡村地区，其传播行为离不开传播语境的限制，它的发展既受到外部客观环境的影响，也与文化主体的主观意愿息息相关。具体制约条件包括以下方面。

（一）村民生活方式发生变化

作为农民的群居生存空间，村庄融合了个人记忆、家族记忆、乡村集体记忆，是乡村文化的载体，也承载着乡村文化的价值与意义。传统意义上，熟人之间口耳传播的交流方式构建了农民的集体共识，形成血缘与地缘维系的乡村共同体。随着城市文化的冲击、新媒体的普及和城市化的发展，外来文化渗透乡村的速度和力度逐渐加大，乡村原有的信息传播方式和文化结构被改变，传统文化自我演化进程受到冲击，村落共同记忆开始失落，乡村共同体逐渐瓦解。乡村文化在现代化的建设中存在着价值迷失和认同危机，具有时代特点和地域特色的乡村文化价值培育不足，导致乡村文化的传承出现断裂。

在城市化进程不断加快的背景下，越来越多乡村的青壮年选择进城务工，原本聚集的村民逐渐散落于全国各处，农民群众的流动性大大增加，村庄共同体和村民的共同体意识逐步淡化、瓦解，传统村落逐渐出现“离散化”“空心化”“原子化”倾向。[②]这对乡村文化活动的开展、创新有着重大消极影响。与此同时，伴随着互联网的快速发展和农民群众生活水平的日益提升，智能手机在乡村地区得到普及，作为一种新媒体迅速渗透到乡

---

① 丁玲：《语境·模式·策略——我国门户剧的传播研究》，硕士学位论文，暨南大学 2015 年。

② 沙垚、张思宇：《公共性视角下的媒介与乡村文化生活》，《新闻与写作》2019 年第 9 期。

村居民的日常生产生活当中，成为生产、生活不可或缺的一部分。新媒体在为农民群众提供信息和娱乐的同时，也重塑了他们的交往模式和生活方式。手机以娱乐化的内容吸引着用户的注意力，挤占了农民的空闲时间。以往村民们都热衷于走出家门，聚集在一起聊天、讨论本村大事小情，而现在越来越多的人选择居家看电视、刷手机，直接减少了村民对村庄内的共同活动和公共事务的参与。笔者在蒋某镇郑某村调研时得知，该村居民共有一千四百余人，除去外出务工、求学者，约有 700 人常年留守在村庄，而在送戏下乡演出当晚，观众仅有 200 人左右，不到留守人口的 1/3。一名受访的妇女表示，“像这种演出俺们偶尔来看，图个热闹，俺家的两个孩子都不来，在家玩手机呢”。对比新中国成立初期的文化活动，村里的老人说：“以前俺们的乐趣就是一起来村大队看表演节目，大家都拿着马扎子坐在台子前，等着看戏，人乌泱乌泱的，周围村的人也都来看，演得很好，看完以后都舍不得走。现在和以前不能比了，没以前热闹了。”由此可见，城镇化进程的加快和新媒体的勃兴改变了乡村居民的生活方式，冲击着乡村共同体，同时也在间接地影响着现实中的文化传播效力。

（二）公共文化生活空间狭小

费孝通认为，中国乡村社会是“熟人社会”，人们经常性的、面对面的沟通逐渐形成了乡村中的交流空间，这样的交流空间多以公共空间为依托。[①] 乡村的公共空间是人们丰富精神文化生活，开展文艺文化活动的重要载体。当前，乡村中传统的公共空间被挤压、新建公共场所利用率低，增加了乡村地区举办文艺文化活动面临的现实困境。

乡村地区公共文化活动空间狭小主要体现在两个方面：一是传统公共文化空间的衰落。以往，传统乡村的水井旁、河堤、寺庙等地都是农民聚集交流的公共场所，20 世纪八九十年代，农村小卖店、桥头、大集等地，农民们也常聚集闲聊。但随着城市化的快速发展，许多原有的公共活动场

① 费孝通：《乡土中国》，生活·读书·新知三联书店 2013 年版，第 6 页。

所被拆除，取而代之的是新建的民宿、超市、净水站等建筑，传统的公共文化空间被挤占。同时，在现代化浪潮的冲击下，传统农村集会、庙会等活动逐渐没落，呈现出公共空间趋于萎缩的趋势。二是现有的公共文化基础设施难以满足群众的精神文化需求。随着乡村振兴战略的实施，乡村地区文化基础设施相对落后的状况得到了一定的改善，文化活动室、图书室等公共文化设施的覆盖率得以提升。但值得注意的是，目前仍有一些村庄面临公共文化活动空间缺失、文化基础设施不完善的情况。同时，部分已建成的文化活动场所及文化设施在验收完成后就大门紧闭，或是挪为他用，存在着文化资源未得善用的现象，不能发挥其真正的文化效用。因此，推进送戏下乡等文艺文化活动的开展，需要及时解决乡村公共文化活动空间狭小的困境。

（三）农民文化参与惯习制约

主观层面上的制约主要是农民消费惯习对送戏下乡活动的影响。惯习是社会个体在具体社会实践中通过客观社会文化环境的结构内化所形成的行动上的无意识。[①]农村居民惯习与农村“场域”密切相关，是一种农村居民在适应且内化了客观农村社会文化环境后的“社会化的行为”。由于不同地区的社会文化环境各异，居民的文化消费惯习也不同。山东大学“文化@基层”社会实践团队曾对山东、浙江等地的乡村、社区进行深入调研，调查发现，在经济发达地区，基层公共文化服务体系建设较为完备，文化基础设施投入较多，建设水平较高，居民对文化活动的关注度和参与度较高。但是在经济发展水平相对较低的地区，公共文化服务体系建设明显落后，文化基础设施投入较少，公共文化服务类型单一。

在这种情况下，难以形成文化消费和文化参与的惯习。笔者走访宁阳县各乡镇时发现，相比之下乡镇政府驻地村、企业工厂驻地村及经济水平

① 陈庚、宋春来：《新时代居民的艺术消费：表征、构因及优化——来自127个调研地的表演艺术消费调查分析》，《福建论坛（人文社会科学版）》2018年第10期。

相对高的村庄，文化建设水平和居民的文化活动参与度的确比其他村庄高，平时也会有一些自办的文化活动。

根据宁阳县某街道制定的基层综合性文化服务中心建设标准，村（居）、社区基层综合性文化服务中心分为强村、中等村、一般村（含省市级贫困村）三个档次。其中，强村标准中关于文化活动的要求如下：具备3支以上不同类型的文艺队伍和民俗表演队伍，有2个以上常年活动的特色文化品牌活动，各类乐器服装道具和灯光音响舞台设备齐全，有15人以上文艺骨干、书画能人或文化带头人，能自编自导自演各类特色的文艺节目和民俗活动，活动有计划有主题，经常参加县乡举办的文艺会演活动，全年开展活动20次以上。

中等村相关标准如下：具备2支以上文艺队伍，有自己的特色品牌活动，有能满足活动开展的乐器服装道具和音响设备，有10人以上文艺骨干、书画能人或文化带头人，能自编自导自演各类特色的文艺节目，活动有计划有主题，积极参加县乡举办的文艺会演活动，全年开展活动15次以上。

一般村（含省市级贫困村）标准中关于文化活动的要求如下：具备1支以上文艺队伍，有自己的特色品牌活动，有简易的乐器服装道具和音响设备，有5人以上文艺骨干、书画能人或文化带头人，能正常开展文化活动，活动有计划有主题，全年开展活动12次以上。

然而，笔者在深入乡村调研后发现，宁阳县很多村庄均无法达到一般村（含省市级贫困村）的建设标准，这和农民的经济水平有直接关系，正是因为大多数人平时都要为生计四处奔忙，所以对没有酬劳的文化活动不感兴趣，使得农民很难形成参与文化活动的惯习，从而使得投入乡村的政策资源转化率并不理想。例如在宁阳县每年举行的送戏下乡活动中，虽然部分村庄有农民群众参与演出，实现了由观看者到表演者的角色转变，但绝大多数村民依然停留在被动接受和即时即兴表演的状态，参与活动的热情和积极程度不高。甚至有一些村庄的送戏下乡活动并未引起村民的广泛关注，很少有人特地前去观看。这使得送戏下乡文化惠民活动遭冷遇，难以实现预期的传播效果。

四、传播机制：单向、固化模式缺乏创新

从 2013 年宁阳县开展送戏下乡活动至 2022 年，已有 9 年之久，虽然在送戏的场次安排、内容评审、队伍建设等工作上有所完善，但在相关方案的实施与改进方面依然存在问题，仍未建立长效发展的机制。由于送戏下乡是由政府部门主导的文化惠民活动，活动实施方案是自上而下组织落实的，如果政策执行方案不能与时俱进、适时创新，就容易形成上传下达的任务主导机制和一成不变的演出模式。主要包括以下方面。

（一）宣传及传播渠道单一

一直以来，乡村地区的文艺活动都局限于传统的方式，也就是流动舞台、演完即走的下乡演出，一般是在演出当天或前一天临时通知村民，演出之际组织村民集中到现场观看。这种传统模式的问题主要体现在以下方面。

一是在文艺演出开始之前，宣传方式过于单一。据上级部门的要求，在送戏下乡安排出炉之际，各乡镇、基层应将演出时间、演出地点、节目单等信息及时公示在媒体平台。然而，笔者根据调研发现，近些年各乡镇的微信公众号几乎没有关于送戏下乡活动的公示信息，因前期宣传工作未落实，农民群众无法提前获知演出信息，也不能根据自身喜好加以选择。在演出开始之前，所有村庄都是以村委会广播的形式通知全体村民，通知时间一般在演出前一个小时左右，其中，少数村庄也会在本村微信群中以信息的形式告知村民。这种信息的迟滞和传达方式的单一既会影响村民的个人时间安排，也不利于提高送戏下乡活动的参与度。

二是文艺演出之际，内容传播渠道过于单一。如今，乡村已经逐渐媒介化，新媒体遍布乡村各个角落，成为农民群众日常生活不可或缺的一部分。然而，在送戏下乡及其他文艺演出活动中，相关部门对新媒体传播渠

道没有给予重视，仍停留在传统线下演出的阶段。在调研时，笔者观察到个别文化艺术团中有些演员会使用快手进行演出直播，或是录制视频上传到短视频平台，但就少量的直播观看人数和视频点赞量来看，传播效果并不理想。演出期间，宁阳融媒视频号及各乡镇的微信公众号都没有关于送戏下乡活动的直播或视频，官方的线上传播渠道仍面临空缺。如果各单位能利用好新媒体传播的优势，在演出前期做好线上宣传，演出中线上同步直播，使身处外地的本村人也能观看演出，以此来扩大送戏下乡对年轻人的影响，也能有利于送戏的效果落到实处。

三是文艺演出之后，演出情况宣传不到位。在每年送戏下乡巡回演出结束后，如果各级文化部门和各乡镇能将精彩的演出进行简要回顾，并以视频、图文形式呈现在媒体平台，既有助于扩大文艺活动的知名度，也能为后来的演出做宣传铺垫，并增加用户对送戏下乡活动的关注度。然而，相关部门对这方面的宣传工作并未引起重视。因此，在制定送戏下乡活动方案时，相关部门应结合当前乡村“空心化”和媒介化的实际，做好宣传工作，并将拓展新的文艺传播渠道考虑在内，扩大文化的传播范围。

（二）演出主体及区域限制

近年来，宁阳县的送戏下乡及其他文艺演出活动已经形成了一种固化的模式。

一是演出团体基本上都是宁阳籍的文艺团体，外来艺术团演出甚少。虽然这样能方便方案的实施和活动的开展，有利于扶持本土文艺团体的发展，但由于本县的文艺团体几乎都是业余的庄户剧团，演员的专业水平和创新能力不足，缺乏专业人员的培训与指导，导致各文艺团体演出水平基本相近，节目相差不大，容易使演出维持在同一水准，难以满足乡村居民日益多元的文化需求，尤其是青年一代对高质量文化艺术的观赏需要。二是由当地的文化艺术团在本乡镇或邻近地区开展演出活动，哪个团体负责哪些乡镇的演出，基本都是固定的。这种就近演出的方案带来的好处是演职人员对演出环境和场地比较熟悉，每年的常规演出能节省不少精力和演出成本。但与此同时会造成受众审美疲劳，也容易形成相对封闭的文化圈子，如在宁阳县的西乡年年演的木偶戏，对于东乡的居民来说却是未曾接触过的陌生剧种。这种区域固化的安排看似能提升演出效率，节约演出成本，实际上不利于区域间的文化交流，也不利于本土戏曲的广泛传播，甚至会削弱文艺下乡的传播效果。

由于缺乏区域间的文化互动，每年的文艺演出基本都是老面孔，节目也是老一套，观众容易产生审美疲劳，缺乏新鲜感和参与兴趣。因此，突破固有的演出主体及区域的限制，加强区域间的文化互动与交流，才能加快解决节目创新难、群众参与积极性不高的问题。

（三）监督反馈机制不健全

送戏下乡文化惠民工程是由国家、政府主导的基层公共文化服务体系建设的重要组成部分，我们不仅要明确传播主体在构建基层公共文化服务体系中的主导地位，同时也应明确农民群众在送戏下乡活动中的主体地位。送戏下乡活动的目的是满足农民群众日益增长的文化需要，丰富其精神文化生活，以促进社会主义文化在乡村地区的传播。农民群众是文化活动的主体，应参与到创作、传播、监督与反馈的过程中。

在宁阳县送戏下乡实施方案中，建立了三线督导法。一是由文旅局督导，成立专项监督小组，负责交叉巡视演出的文艺团体，对现场演出情况、节目单执行情况进行打分，保证按照存档的节目单和质量进行演出。二是由乡镇督导，各乡镇文化站站长对节目演出地点和效果进行追踪督导，乡镇文化站站长负责对演出节目进行把关，如文艺团体节目有变更需由文化站站长向县文旅局汇报更改剧目，同时乡镇文化站站长对在本乡镇演出的文艺团体给予综合评分。三是由村级督导。村级督导实行一场一考核，由文艺团体持考核表到演出的村（社区），由村（社区）书记对演出情况做出评价并签字盖章。待演出任务全部结束后，各文艺团体将活动想法、意见建议，总结形成书面材料上报县文旅局考评小组，同时，考评小组在全县观众代表中随机抽取 50 名观众进行电话回访，根据观众反映满意度对演出文艺团体进行综合考评。

该机制的初衷是为保证送戏下乡活动的实效，对演出进行全面的督导。但是，笔者通过实地调研发现该方案落实情况并不理想，主要表现在以下几点：第一，由于各种工作繁杂交错，县级和乡镇负责监督的人员无法对演出进行全面的追踪督导；第二，村（社区）的监督工作存在敷衍了事的情况以及“人情超越客观”的现象，使彼此之间“配合工作”所得出的考核结果客观性和真实性存疑；第三，该监督机制对文化主体即农民群众的重视程度不足，农民作为文艺演出的观看者和受益者，应该享有最大的话语权和监督权，但实际情况是除了被随机电话回访的农民能反馈满意度之外，其他群众并没有其他的反馈渠道，即便是接到回访电话，很多人也是本着“多一事不如少一事”的心态回答“还行”或“满意”，调查结果易失真；第四，在全县556个行政村中随机抽取50名观众进行回访，不仅回访的样本数量过少，而且被访者是否参与观看送戏下乡演出也存在不确定性。综上所述，送戏下乡的监督与反馈机制存在诸多不足之处，仍需进一步改善。

第六节　山东乡村文艺文化传播的创新发展路径探析

以宁阳县送戏下乡文化活动为例，笔者分析了乡村文艺文化在传播过程中所面临的一系列问题，这些问题制约着文艺文化的传播效果，进而对乡村文化建设产生影响。笔者结合送戏下乡活动的实际情况，为乡村文艺文化传播提出如下建议。

一、多元联动，输血与造血并重

文艺文化在乡村地区的传播离不开各级政府的规划统筹，文艺团体的执行推广以及农民群众的广泛参与。提升文艺文化的传播效果，需多方联动形成合力，共同解决文艺文化传播后备力量不足的难题。既要持续“输血”，在基层文化建设中投入充足的人力、物力，还要积极“造血”，激发群众的参与积极性和创造力，培育更多优秀的文化作品和文化传播者。

（一）加大基层文化建设投入

送戏下乡等文化活动的公共性、公益性特点，决定了政府部门在乡村文化建设中占据无可替代的主导地位，对其规划、实施和监督负有重要责任。各级政府应明确自身的主导地位，转变“先经济、后文化”的传统理念，对基层文化建设给予充分的重视和合理的政策倾斜。

财政资金是公共文化服务持续开展的物质基础，缺乏充足的资金保证，任何一项公共文化服务都难以为继。政府部门要根据当地经济发展水平和人口比例，逐步加大财政资金投入，弥补文化活动专项配套资金的空缺，对乡村公共文化服务投入的资金进行合理配置，例如多少比例用于完善文化基础设施，多少比例用于戏曲表演培训，多少比例用于采购文艺团体服务等，对相应文化资金的使用做出明确的规定，做到专款专用。就宁阳县经济发展水平来看，政府财政能力有限，不能仅仅依靠财政资金支持，应健全公共文化服务的资金保障机制，拓展资金渠道，除了积极引导社会资金投入，还可以开展送戏下乡募捐活动，号召当地企业等为送戏下乡文化活动捐款，或是通过为乡镇中小企业商业打广告的形式拉赞助，多渠道增加公共文化服务的资金来源，形成社会力量发展乡村文化事业的机制。此外，还要在乡村文化建设中投入充足的人力资源，加强对基层文化基础设施的建设和后续管理，设置专人专岗管理基层的文化设施，协调组织文化活动，改变部分公共文化设施闲置的局面，使有限的文化资源发挥最大的效用。

（二）健全现有文艺演出队伍

乡村文化队伍是乡村文化的建设者、传统文化的传承者、先进文化的推动者，是乡镇群众文化建设的骨干力量。[①] 稳固的文化人才队伍是提升乡村文艺文化传播效果的重要支撑。就目前宁阳县送戏下乡演出队伍发展情况来看，人才匮乏和人员老龄化是其面临的最大难题。因此，必须重视各文艺团体的发展，解决人才“引不进，留不下”的难题，打造稳固的人才队伍。

首先，政府要扶持民营文艺团体，建立专业人才队伍充实机制。鼓励当地年轻“文化能人”加入或自创文艺团体，在项目和经费上给予倾斜，为文化队伍补充新鲜血液；在每年常规的“一村一年一场戏”“文艺轻骑兵”等惠民项目中，与优秀文艺团体保持长期合作，通过政府购买公共文化服务的形式为文艺团体的持续发展给予经济支持。其次，要重视对业余演员的培训，增加业余文艺团体和省市级专业艺术团交流合作的机会，聘请专业人士给演员指导培训，在切磋交流中提高演员专业素养。例如宁阳县多次邀请山东梆子艺术研究院国家一级演员为戏曲演员及爱好者现场指导授课，对提升演员的专业素养和文艺团体的演出水平大有裨益。再次，民营剧团要加强自身竞争力，建立专业人才引进机制。俗话说“栽好梧桐树，引得凤来栖”，民营剧团应抓住乡村文化振兴的机遇，服务公益的同时，走好市场化之路。一方面可以挖掘自身特色优势，加强人员培训，提升专业度和知名度，以吸引更多专业戏曲人才的加入。另一方面，要面向基层广纳贤士，鼓励剧团成员发挥文化带头人作用，挖掘潜在的乡村人才资源，招募更多“文艺能人”。在剧团获得发展的同时，要适当提升剧团演职人员的福利待遇，增强其认同感和归属感，使引进的人员留得下，减少剧团的人员流动，以打造人员结构合理、专业能力突出的人才队伍。

（三）激发群众的内生性力量

新中国成立后，中国社会主义建设在文化传播方面，有三样东西在农

① 《浙江省农村文化队伍素质提升工程辅导教材》，浙江省文化厅，2007年，第59页。

民主体性表达和锻造方面最值得一提。一是农村的有线广播；二是由有文化和受党和政府教育的优秀青年组成的农村电影放映队；三是以农民为主体的文化创作和艺术表达。[①]所以，农民群众的内生性力量是不容忽视的。他们所组织参与的文化活动才是最能代表乡村本土文化的群众活动，从当代农民画、乡村春晚大舞台、戏曲表演等群众文化活动中，我们可以看到，只有农民成为文化的主人，他们的创造性才能最大限度地被激发。

从农村群众文化活动发展长远角度看，“送文化”忽略了农民群众自身力量自办文化的开发与培育，作为繁荣社会主义文化的重要推动力，农民自办文化才是从乡村内部成长起来，繁荣农村群众文化活动最基本的依靠力量。因此，要重视农民群众的主体地位，挖掘其内生性力量，将“送戏下乡”的思维转变为鼓励、参与和辅导群众文化活动，正如前文所提到的“以训代演”送戏下乡活动，这种零距离的沟通教学应该予以推广，俗话说“授之以鱼不如授之以渔”，挖掘群众中的文艺爱好者，通过一次次的培训把吹拉弹唱的本领留在群众中，把文化“种”在乡村，即便是送戏队伍离开，文艺也能在乡村“生根发芽”，使农民群众将文艺活动的主导权把握在自己手中。同时，文化部门要鼓励农民群众自办文化活动，积极扶持民间自发的文艺小团体，发现乡村中潜在的文艺文化传播活动，并尽力解决他们在传播和实践过程中遇到的资金不足、人员匮乏、组织不力等困难。但帮助不是“送”下去的，而是要调动农民的文化主体性和能动性，如乡镇文化站站长和村代表协助文艺爱好者组织村级文化活动，支持村民与企业家协商文化赞助事宜，推进戏曲进校园活动，引导青少年参与乡村文艺活动等。通过基层文化带头人引导农民群众形成文化主人翁意识，创造、传播群众喜闻乐见的乡村文艺文化，自觉探索化解基层文化难题。

---

① 赵月枝、祝盼、梁媛：《在中国西北想象“新地球村”——赵月枝教授谈全球视野下的乡村文化传播研究》，《中华文化与传播研究》2020 年第 1 期。

二、深耕内容，增量与提质兼顾

在文化类型更多元，文化选择更广泛的当下，人们对文化内容提出了更高的要求。乡村地区的文化传播也要更新建设理念，从“由量取胜”向“求精求质”转变，立足乡村文化发展实际，提升乡村文艺文化传播效果，促进乡村公共文化服务高质量建设和发展。在提升内容质量方面，具体措施如下。

（一）推动供需两端有效衔接

目前，送戏下乡活动是由文化部门和文艺团体将安排好的文艺节目送到各乡镇、社区，在内容选择、演出形式等方面没有和人民群众沟通交流，导致公共文化服务与群众需求脱节，出现“上面送什么，百姓看什么”，或是“送的戏观众不爱看”的尴尬局面。为避免送戏下乡遭冷遇，应将“送文化”和“选文化”“种文化”相结合，建立上下畅通的沟通机制，提前调研群众的喜好和文化需求，确保供需相接，提升送戏的文化服务水平。

各级政府在制定文化活动实施方案时，要坚持“从群众中来，到群众中去”，开展座谈会或实地调研，深入了解农民的文化需求。改变自上而下“派餐”的思维，让农民群众自主“点餐”，再根据群众需求拟定“文化菜单”，为各村定制文艺节目和文化服务项目。考虑到地缘便利性，村委会可以作为上传下达的中介，倾听农民群众的声音，将其文化诉求传达给上级文化部门，再由文化部门“看单送戏”。这种由农民群众自主选择文艺节目，文旅局统一调配文艺志愿服务者的“接单”“送餐”形式，既能将文化节目送到百姓身边，达到送戏的目的，还能寓教于乐，教会他们如何创造和传播属于自己的文化，让人民群众切实感受到其主体地位。天津市在2016年启动了“农民点戏，戏进农家”的活动，将看什么戏的选择权交给农民群众自己，为了避免漫无边际、难以落地的难题，一般是由演出院团提供100台剧目，农民群众参考“剧目册”根据自己的喜好和意愿点戏，确定演出剧目。该方案的实施获得了农民群众的好评。这种“让农民点戏”

的新形式，秉持“观众至上”的文化服务理念，真正问需于民，以群众需求为导向，更好地满足农民群众的文化需求。

（二）优化文艺演出节目质量

在任务指标的督促下，宁阳县文艺演出在场次及单场节目数量上均有所提升，但在演出质量上欠缺保障，阻碍乡村文艺文化长效发展。为保质保量，针对各文艺团体内容质量参差不齐的问题，应从两方面入手。其一，建立定期的人员培训机制。邀请省市级专业院团亲身示范，并与本土业余文艺院团“一帮一”“结对子”，起到良好的培训和带动作用。通过现场观摩表演、场下交流学习提升业余演员的唱功、形体和表演水平，不断促进业余团队整体水平迈上新台阶。同时，要兼顾县级文化部门集体培训和文艺团体内部培训，并将专业培训纳入工作范畴内，规定培训任务并以记工计酬的方式予以补贴，加强文艺团体及成员对培训工作的重视，整治团内散漫的工作作风，保证每位演职人员都能按时参加专业技能培训，提升演职人员的专业素养。其二，优化演出配套设施。加大对舞美道具的投入，如更新落后的灯光、音响设备，避免因设备老化影响观众体验；为戏曲节目配备专业的服装、道具，注重舞台呈现的整体效果。即便是业余的民营剧团，也要尽量在有限的条件下，不断对演出质量打磨、优化，为观众呈现合格的、用心的文艺演出。

提升演出质量，本质上是对农民的尊重，文化部门应意识到，如果文艺演出质量不过关，即便下乡的场次再多，也只是形式主义的文化下乡，并不能发挥真正的惠民功能。因此，应加强对文艺团体的监督和培训，以高质量的演出满足农民日益增长的文化需求。

（三）探索演出内容形式创新

在农民群众长期的生产生活实践中，形成了很多优秀的传统文化，随着时间的推移，这些文化财富并没有失去其强大的感染力和号召力，为更好地传承中华优秀传统文化，必须随时代的发展为其注入新鲜的血液，使其更具活力。

在内容上，不能一成不变地照搬旧有戏曲题材，将一套节目重复演出，而是要坚持守正创新，既要传承传统戏曲经典剧目，还应注重现实题材、现代故事的挖掘，鼓励文艺工作者在改编传统剧目或新编戏曲剧目时，融入现代元素，将本地的特色文化元素、乡土情感融入作品，尝试用戏曲表现现代故事，传达现代精神。例如宁阳县木偶曲艺剧团不断地创新和改进木偶戏，在道具方面，主要是将绘制脸谱的颜料改进为丙烯颜料，减少木偶反光、破裂的情况。在内容上，在开始单一的山东梆子基础上相继增添了京剧、吕剧、豫剧等多种唱腔，融合现代故事进行创作，使演出剧目及唱腔更为丰富。在增强地方戏吸引力和促进戏曲年轻化发展上，以木偶戏为蓝本，融合戏曲、动画等元素，拍摄国内首部木偶戏动画电影《墙头记传奇》。这种勇于革新的精神值得各文艺团体学习借鉴。因此，文化部门应鼓励创新，定期组织原创戏曲比赛，设置奖励机制，激励"文化能人"创作，发扬本土小众戏曲。

在形式上，不能拘泥于常规的送戏下乡演出，还可以开展多种多样的文艺文化传播活动，例如开设免费的农民艺术培训班、农村老年大学；利用县级社交媒体账号输出精品文化内容；鼓励文化带头人依托乡镇文化站、村文化活动室，组织开展小型的文化娱乐活动等。通过形式多样的文化传播形式提高文艺文化的吸引力，调动农民的参与热情，使乡村自办文化得以推广，摆脱"等、靠、要"的被动接受习惯，推动乡村文艺文化繁荣发展。

三、重构语境，打破主客观樊篱

送戏下乡文化惠民活动在繁荣乡村文化、提升乡风文明、促进乡村振兴等方面做出了突出贡献，同时其发展也受到乡村文化大背景的制约。随着社会的发展，乡村文化建设逐渐向好，但仍存在一些客观与主观上的短板，制约着文艺文化在乡村地区的传播效果。为打破文化传播语境的制约，我们应从以下方面着手。

（一）维系数字化乡村共同体

随着乡村经济的稳步发展，部分乡村地区就业机会逐渐增多，选择在家乡企业就业的青年劳动力也随之增多，在一定程度上缓解了人口外溢导致的空心化。但空心化、老龄化仍是大多数乡村地区面临的现实问题，在此形势下，我们不仅要大力发展乡村经济，增加“家门口”的就业机会，吸引更多青年人才回流，还要借助新媒体的力量重建乡村公共性，实现乡村共同体再造。

目前，微信群作为基层治理的重要工具，具有连接整合的重要作用。微信群可以实现个体与个体的连接和群体聚合，方便村民之间沟通交流、联络感情、达成共识，同时也是上传下达的政策宣传渠道，发挥着宣传、鼓动和组织的作用。利用微信群，既可以传播先进的思想、文化，将政策信息、文娱活动、公共事务同步到村庄，组织村民加强线上沟通交流，也可以将分散在各处的村民与基层治理联系起来，使身在异乡的村民通过微信平台实现“共同在场”，形成乡村民众线上沟通交流的公共领域。因此，可以加强村微信群的建设与管理，发挥数字化媒介的作用，将村落的公共交流空间由现实延伸至网络虚拟空间。

此外，短视频因其低门槛、易操作等特点深入乡村的各个角落，成为农民生活中获取信息、休闲娱乐的重要工具，也成为农民群众自我呈现的平台。政府部门和基层自治组织要重视发挥短视频平台的作用，通过直播、视频的形式做好组织、宣传工作，例如在短视频平台直播送戏下乡等文艺演出，或是发动文艺带头人组织群众拍摄文艺节目发布到平台等。利用现代化媒介将文艺传播的受众面拓展至身处异乡的年轻人，抓住这一潜在受众群，增强村落共同体的凝聚力，使空心化影响下村庄内部关系由“弱连接”向“重新强连接”转变，从而形成乡村内部的、稳定的“数字乡村共同体”。

（二）扩大公共文化生活空间

当前很多乡村地区的公共空间狭小，面临着建设不足、利用率低的问题，应当从两个方面解决。一方面，要加强乡村公共文化生活空间的建设和管理。乡村公共空间是乡村社会公共性的承载物。作为公共活动和社会交往的空间场域，乡村公共空间应当具备空间可达性、场所开放性、活动集体性和功能复合性的基本特征。①这就要求乡村公共空间应当是方便集体村民自由出入和使用的，真正可以被乡村社会共享的空间场域。

因此，应将公共文化设施建设重心下移，使各乡镇和行政村的文体广场、文化活动室等文化基础设施的标准化建设落到实处，成立集表演、培训、创作等功能于一体的文化活动中心，并配备相应的器材。同时，要完善公共空间的管理机制，设置专人专岗进行后续管理及维护，建立监督举报机制，对于虚设或随意挪用基层文化设施的现象严厉打击，以保证农民群众能享有实用、便捷的文化活动场所。另一方面，要提高公共文化设施的利用率，经常组织开展群众性文化活动。乡村的文艺演出、广场舞、庙会、春晚大舞台等群众文化活动对于日益原子化的农村居民，尤其是“被数字时代抛弃”的老年人，无疑是具有吸引力的，群众性文化活动可以通过面对面深入交流填补人们在时间和精神上的空虚感，也可以使其在互动中实现近距离的文化传播，有助于文化传播及其效果渗透，使乡村公共空间的社会交往、文化娱乐功能得以有效发挥。因此，要经常组织开展群众性文化活动，调动农民的参与活力，从而促进乡村共同体的凝聚和乡村文化的传播。

在乡村公共文化空间的建设和使用上，宁阳县泗店镇建成的中华蟋蟀文化主题博物馆就是一个优秀范本。依托“天下斗蟋第一虫”的美誉，蟋蟀文化成为宁阳县尤其是泗店镇极富本地特色的标签，作为全国最大的蟋蟀交易市场和文化品牌中心，宁阳县将极具特色的斗蟋文化和旅游相结合，

---

① 杜力：《重构乡村共同体：项目进村与乡村社会公共性再生产》，《宁夏党校学报》2020 年第 1 期。

建成中华蟋蟀文化主题博物馆并连续5年举办“蟋蟀世界杯”，吸引全国各地的蟋蟀爱好者慕名前来参观、竞技，博物馆外的广场上还会开展非遗商品展销以及文艺演出活动，传播了当地的传统民俗文化。平时，这里也是附近居民开展文化活动的场所。中华蟋蟀文化主题博物馆的建立既为当地带来了经济效益，又扩大了乡村公共文化空间，发挥了公共文化服务的效能，其经验值得其他地区参考借鉴。

（三）培养农民文化参与惯习

送戏下乡是由政府主导的外来文化力量嵌入，这种“送文化”的方式只能解一时之渴，难以从本质上满足农民群众的精神文化需求。长远来看，必须激发农民群众文化创作的原动力，形成文化参与和文化创造的惯习，将文化“种”在乡村，才能从根本上促进乡村文艺文化的传播与发展。

第一，经济基础决定上层建筑，要从改善文化参与和创造所需的基础条件着手，不仅要加强乡村文化基础设施的投入，还要积极扶持民间自发的文艺队伍，对走街串巷义务演出的队伍给予适当的补贴，鼓励村民自办文化活动。第二，从人的社会化进程角度来说，群众性文化活动是农民个体自我社会化进程中的一种集体活动，农民的参与是整个文化活动的核心，同时也是促使农民群众个性发展、自由自觉、积极创造文化、享受社会主义文化成果的重要途径。[①]文化部门可以着力开展群众性文化活动，打造特色文化活动品牌，并充分利用多媒体平台进行正面宣传，扩大文艺活动的凝聚力和影响力。以常态化的群众性文化活动，加强乡村社会整体的文化氛围，充分调动农民群众参与文化创作和传播的兴趣。另外，要发挥文化带头人以点带面的作用，对乡镇、村（社区）文化站的工作人员以及文艺团体负责人定期开展业务的培训，帮助他们开阔视野、丰富思路、更新观念，引导其主动学习互联网、自媒体相关的知识技能，使其更好地立足乡

---

① 崔震彪：《现阶段我国农村群众文化活动的困境与出路研究》，硕士学位论文，山东大学2017年。

村内部，当好宣传员和带头人，推动乡村文艺活动活跃开展，号召更多群众参与到乡村文艺文化的传播活动当中。

四、更新机制，完善传播全过程

为改变多年以来固化、停滞不前的送戏模式，走出乡村文艺文化传播收效甚微的困境，需要解决传播过程中存在的一系列问题，推进文艺文化活动体制机制的深化改革，促成长效发展机制，使乡村文艺文化活动更加科学化、常态化。具体措施如下。

（一）拓宽宣传与传播渠道

随着新媒体嵌入农民的日常生活，微信、快手、抖音等平台正迅速发展为乡村文化传播的重要工具。人们的注意力逐渐被新媒体内容所占据，对传统的线下文艺演出的参与度降低。在此形势下，送戏下乡等文艺活动仅仅依靠线下演出很难达到理想的传播效果，需要拓展宣传与传播渠道，运用新媒体扩大传播范围。

一是要完善官方媒体宣传渠道，形成“文化＋互联网”的宣传模式。政府相关部门要安排专人做好新媒体宣传工作，充分利用县级和镇级单位的微信公众号、官方微博账号或抖音、快手账号，在演出前预告文艺演出相关信息，做好活动预热宣传。在演出之际拍摄幕后故事、精彩节目片段并发布到媒体平台，以吸引更多群众的关注，或是通过网络直播的形式，让更多的外出务工的村民也能关注、云参与家乡的文化惠民演出，留住他们的乡愁，激发他们对家乡的眷恋之情。演出后回顾整理演出精彩内容，了解村民的观看感受，以视频、图文形式呈现在媒体平台，提高活动的知名度和影响力，以打造良好的文化活动品牌。二是扶持自媒体达人，形成“文化＋草根网红”的推广模式。笔者在调研时发现有的文化艺术团演员会在演出之际用个人账号进行现场直播，其中个别演员快手账号粉丝高达十万，从作品互动情况来看，他们的账号甚至比普通的县级官方账号更有影响力。因此，文化部门可以与部分演员达成合作，鼓励他们用自媒体账号呈现多种视角下的文艺活动，如拍摄演出视频、直播戏曲培训过程等，扩大文艺文化的传播范围，使文艺传播的影响辐射到远离本土的村民，从而增强传播效果的渗透力。

（二）加强区域间文化互动

演出主体和区域常年固化的安排容易导致演出质量停滞不前，观众出现审美疲劳，因此，需要突破惯性安排，加强区域之间的文化互动，形成横向交互、纵向交往、纵横联合的交流互动形态。

一方面，要加强县域内各区域之间横向的文化互动，打破文化艺术团就近承办演出的常规安排，合理规划各团体的演出范围，交叉安排演出区域，让观众每年都能看到更多由不同文艺团体带来的节目。如安排西乡的木偶艺术团去东乡演出，既能使西乡群众欣赏多次的木偶戏给东乡观众带来耳目一新的感觉，又能充分挖掘、利用当地的文化资源，为文艺活动增添新鲜感和吸引力。另一方面，要加强省市县之间纵向的文化互动。由于县域内的文艺团体演出水准和节目内容几乎相差不大，难以满足人们日益增长的文化需要。因此，在条件允许的情况下，应主动邀请省市级文艺团体到本县乡村地区演出，为群众送去高质量的“文化大餐”，或者邀请省市级文艺团体的专业演员到本地的庄户剧团开展培训指导工作，提升业余演员的专业能力。如此一来，不同水准、不同类型的文艺节目能在交流中不断精进，同时也有利于满足农民群众对高水准文化的欣赏需求。通过纵横联合的文化互动为文艺演出增色添彩，可以充分调动群众参与文化活动的积极性，更好地促进文艺文化的传播。

（三）健全监督与反馈机制

农民群众是送戏下乡等文化惠民活动的受益群体，是乡村文艺文化传播的对象，也是乡村文化建设的主体，对于乡村的公共文化服务享有最大的监督权和话语权。因此，在开展文化活动的过程中，应重视农民群众的文化主体地位，畅通民意沟通渠道，倾听群众的声音，接受群众监督。以送戏下乡为例，健全监督与反馈机制应从以下两方面入手。

一是加大现有的监督力度。委派专人深入基层抽查监督文艺演出情况，避免因人员抽调导致监督空位，同时，要严格落实监督考核的真实性，要求村（社区）负责人客观、公正评价并做好文字和图片记录。二是完善监督机制，将农民群众的监督与反馈意见作为主要参考。畅通线上和线下的监督与反馈渠道，能够事先倾听群众意见，事中接受群众监督，事后征集群众反馈。具体而言，可以在微信公众号、政务网站设置意见征集专栏，了解群众的文化诉求和意见反馈，也可以在文化活动现场让观众扫码填写电子问卷或发放纸质问卷现场征集群众意见，以获得及时的、真实的反馈。对于操作不便的老年群体，可以采用组织开展座谈会、电话回访或入户走访的形式，定期总结群众建议。通过收集、汲取群众的反馈意见，促使文化传播活动不断发展完善，从而提升文化传播的效果。

总之，社会主义文艺，从本质上讲，就是人民的文艺。乡村地区的文艺文化传播活动是农民群众自己的文化盛宴，其最终的价值指归在于丰富农民群众的精神文化生活，激发农民群众的内生性力量，提高其学习文化、运用文化、创造文化的能力，在推进乡村文化建设的过程中共创、共享发展成果。

随着送戏下乡等文化惠民活动的开展，山东乡村地区的文化建设取得了一定成就，乡村公共文化基础设施建设逐步完善，农民群众的精神文化生活更加丰富，但是，仍面临着传播主体后备力量不足、传播内容质量欠佳、传播模式单一固化等问题，制约着文艺文化的传播效果。本章通过实地调研，系统地剖析了宁阳县送戏下乡文化惠民活动的传播机制，明确了送戏下乡活动对乡村文化建设发挥的作用；然后从实证角度切入，从传播主体、传播内容、传播语境、传播机制四个方面着重分析了山东乡村文艺文化传播面临的现实困境，并针对问题提出了相应的创新发展路径，为提升基层公共文化服务效能提供参考。

在调研和写作过程中，我们深刻意识到乡村文化传播的研究工作是繁重且意义重大的，在今后的研究中，我们将持续关注乡村文化建设的新政策、新变化，对乡村文艺文化的传播进行更深入的研究，进一步扩大研究范围，提出更具普遍意义的、建设性的意见建议，推动乡村文艺文化发展路径推陈出新。

第三章

鸢飞九天：新媒体语境中潍坊风筝文化传播研究

题记

“儿童散学归来早，忙趁东风放纸鸢。”多少中国人的童年摆弄过薄绢、糨糊、篾条、线轴，又有多少人在春风浩荡的旷野奔跑过，让简单组装的风筝凭风借力，直上青云。风筝，是电子游戏、数媒产品诞生之前大人孩子们普遍喜爱的玩具，也是传统农耕社会民众美好生活的体验和向往，它“晴空一鹤排云上，便引诗情到碧霄”。春日碧空放风筝，夏天井水冰西瓜，丰收时节唱大戏，春节正月放炮仗，那种自由、爽快、热闹、响亮，都令民众乐享畅怀。风筝，也是有着悠久历史传承的民间工艺品，在被机械化生产之前，能制作出精美风筝的能工巧匠散落在中国大江南北的村村寨寨，其中产生了中国最负盛名的四大品类风筝，即北京风筝、天津风筝、潍坊风筝、南通风筝。风筝也是“经济作物”，售卖风筝在传统农耕时代能养家糊口，风筝产业也在当今时代为推动地方经济发展作出了卓越贡献。风筝也是文化，比如潍坊风筝深受地域民间文化的影响，形成了自己独特的风格特色，并融入生产生活，逐渐成为当地社会文化不可或缺的一部分。借助传媒的力量，潍坊风筝之乐，风筝之美，风筝文化可以传播到全世界，在传统媒体时代，潍坊已经蜚声海内外。但是，在新媒体语境下，潍坊风筝面临着如何充分利用新媒体的优势，扩大自身的传播和文化影响力的问题，同时，又要解决在“乱花渐欲迷人眼”的新媒体语境中，吸引更多人尤其是青年人关注风筝文化，进而对风筝文化产生兴趣，对风筝制作工艺进行传承、传播的问题。而这，也是中国很多非物质文化遗产在新媒体传播语境下不得不面对的普遍性问题。

非物质文化遗产是各族人民世代传承的文化瑰宝，是中华民族智慧与文明的结晶，同时也是中国上下五千年历史的见证。近年来，国家对于非物质文化遗产的保护工作也愈加重视，多次下发了相关文件。2021 年 8 月 13 日，中共中央办公厅、国务院办公厅印发《关于进一步加强非物质文化遗产保护工作的意见》，树立了“保护为主、抢救第一、合理使用、传承发展”的工作方针，切实提升非物质文化遗产系统性保护水平。

潍坊风筝的制作作为一种传统手工技艺，发展到如今有两千多年的历史了。它凭借独特的艺术风格和精湛的制作技艺被列为我国四大风筝之一（另有北京风筝、天津风筝、南通风筝）。新中国成立以后国家对民间艺术进行抢救，潍坊风筝从民俗手艺走向国家级平台，1984 年举办了首届潍坊国际风筝会，同年，潍坊被成功评选为“世界风筝之都”，此后，风筝成为潍坊这座城市的主要标签之一。2006 年，凭借着浓郁的乡土风味和东方文化色彩，潍坊风筝被列入第一批国家级非物质文化遗产保护名录，潍坊市政府再次加大力度对风筝文化进行保护和传承，建设了杨家埠民间艺术大观园、齐鲁文化（潍坊）生态保护区，大力建设和发展风筝文化。

非物质文化遗产蕴含着深厚的传统文化，弘扬文化自信，必须做好非遗保护和传承工作，而传播是非遗保护和传承的应有之义。传统媒体时代，非物质文化遗产大多曝光率有限；伴随着移动互联网与自媒体的发展，非物质文化遗产传播正迎来一个值得期待的机遇期。特别是在新媒体传播方面，很多非物质文化遗产经过与新媒体的初步磨合，已经探索出了多元、高效的传播路径，若能在目前传统传播方式和新媒体传播齐头并进的基础上，分析其出现的困境并进行突破，实现更好地传承与更广泛地传播，必然会使非遗在现代社会获得新生。

传统媒体时代，潍坊风筝得以传播的主要途径就是面对面的人际传播，和以电视、报纸、广播为载体的大众传播，但是与电视剧、电影、综艺节目相比，风筝作为媒体内容对受众的吸引力有限，传统媒体无法给予它太多的展现空间，以风筝为核心的丰富的风筝文化曝光度更低。所以，仅靠单纯的传统媒体传播风筝文化效率低下，已经不合时宜；而且，传统媒体时代常见的“经济搭台、文化唱戏”的非物质文化遗产传播方式，也面临着如何在最大限度地有效传播、传承和发展的同时，保留非物质文化遗产自身文化内涵的问题。新媒体的传播功能强大，传播效能高，影响范围广，如果能充分利用新媒体的优势，扩大非物质文化遗产的传播，让更多的人接触到风筝文化，进而对风筝文化产生兴趣，对风筝制作工艺和相关文化进行传承，风筝文化的影响力势必扩大。这些又能成为促进风筝文化进一步扩大影响的重要驱动力，成为风筝文化传承传播、蓬勃发展的关键契机。

然而潍坊风筝在当下的发展过程中，出现了传统传播方式日渐式微，新媒体传播渠道利用不足，品牌化战略缺失的困境。总体上，风筝文化的传承与传播均面临众多困境。而潍坊风筝文化传播中出现的问题也是其他众多非遗面临的共同问题。

当今时代，积极地利用丰富的媒介资源进行传播，发动更多的社会大众力量、专业机构参与到传播队伍中来，提高社会公众的认知，使人们认识到非遗的重要文化价值，从而更加自觉地保护非物质文化遗产，才能真正让非物质文化遗产活起来，形成人人传承、人人弘扬传统文化的局面，真正实现文化自信。所以，我们应该具有动员各方力量加入非遗传播事业的意识，不断扩大非遗传播的队伍，既推动更加专业和规范的非遗传播，也鼓励人民群众以各种形式将非遗融入日常生活的常态化传播。

基于对相关文献的梳理，笔者发现目前关于非物质文化遗产传播的研究成果较多，各学科从不同角度运用多种理论分析研究非物质文化遗产的传播，并根据实际情况提出相应的优化意见和建议，这都为本章提供了思考资源。但关于潍坊风筝的相关研究大多集中于阐述潍坊风筝的艺术风格价值和风筝产业的发展状况，而潍坊风筝制作技艺作为国家级非物质文化遗产，很少有人研究其传播现状和在文化市场中的发展情况。潍坊风筝同时具有传统文化的传承功能和产生商业利润的经济功能，因而从传播学视角出发探索潍坊风筝发展意义重大。

本章以传统技艺类非物质文化遗产——潍坊风筝为例，探讨非物质文化遗产在当今时代的传播问题。我们借助田野调查法、深度访谈法、文献分析法，走进潍坊风筝博物馆、文化馆，访谈风筝传承人和风筝保护单位工作者及风筝从业人员，获取大量数据资料，结合文献资料进行深度研究，从传播学视角出发，分析潍坊风筝文化利用媒介的传播现状，潍坊风筝在新媒体语境中传播遇到的机遇与挑战，并试图探寻其未来的传播策略，以期扩大潍坊风筝文化的传播渠道和传播范围，从而为潍坊风筝文化及其他非遗文化的传播提供一些可行的参考建议。

第一节　一种非物质文化遗产：潍坊风筝

一、潍坊风筝文化概况

（一）潍坊风筝的起源与特征

风筝是中国民间艺术中的一朵奇葩。日本学者新坂和男曾经指出中国是风筝的发源地，李约瑟也曾在著作中提及此观点。[①] 中国是风筝的故乡已成为世界公认的事实，但风筝起源于何时，其发明者是谁？一直是一个悬而未决的问题。由于早期制作风筝的材料不易被保存，且在古代风筝运动多被视为游戏杂耍，因此并未给后人留下较为系统的记载。今天的人们耗费很多精力才能找到零星记载，但实在由于过于零散和简单，难以支撑起风筝文化的系统研究。从当前梳理的文献资料中可以分析得出，关于风筝的起源大致有以下几种说法。

一是春秋战国时期墨子或鲁班“造木鸢”说。持这一观点的是曹雪芹，他在《南鹞北鸢考工志》中陈说风筝历史的一篇文章中写道：“观夫史籍所

---

① 于培杰：《风筝的起源——漫话风筝》，《百科知识》2005 年第 5 期。

载风鸢之由来久矣可证实者实寡非所详也；唯墨子作木鸢三年而飞之说或无疑焉。”[①] 墨子制木鸢最早能从《韩非子·外储说》中找到相关记叙：“墨子为木鸢，三年而成，蜚一日而败。”[②] 而《墨子》中却记录道：“公输子（即公输班）削竹木以为鹊，成之而飞。”[③] 由于年代久远以及史料的缺乏，木鸢到底是墨子还是鲁班发明的，我们已无从窥探。

二是汉代韩信说。宋人高承在《事物纪原》岁时风俗部“纸鸢”条中记载：“纸鸢俗谓之风筝，古今相传云是韩信所作。高祖之征陈豨也，信谋从中起，故作纸鸢放之，以量未央宫远近，欲以穿地隧入宫中也。盖昔传如此，理或然矣。”[④] 曾敏行的《独醒杂志》记载：“今之风筝，古之纸鸢也，创始于韩淮阴（韩信）。方是时，陈豨反于代，高祖自将征之。淮阴约从中应作纸鸢以为期……而纸鸢之制今为儿戏。”[⑤]

三是南北朝时期羊车儿（羊侃，梁武帝时的都官尚书）说。唐代李延寿的《南史》“侯景传”中记载道：“贼之始至城中才得固守，平荡之事，期望援军。既而中外断绝，有羊车儿献计，作纸鸦，系以长绳藏敕于中。简文帝出太极殿前，因西北风而放，冀得出达。群贼骇之，谓是厌胜之术，又射下之。其危急如此。”[⑥] 羊车儿一说在《资治通鉴》等正史中也能找到相关记载，可靠程度相对大一些，但这些史料只能证明羊车儿使用过纸鸢，却无法佐证羊车儿是其发明者。[⑦]

四是五代李业说。明代郎瑛的《七修类稿》认为：“纸鸢本五代汉隐帝与李业所造为宫中之戏者。而《纪原》以韩信为陈豨造放，以量未央宫之远近，又曰侯景梁台城，内外断绝，羊侃令小儿放纸鸢，藏诏于中，以达援军。二说俱不见史，且无理焉。……其为李业所始无疑。”[⑧] 但是，早在唐

① 孔祥泽：《曹雪芹风筝艺术》，北京工艺美术出版社 2003 年版，第 57 页。
② 《韩非子》，高华平、王齐洲、张三夕译注，中华书局 2010 年版，第 45 页。
③ 《墨子》，方勇译注，中华书局 2010 年版，第 13 页。
④ （宋）高承：《事物纪原》卷 8，中华书局 1989 年版，第 67—80 页。
⑤ （宋）曾敏行：《独醒杂志》卷 1，商务印书馆 1915 年版，第 56—57 页。
⑥ （唐）李延寿：《南史》，中华书局 1975 年版，第 23 页。
⑦ 段美玲：《风筝史料考略》，《兰台世界》2014 年第 27 期。
⑧ （明）郎瑛：《七修类稿》卷 22，大达图书供应社 1936 年版，第 45 页。

代就有诗词描写儿童放风筝的景象，李业造风筝一说也就不攻自破了。[①]

基于以上几种论说考证可知关于风筝的起源存在不同观点。除了史料上的相关记载，民间关于韩信造“纸鸢”的传说也流传广远，而且，据考古发现，西汉时期已经出现了麻制纤维纸，所以，大致可以推断纸制风筝于西汉初年已经出现。后来，东汉蔡伦改进造纸术，不仅是书写材料的革命，推动了文化的发展，而且使得风筝的制作材料更加轻便和容易获取，从而推动了风筝的发展和应用。“羊车儿说”则能够说明南北朝后梁天庆年间，风筝已经被广泛应用了。

同中国风筝的起源难以考证一样，潍坊风筝出现的具体时间也是众说纷纭。一种说法认为潍坊是中国风筝的发源地，潍坊风筝的出现和中国风筝同根同源，皆由春秋战国时期的墨子或鲁班发明，持这一观点的人认为墨子、鲁班乃鲁国人士，墨子所居的鲁山恰巧为当今的潍坊青州一带，而木鸢则是墨子或鲁班在此发明而来。关于这一论断有太多疑点，且不说墨子的故乡在何处，墨子和鲁班是否在潍坊一带活动均无史料考证。另一种说法认为潍坊风筝兴起于明代，但并没有相关证据佐证。目前研究潍坊风筝的学者更倾向于认同潍坊风筝出现于唐宋时期，如刘桂梅在《潍坊风筝的历史演变》中提到潍坊风筝的扎制在唐朝时期开始流行，此时的风筝仅限于王公贵族府中使用，宋代潍坊风筝得到进一步发展，并开始流向民间，清代乾嘉年间潍坊风筝进入鼎盛时期，凭借独特的风格名扬四海。[②]

（二）潍坊风筝的历史沿革

“世界风筝之都”已经成为潍坊这座城市的一张鲜活的名片，坊间有这样的说法：世界的风筝在中国，中国的风筝在潍坊，这样说可能过于夸张，但至少可以说明在中国四大风筝产地（北京、天津、南通、潍坊）中，潍坊是古老的发源地之一，潍坊风筝也确有其悠久的历史传统。

---

① 张基振、虞重干：《中国风筝的几点历史考证》，《西安体育学院学报》2008 年第 1 期。

② 刘桂梅：《潍坊风筝的历史演变》，《人文天下》2016 年第 23 期。

1. 唐宋时期：潍坊风筝的稳定发展

潍坊风筝文化的发展有着悠久的历史进程。唐代是我国封建社会的鼎盛时期，也是潍坊风筝发展的重要时期。唐代社会政权稳固，国力强盛，统治者改革吏治，重视文化教育，社会文化环境兼容并蓄，贞观之治给当时社会带来繁荣昌盛的景象。唐代造纸技术普及，物美价廉的纸迅速替代了其他昂贵的薄形材料，为风筝在民间的普及打下了物质基础，[①]同时，传统节日（如清明节）的复苏也大大转化了风筝的功能，从最开始的测量功能、军事功能，到民间常见的娱乐项目，风筝逐渐得到社会大众的青睐，走入了寻常百姓家。在唐诗中有许多诗句咏颂了当时放风筝的情景，比如，唐人《纸鸢赋》写道，“野鹊来迁而伴飞，都人相视而指看”[②]，描写了放风筝和看风筝的热闹景象；诗人元稹在《有鸟二十章·纸鸢》写道，“有鸟有鸟群纸鸢，因风假势童子牵”，生动记录了儿童放飞风筝的景象。

到了宋代，潍坊风筝在唐代繁荣的基础上继续发展，这一时期都市文化昌盛，市井文化也十分精彩。北宋画家张择端的《清明上河图》就是宋朝俗民生活的真实写照，当时的城市繁华程度由此可见一斑。这一时期风筝的品种不断丰富，流传的范围也更广，在民间成为一项极受欢迎的娱乐活动。在日常生活中儿童以放风筝作为休闲娱乐，南宋诗人陆游在诗中描写的“竹马踉蹡冲淖去，纸鸢跋扈挟风鸣”以及“小甑有米可续炊，纸鸢竹马看儿嬉”，生动鲜活地刻画了风筝放飞时的热闹场景，也足以见得宋代民间对于风筝这项娱乐活动的喜爱。南宋画家苏汉臣的著名作品《百子嬉春图》，也画有儿童簇拥嬉闹着放风筝的场面。

此外，文人雅士也常借风筝赋诗以抒发情志，如杜范诗云：“段桥牵纸鹞，儿戏亦关心。风快应难挽，云高径欲侵。人夸无限力，身直不多金。说与须知道，明朝不似今。”[③]王令作《纸鸢诗》：“谁作轻鸢壮远观，似嫌

---

① 徐艺乙：《风筝史话》，北京工艺美术出版社 1997 年版。

② 唐人《纸鸢赋》：https://www.zhonghuashu.com/wiki/ 紙鳶賦。

③ （宋）杜范：《戏赋段桥风筝》，《清献集》卷 2，文渊阁四库全书本，台湾商务印书馆 1986 年版，第 620 页。

飞鸟未多端。才乘一线凭风去，便有愚儿仰面看。未必碧霄因可到，偶能终日遂为安。扶摇不起沧溟远，笑杀鹏抟似尔难。”[①] 寇准也有著名的诗词《纸鸢》：“碧落秋方静，腾空力尚微。清风如可托，终共白云飞。”侯蒙的《临江仙》也是借风筝抒情的佳作。据说宋徽宗赵佶就是一位风筝爱好者，他不仅在“朝罢余暇”放纸鸢为戏，还在主政期间组织人编撰了《宣和风筝谱》，详细记载了风筝的品类、扎制技艺、材料选择等，这是已知最早的关于中国风筝的理论著作，相传在民国时期还曾出现于民间，现已失传，据孔祥泽先生描述，《宣和风筝谱》以图例为主，书内风筝样式多达四百多种。一些学者开始对民间风筝进行研究，如宋代高承在《事物纪原》当中对民间风筝的出现、发展历程、名称等进行了系统的考证和记载。[②] 尽管这些记载均未明确提及潍坊地区，只有侯蒙的《临江仙》之类极少的资料描写潍坊风筝，但是可以确信放风筝在当时已经是全国普遍的现象，而地处齐鲁大地的潍坊流行放风筝也不足为奇了。

宋代放风筝还发展成为一种竞技赌博活动，宋人周密在他的《武林旧事》中记载道，淳熙年间（1174—1189），临安（杭州）西湖桥上出现了一种“斗风筝”游戏，年轻人比赛竞争放风筝：“桥上少年郎竞放纸鸢，以相勾引，相牵剪截，以线绝者为负，此虽小技，亦有专门。爆仗、起轮、走线之戏，多设于此，至花影暗而月华生始渐散去。”[③] 此外，人们发掘风筝不仅可以作为游艺放松身心，陶冶情操，还具有强身健体的功能，如李石所著的《续博物志》中曾写过：“今日纸鸢，引线而上，令小儿张口望视，以泄内热。”放风筝时人在户外奔跑，还需牵引、举线，抬头观望天空，的确是锻炼身体的有益活动。[④]

同时，风筝是南宋时期的传统手工艺品，有其独特的美学价值。随着

---

① （宋）王令：《纸鸢》，《广陵集》卷13，文渊阁四库全书本，台湾商务印书馆1986年版，第462页。

② 李嫚：《潍坊风筝艺术研究》，硕士学位论文，安徽财经大学2016年。

③ （宋）周密：《武林旧事·卷三·西湖游幸》，《东京梦华录》《梦粱录》《都城纪胜》《西湖老人繁胜录》《武林旧事》（合订本），中国商业出版社1982年版，第44页。

④ （宋）李石：《续博物志》，巴蜀书社1997年版，第70页。

放风筝活动在民间广泛展开，风筝的经济功能也开始凸显。南宋时期，民间出现一批专门扎制风筝和制作风筝线的小作坊，他们制成风筝成品在市集上售卖。[①]在“瓦子”等娱乐场所中，还出现了专门放风筝的艺人，也叫“赶趁人”，周密的《武林旧事》中就记录了当时两位著名的风筝能手——周三和吕扁头。以上种种，皆能说明风筝在宋代的经济文化社会中占有相当的地位。然而到了元代，风筝进入发展的特殊时期，由于元代统治者穷奢极侈，政策苛刻，平民生活困苦，风筝活动也受到影响变得消沉，直到明清时期才得以恢复生机。

2. 明清时期：潍坊风筝的鼎盛时期

明清是整个华夏风筝发展的巅峰时期，潍坊风筝也相应发展到极盛。这一时期放风筝已经是潍坊及周边地区非常重要的一项游艺活动，涉及潍坊地区的风筝记载也比宋代丰富很多，在许多地方志、文人笔墨中均能找到。例如清乾隆年间在潍县（潍坊的旧称）担任七年县令的郑板桥赋诗《罢官作》，其诗曰：“老困乌纱十二年，游鱼此日纵深渊。春风荡荡春城阔，闲逐儿童放纸鸢。”清末另一位潍坊文人梁文灿曾写有《蝶恋花·潍阳十二月鼓子词》提到了清明节潍坊人放风筝的情形：“三月清明槐火焕，茶肆星罗，席地沙滩畔。风宋芦弓声一片，纸鸢赛满南河岸。”清嘉庆五年刻本山东《寿光县志》也记载道：“正月十六日，乡间妇女约伴共登土窑，坐眺移时。正、二月间，儿童辈以竹为胎，糊作莺形、蝶形、筝形之类，系以长线，放之空中。”

明清时期潍坊人多在寒食、清明节期间放风筝，一是春季天朗气清、春回大地，农作尚未繁忙，正适宜户外娱乐；二是当时的人们将风筝作为一种象征，将放风筝称为“放郁”，通过放飞风筝祈福祛灾，这种做法可以在《红楼梦》中得以印证。《红楼梦》第七十回《林黛玉重建桃花社，史湘云偶填柳絮词》中，林黛玉见别人的风筝落在自己院子里，便提议放风筝。

---

① 梁俊雄、朱琦：《论风筝文化的社会功能》，《湛江师范学院学报》1995 年第 3 期。

黛玉笑道："可是呢，知道是谁放晦气的，快掉出去罢！把咱们的拿出来，咱们也放晦气！"[①]另外，清明时期放风筝还是当时潍坊人的一项社交活动，尤其是对青年人而言。潍坊杨家埠流传着一个放风筝的歌谣，由此可见，放风筝对于青年男女传情达意，进行互动具有重要意义。

三月里来是清明，姐妹十人去踏青，捎带放风筝，放风筝；
大姐放的白素贞，二姐放的许仙公，西湖来调情，来调情；
三姐放的杨宗保，四姐放的穆桂英，气坏六郎公，六郎公；
五姐放的张君瑞，六姐放的崔莺莺，红娘真机灵，真机灵；
七姐放的祝英妹，八姐放的山伯兄，尼山读诗经，读诗经；
九姐放的牵牛郎，十姐放的织女星，天河隔西东，隔西东；
风筝越高情越浓，引来一群小后生，一阵脸儿红，脸儿红；
不知不觉拽风筝，暗暗拜求月老翁，红线你传送，你传送。[②]

明清的风筝在款式、扎制技术、装饰、放飞妙技上均比过去有了巨大进步。清代制作出仙鹤童子、雷震子、龙头蜈蚣等兼具造型与内容的风筝，并形成了以南通风筝、天津风筝、北京风筝、潍坊风筝为主的风筝流派，其中当属潍坊风筝最为出名。明清时期潍坊风筝逐渐分为两个流派，分别是城派风筝和以杨家埠为代表的乡派风筝，满足了上至达官贵人，下至平民百姓的不同需求。城派风筝兴起于宋代，是"雅文化"的代表，城派风筝在用料、扎制技艺上都更为讲究，对匠人的手艺和工笔画技巧有着极高的要求，其扎制和绘画是分开制作的，扎制是由当地的民间老艺人完成，而绘画则是由一些知名画家绘成，这也造就了城派风筝的观赏价值高，除放飞外也被当作高端的装饰品，多是达官贵人私人定制，或是进献于皇室贵族，清末年间慈禧太后就曾下令城派风筝艺人陈善庭扎制龙头蜈蚣风筝

① （清）曹雪芹：《红楼梦：脂汇本》，岳麓书社 2011 年版，第 105—108 页。
② 山东省潍坊市寒亭区杨家埠村志编纂委员会：《杨家埠村志》，齐鲁书社 1993 年版，第 369 页。

进献皇宫。

乡派风筝多是潍坊地区的农民所制作而成，杨家埠风筝是其集中代表，风格粗犷朴实，色彩鲜艳浓重，制作相对城派风筝来说更为简易，由当地的农民和手工艺人根据劳动经验和个人喜好，融入当地的风俗符号世代演变而成，通过艺术的形式反映百姓对生活的审美认知。杨家埠风筝结合木版年画印制而成，内容题材以表现欢乐喜庆为主，具有浓厚的乡土气息，是“俗文化”的代表，深受民众喜爱。

明清时期潍坊风筝已转变为商品化生产，在清乾嘉年间已经有相当规模的风筝集市。清代诗人裴星川《潍县竹枝词》一诗“风筝市在东城墙，购选游人来去忙。花样翻新招主顾，双双蝴蝶鸯成行”，就是描写了潍县白浪河沿岸的风筝集市风貌。清代乾隆年间，杨家埠就已经有著名的风筝作坊三十多家，风筝的年产量超过四万只。[①] 当时的潍坊风筝琳琅满目、种类丰富、色彩明艳，且生产效率高，吸引了大量外地风筝商人前来采购，风筝市场热闹无比。潍坊风筝除了销往济南、青岛、烟台、青岛等省内地区外，还大批量销往河南、河北、江苏、福建、安徽等地，以独特的风格和上佳的质量享誉四海。

3. 民国时期：潍坊风筝的持续发展

民国时期延续了清代的风俗，放风筝依然是潍坊百姓生活中一项重要的社会活动。关于这一时期的对潍坊风筝习俗的记录，最精彩的莫过于潍坊文人陈寿荣（1916—2003）在《漫谈潍县风筝》一文中的童年回忆：

> 本世纪二十年代至三十年代初期，笔者童年时亲眼看到了那时风筝在潍县民间的盛行情况。每年清明节的前一个月，风筝即先后上市，城里以大十字口为中心，沿东门大街到城外的坝崖大街，还有城里与东关

① 张岳、安丽哲：《潍坊风筝研究》，西南师范大学出版社 2019 年版，第 22—25 页。

之间以白浪河两岸为中心，自然形成风筝竞卖市场。著名的风筝铺子有县治前的“唐家风筝铺”，布政司街的“王家风筝铺”等。清明时节，家家都给孩子扎风筝，买风筝。人们都爱放风筝，在庭院、大街、广场都能放，尤以白浪河两岸的沙滩上和南门外的坡野里（俗称南关坡）是潍县城放风筝最集中的场地。许许多多的群众欢欣愉快地到这里来放风筝、看风筝。这时天上的风筝密如鹊阵，蜈蚣、老鹰、人物、昆虫等各样风筝应有尽有，标新立异，五彩缤纷。人们互相比较着，看谁的风筝式样美观，看谁的风筝飞得高稳。有的不光风筝好，而且用的风筝线和拐子都很讲究。每年清明放风筝的时节，都使人大开眼界。尤其是那些天真活泼的儿童们，带着小人、燕子等比较简单的风筝，在放入稳风时，他们愉快的笑声、叫声，增加了场上的欢乐气氛。有的小孩用自己扎的不够标准的“挣子”、“八卦”等，以不长的线牵着奔跑，一停住它就落下来，只好不断地跑，累得满头大汗，但过了“风筝瘾”，心中也有说不出的快乐。①

陈寿荣先生的这段回忆文字饱含着浓厚的情感色彩，可以看出放风筝在他的童年中扮演的重要角色，也可以窥探放风筝在当时潍坊百姓心中是一项美好有趣的活动。原潍坊市工艺美术研究所所长孙立容老先生也曾在采访时回忆，在他孩童时期，大人和小孩常常会在白浪河南沙滩放风筝，尤其在清明节那天最为热闹，那天还会有搭台唱戏的、转秋千的、说书的、杂耍的，活动十分丰富。编纂于民国时期的《潍县志稿》中也有清明节放风筝的记录：“清明前一日为寒食，前二日为一百五日，人家各祭其墓，或于坟头添土；小儿女作纸鸢秋千之戏，纸鸢其制不一，于鹤、燕、蝶、蝉各类之外，兼作种种人物，无不惟妙惟肖，奇巧百出，或以苇作弓，缚纸

① 陈寿荣供稿，谭先民整理：《漫谈潍县风筝》，郸城县政协编印：《潍城文史资料》（第四辑）1989 年版，第 155—156 页。

鸢背上，风吹之有声如筝，故又名风筝。”[①]

此外，民国时期，潍坊风筝冲出了传统民俗的范畴，发展成了专门的比赛竞技活动。1933年4月5日，潍县政府应民众的要求，举办了第一场正式的风筝赛会，并宣称此后每两年举办一届。首届竞赛是在潍县县政府进行的，全县共有80只风筝参加了比赛，当天既有风筝展览，又有风筝放飞表演活动，场面十分热闹。在此后的1935年和1937年，潍县政府又举办了第二届和第三届比赛。比赛的风筝形式多样，包含风筝的造型设计、制作和放飞技术等，在比赛规则上也不断优化，形成固定的比赛时间和比赛规则，当地百姓参与风筝赛会的积极性不断提高。但是1937年，抗日战争全面爆发，次年潍县陷落，风筝比赛被迫中断，在战乱中再难见风筝的身影。[②]

4. 新中国成立至今：潍坊风筝再焕新姿

新中国成立后，中华民族走上独立富强的道路，人民的生活水平不断提高，物质生活条件越来越丰富，精神层面的需求增长，潍坊风筝又再次登上了生活舞台，迎来了又一个春天。

国家层面也开始注重对工艺美术的扶持和保护，1956年3月4日，毛泽东对手工业工作发表重要建议：“提高工艺美术品的水平和保护民间老艺人的办法很好，赶快搞，要搞快一些。”[③]同年，在北京召开的全国美术工艺展览会上，还特地为潍坊风筝举办了专场展览。潍坊风筝在国内参加各种类型的展览与比赛，还一度走出了国门，1960年，风筝老艺人胡景珠扎制的“龙头蜈蚣”风筝在墨西哥大放异彩，引起了不小的轰动。[④]潍坊市政府在政策的号召下，不断加强对风筝文化产业的重视，在多方面做出举措。

---

① 常之英修，刘祖干纂：《潍县志稿·卷十四·民社·风俗》，1941年版民国档案，第3页，潍坊市图书馆官网数字馆藏：http://da.weifang.gov.cn/dawh/gcjp/mgda/202012/t20201231_5800514.html。

② 孟娜：《潍坊风筝艺术的历史传承》，硕士学位论文，东北师范大学2008年。

③ 中共中央文献研究室编：《毛泽东文艺论集》，中央文献出版社2002年版，第142页。

④ 刘镇、柴茂智、徐天增编著：《风筝与国际风筝会》，山东人民出版社1989年版，第99—100页。

先是成立了潍坊工艺美术研究室，对潍坊民间手工艺展开挖掘与保护工作，随后又创建了潍坊工艺美术学校，聘请工艺美术研究室的优秀艺人担任教师，培养潍坊风筝的后继人才。

潍坊国际风筝会的举办在潍坊风筝文化的发展历史上具有里程碑式的意义，同时也改写了潍坊这座城市的历史。1983 年，上海市旅游局邀请美国西雅图风筝协会主席大卫·切克列一行 11 人到上海旅游观光，当时，潍坊风筝也来到上海参加中外风筝表演。潍坊风筝精致的造型、精湛的扎制技艺以及独特的艺术风格引起了国外代表团的强烈好奇心，并提出在潍坊举办国际放飞表演的建议。山东省旅游局和潍坊市政府高度重视，在多方研讨后决定成立潍坊国际风筝会。于是 1984 年 4 月 1 日举办了第一届潍坊国际风筝会，此后，潍坊每年都举办国际风筝会。国际风筝联合会还做出决定，将国际风筝联合会总部设在潍坊。

“银线连四海，风筝传友谊。”截至 2021 年，潍坊已经成功举办了 38 届国际风筝会。风筝会成为联结世界各国友谊的纽带，每年来自美国、日本、荷兰、英国、意大利、泰国等多个国家和地区的风筝爱好者及专业团体齐聚潍坊。2019 年第三十七届国际风筝会共有 45 个国家和地区的风筝爱好者参与，国内外游客多达 20 万人，来访的媒体多达几百家，这大大提高了潍坊这座城市的知名度，潍坊风筝也登上了世界舞台。

潍坊市政府积极借助风筝这一具有地方特色的传统民间文化，实现扩大旅游、发展地方经济的目标。依托国际风筝会，潍坊的风筝企业由最初的 20 家，年销售额二十余万元发展到今天的全市风筝企业三百多家，从业人员 2.2 万人，年销售额超过 20 亿元，占国内市场份额的 80% 以上，占国际市场份额 65% 以上。借助风筝会平台，潍坊同世界 110 多个国家建立经贸合作关系，在多个领域建立合作项目，在充分释放潍坊传统文化的经济价值的同时，极大助推了潍坊的社会、经济的现代化建设。[①]

---

① 赵承磊：《民俗体育与城市融合发展的个案考察与启示——以潍坊风筝为例》，《武汉体育学院学报》2016 年第 8 期。

（三）潍坊风筝的话语转变：从“体育救国”到“人民文艺”再到“非遗”

通过上文的论述我们可以得知，潍坊风筝在唐宋之后基本上已经是老百姓生活中常见的物件了，风筝虽然被赋予了消灾祈福、娱乐竞技等功能，但在本质上还是归属于民间文化范畴，并没有进入传统社会的国家层面和知识分子的重视范围内，也就是说在当时风筝没有进入社会的主流话语体系中。其实在整个传统社会中，潍坊风筝的发展基本可以用自生自灭来形容，除了受到本地经济和文化因素的制约外，几乎没有人为因素对其进行干预。①

这种情况在民国时期发生了改变。民国时期，爱国人士提倡“体育救国”，呼吁“强国必先强种”，全国上下掀起了大大小小的体育赛事活动。同时，社会还号召保存传统文化，而潍坊风筝在这两种风潮下具有鲜明的标识性，作为一种传统体育项目，潍坊风筝开始走入国家视野和知识精英的视野，自此，精英人士提倡进行风筝运动，发行了《风筝谱》等理论书籍，并在全国多地举办风筝竞赛活动，在其他综合性的运动会中也加入了风筝项目。当时的国民政府甚至还规定清明节必须举行风筝运动，民间也出现了“风筝救国”的口号。②

1948 年，在经历了“潍县战役”后，我军在华东战场第一次城市攻坚战胜利结束，潍县获得了解放，并成立了潍坊特别市。自此，潍坊的历史开启了新的篇章。受 1942 年毛泽东《在延安文艺座谈会上的讲话》影响，全国上下对民间艺术进行了抢救、整理和改造，潍坊风筝就包含在其中，潍坊组织风筝艺人和从业者成立相关组织，同时对风筝的主题、形式进行了改造。新中国成立以后，潍坊风筝依旧没有淡出国家的视野，只是不再以“体育救国”的标签出现，而是回归了它的民间工艺本位。1956 年，潍坊市政府成立了潍坊工艺美术研究室，对潍坊民间工艺美术项目进

---

① 张基振：《文化视野中民间体育的保护、传承与发展》，博士学位论文，上海体育学院 2008 年。

② 张岳、安丽哲：《潍坊风筝研究》，西南师范大学出版社 2019 年版，第 22—25 页。

行抢救和改造工作，杨同科、孙永春等著名风筝艺人都加入进来，钻研风筝的制作，并培养下一代风筝传承人。此时，潍坊风筝的角色转变为“人民文艺”。

21 世纪初，国内引进了“非物质文化遗产”的理念，开始着手非物质文化遗产的保护工作，并积极参与国际上非物质文化遗产的保护与讨论的会议与实践活动，2004 年，我国正式加入《保护非物质文化遗产公约》，成为世界上第六个加入该公约的国家。此后，国家对于非物质文化遗产的保护工作大力展开，制定了一系列的保护政策和管理规定，在全国范围内进行非物质文化遗产名录的统计，非遗的概念也逐渐被社会大众所接受。潍坊风筝于 2006 年被列入第一批国家级非物质文化遗产保护名录，成为国家非遗保护体系中的一部分。潍坊市对风筝等非遗展开了积极的保护工作。

在社会历史的潮流中，潍坊风筝实现了一次次的话语转换，从最初不被重视的乡野玩物、民间杂耍，到如今着力保护的国家级非物质文化遗产、人民群众手工艺，潍坊风筝正迎来它新的春天。

二、潍坊风筝文化的传统传播形式

潍坊孕育了风筝，风筝文化又涵养着潍坊的风土人情，风筝产业助力这座城市迈向现代化高速发展之路，因而风筝文化的传播对潍坊这座城市的发展至关重要。在风筝诞生初期，其传承活动主要集中于家庭和师徒之间，通过代际传授和师父教授徒弟的方式，风筝技艺得以传承；后来随着手工业作坊的不断壮大和社会对风筝的需求日益增加，人们对风筝文化的认可不断加深，越来越多的人开始学习制作风筝和放飞技巧；学做风筝的人形成一定规模后，开始自发地成立专门的组织和团体；风筝产业初具规模之后，政府部门、媒体也开始重视对风筝文化的宣传和建设。

本部分主要对潍坊风筝文化的传统传承传播形式进行梳理，总结其传播特点和传播规律，发挥传统传播形式的特点，从而和新媒体进行更好地结合，以达到当代风筝文化传播的最优效果。

（一）技艺传授：以手艺人为载体的口授心传

“自古传法，气如悬丝”，以人为载体的口授心传是民俗文化特有的传承途径，它常常和血缘、地缘有着密不可分的关系。潍坊风筝技艺自隋唐以来开始在民间发展，主要有两种传承方式。

一是家族传承制。过去人们常常把手工技艺当作谋生的看家本领，杨家埠风筝艺人杨其信就介绍过民间把扎风筝称作“吃饭门”，意思就是靠风筝吃饭，因此艺人不会将手艺轻易教与外人，而家族传承则成了理所当然的传承方式。另外，受宗法制的影响，过去中国人的家族观念十分重，形成了父业子承的传习制度，而在没有直系男子作为继承人的家族中，长者往往会收一个外姓男娃改为本家姓然后进行传授。因此，千年以来潍坊风筝逐渐形成了十大世家，分别是牟家风筝、杨家风筝、胡家风筝、杨家埠风筝、唐家风筝、陈家风筝、郭家风筝、张家风筝、韩家风筝、孙家风筝。风筝艺人的子孙自幼在先辈的耳濡目染之下接触风筝制作技艺，代代相传、绵延不息（见表 3–1）。

郭洪利（潍坊风筝省级传承人）：“我们是风筝世家，我祖辈都是做风筝的，我父亲和我姐姐都做风筝，因为我们是在农村嘛，我的父辈们平常下地务农，在农闲的时候就做风筝到集市上去卖，也是作为一种副业补贴家用。”①

表 3–1 潍坊风筝十大世家概况②

名称	代表人物	年代	代表作品
陈家风筝	陈善庭	清同治年间	“雷震子”“仙鹤童子”
唐家风筝	唐洪飞 唐洪亮	明初清末	“唐家板子硬翅风筝” “双燕”
张家风筝	张衍禄	1899—1988 年	不详

① 本内容来源于郭洪利采访录音，2022 年 3 月 18 日。

② 潍坊风筝十大世家概况表格由笔者根据网络资料自制。

续表

名称	代表人物	年代	代表作品
牟家风筝	牟丹	1854—1914 年	“牡丹仙子”
郭家风筝	郭乃	20 世纪 20 年代—40 年代	马风筝
胡家风筝	胡敬珠	1893—1964 年	龙头蜈蚣风筝
杨家埠风筝	杨同科	1902 年至今	龙头大蜈蚣风筝
杨家风筝	杨万善	1911—1979 年	不详
韩家风筝	韩连溪	不详	“苏武牧羊” “钟馗捉鬼”等
孙家风筝	孙永春	1924 年至今	蝴蝶风筝

二是师徒传承制。师徒教习和家族传承一样，具有言传身教、耳濡目染的作用，可以让学习者亲身观察和实践，体会传统手工艺的精髓。20 世纪八九十年代，潍坊一批风筝艺人开展大规模教学，通过师父传授徒弟的方式，吸引了一大批对风筝制作感兴趣的人参与学习，如今很多传承人就是在那时开始学习风筝制作的。我们在采访潍坊风筝市级传承人韩臻和孟秀娟时，得知两人均是在杨家埠民间艺术大观园跟随师父学习的。

> 韩臻：“我从十八岁起就去大观园学习制作风筝了，那个时候有很多老艺人来教我们，像韩福龄、杨同科每周都来给我们上课，那会儿在大观园天天扎风筝觉得可有趣了，经常去参加展会，也有很多外国人来参观，我们都觉得很好。现在的年轻人觉得做传统风筝特别累，怕把手累变形了，都不愿意来学。但是我的观念是不管外面的人愿不愿意学这门手艺，我自己的孩子一定要学会，不能让它失传了。”①

在采访的过程中笔者了解到，杨家埠地区拜师学艺并不像武术、戏曲那样有着诸多讲究，对杨家埠的传承人来说，只要有年轻人喜欢风筝，想要了解风筝，那他们就愿意免费教授自己的技艺。风筝的传承状况不容乐

① 本内容来源于韩臻采访录音，2021 年 12 月 3 日。

观，因此吸引年轻人的注意，培育新鲜的传承血脉不需要讲究太多，只要能把传统文化发扬下去就是最好的回报。

如今，师徒制依然是潍坊风筝传承的重要方式，为了鼓励更多年轻人学习风筝制作技艺，杨家埠风筝代表性传承人孟秀娟和其丈夫多年开办半公益性质的研习班，主要教授杨家埠地区的孩子学习制作风筝，对外地来拜访求学的风筝爱好者，他们也一概欢迎。如今，从他们的研习班结课的孩子已经几百名了。郭洪利等传承人也有着丰富的传习经验。

郭洪利："山东省文化馆开办了非遗大课堂，省文旅厅也经常组织学校里不同年龄阶段的孩子去学习像风筝、年画等传统手艺，还有我们也去社区、当地学校去做一些非遗传承课堂。还会去海外的文化中心、孔子学院、学校讲课，像我已经去了三十多个国家去传播咱们传统非遗文化。风筝也是有两千多年的历史了，它融书诗画为一体，美术也非常考究，是非常能代表中华文化的，现在咱们国家也在大力建设软文化实力，而风筝文化作为其中的代表之一，将它传承和传播下去是十分有价值和意义的。"①

传统手工艺具有其独特艺术性和相关技法，言传身教的学习模式是最主要、最直接的传承途径，学子在学习风筝扎制技艺的同时，也能更加深刻地领悟风筝艺术魅力和文化内涵。文化和旅游部民族民间文艺发展中心主任兰静曾说过，非遗的口传心授是无法取代的，非遗是有温度、有感情、有力量的，数字化削弱不了非遗的魅力，只能是为非遗增添光彩。②

（二）艺术展示：艺术作品的静态传播形式

展示传播是指在特定的时间和场所，对信息（及其载体）进行在场而

---

① 本内容来源于郭洪利采访录音，2022 年 3 月 18 日。

② 《我校与腾讯微信联合主办非遗数字化传播论坛》，中国传媒大学，http://www.cuc.edu.cn/2020/1111/c1382a175538/page.htm。

公开的展演或陈列，以供人们观览、欣赏的信息交流与传递活动。[①]展示传播的内容随着时代发展也不断丰富，从商品展销、项目洽谈到文学艺术领域的展览无不涉及。展示传播最主要的特征就是“现场感”，通过创设情景，将展品放置于特定的空间中，观众可以面对面进行全方位的观察，形成“在场”的身体体验，高效地传递信息。

非物质文化遗产形式多样，内容丰富多彩，通过展览的形式进行传播是再适合不过的途径，观众可以获得真实立体的信息以及眼见为实的震撼。国内外非物质文化遗产展示空间主要有两种形式，一是博物馆，二是文化中心。[②]潍坊市政府大力拓展风筝文化的展示空间，成立了博物馆、艺术大观园、文化广场等形式多样的文化空间。

潍坊世界风筝博物馆于 1989 年 4 月 1 日正式建成并对外开放，是全国首座风筝艺术类专业博物馆。博物馆作为历史文化的宝库，在文化传播方面有着得天独厚的优势。关于博物馆较为统一的共识是：博物馆是一个不追求营利的、为文化延续和社会发展服务的、向公众开放的永久性机构，以研究、教育和欣赏为目的，对人类和人类环境的见证物进行搜集、保存、研究、传播和展览。[③]博物馆传播可以借助实体空间的布置，来定义公众所关注的内容，从而影响公众对博物馆藏品的重要性判断。

潍坊世界风筝博物馆由当时的潍坊市设计院设计，其灵感来源于龙头蜈蚣风筝，屋脊为一条三十多米长的陶瓷巨龙，屋顶为双面弧造型，覆盖孔雀蓝琉璃瓦，形似蛟龙，坐落于白浪河东岸守护这一方水土。馆内有大小展厅六个，陈列了大量古今中外的风筝艺术品，并通过大量照片、影像资料等生动形象地介绍了风筝的历史、发展沿革、派系、制作技艺以及国内外风筝展会等信息。馆内风筝展品琳琅满目，既有潍坊最具代表性的传

---

① 姜申、鲁晓波：《展示传播在文化遗产数字化中的交互性及其应用——以敦煌文化的当代传播为例》，《现代传播》（中国传媒大学学报）2013 年第 8 期。

② 杨红：《非物质文化遗产展示与传播前沿》，清华大学出版社 2017 年版，第 301 页。

③ 李文昌：《博物馆的传播学解读——传播学读书笔记》，《中国博物馆》2008 年第 3 期。

统风筝，也有来自日本、韩国、印度尼西亚以及欧洲各个国家的风筝。展览以一千余只板式、硬翅、软翅、串式、筒式五大类风筝精品与众多文史资料为主，全方位展示了风筝的前世今生，构建了一座传播与弘扬风筝艺术、民族文化的交流中心。

在风筝博物馆的北侧，是占地五万多平方米的世界风筝都纪念广场，于2006年4月15日正式对外开放，以风筝为主题的大型雕塑位于广场中央，顶端国际风筝联合会会徽似蝴蝶随风而动，活灵活现，广场自建成以来逐渐成为市民休闲娱乐、强身健体、举办大型活动的首选去处，以风筝文化为主题的博物馆与广场，成为潍坊的标志性窗口。每年风筝盛会期间，在广场上放飞风筝的人络绎不绝，其中不乏有着多年放飞经验的“民间高手”，还有外地慕名而来的游客。彼时，风筝广场已然成为一座展示风筝的露天博物馆，成百上千只风筝盘旋于上空，随着四月的春风放飞人们的寄托。

（三）专业协作：民间艺术团体的展示交流

非物质文化遗产的广泛传播离不开相关专业团体组织背后的努力，在我国，比较著名的全国性工艺团体组织有中国工艺美术协会、中国民族民间工艺美术家协会、中国民间文艺家协会等，各地也设有地方性工艺团体组织。这些团体组织广泛团结民间力量，在保护非物质文化遗产工作中进行积极有益的探索，策划、组织了大量民间艺术活动，成为非物质文化遗产保护的生力军。[①]

潍坊市目前成立了潍坊工艺美术协会、潍坊风筝艺术研究交流协会、潍坊非物质文化遗产保护中心等机构团体。改革开放以来，潍坊市政府积极推动风筝文化的国内外传播，多方面加强国内外的交流与沟通。多次组织优秀的风筝艺人组成代表团参加展会活动。据风筝传承人韩臻女士回忆，

① 吕行佳、宋世桢：《民间手工艺文化传播考察——兼论新媒体环境下民间手工艺的产业化实践》，《文化艺术研究》2017年第2期。

这些年他们曾到美国、澳大利亚、加拿大、日本、韩国等地参加风筝文化交流活动，潍坊风筝在这些活动中每每大放异彩，深受外国团队好评。

2018 年，潍坊风筝走进新西兰的中学课堂，国家级非物质文化遗产传承人郭洪利作为“非遗进校园——山东潍坊风筝扎制及展演活动”的受邀老师来到维多利亚大学孔子学院旗下塞缪尔·马斯顿学校孔子课堂，为六、七年级的学生讲述中国传统风筝文化，使风筝文化传向全球。在郭洪利的回忆中，2003 年是一个难忘的年份。那年他受邀前往丹麦参加亚洲形象艺术节，这是他首次出国进行风筝文化的宣传。在丹麦的两个月里，他走访了丹麦的很多城市，深入社区和村落，与当地人进行了深入的文化交流。

> 郭洪利：“这些年我去了很多个国家，其中我 2003 年去丹麦的那次经历让我印象很深刻，当时去了丹麦的好多个城市，去他们的政府机关、社区、学校等去做活动，他们对我们的传统风筝非常感兴趣。我记得当时去了一个小学，他们的小学生对我们的风筝爱不释手，所有的老师、孩子都想把我们的传统风筝留下。当时他们的校长叫皮特，就跟孩子们说我们可以凑钱把风筝买下来。其实我们是不想卖的，因为我们是为了文化交流而进行的展示放飞，但是小孩子抓着我们不让我们走，特别渴望那个风筝，就一直跟皮特求情。他们的校长皮特也一直跟我们说情，所以我们就以成本价卖给他们了。虽然这个事不大，但是处在那个情形当中，看到外国的小朋友对咱们的风筝这么热爱，我是非常感动的。”[①]

在国内比较大型的活动有中国非物质文化遗产博览会、国际非物质文化遗产节、中国国际进口博览会等。在 2012 年中国首届非物质文化遗产博览会上，潍坊风筝选择以“龙头蜈蚣”为代表参展，并获得了金奖。2010 年上海进口博览会中，潍坊风筝大放异彩，郭洪利等人在风筝设计中加入了上海世博会的元素和其他中国文化元素，风筝的纹理、颜色、图案都十分

---

① 本内容来源于郭洪利采访录音，2022 年 3 月 18 日。

考究，手艺人们设计的三款风筝（一款硬翅风筝和两款沙燕风筝）都入选了上海世博会的衍生品，进入了中国馆，这也是山东省唯一一个入选的项目。

郭洪利："世博会是一个难得的舞台，能在这里把潍坊风筝介绍给国内外的朋友，我感到非常高兴，通过这样的展示和互动活动对于将潍坊风筝进一步发扬光大会起到积极的作用。……类似的展示还有2008年的奥运会，奥运会我是代表全山东，把潍坊所有款式的风筝，包括硬翅、软翅、立体风筝都融入进去了，也就是说山东是以风筝的元素体现了中国的传统文化，这是很值得骄傲的。"①

通过大大小小的展会活动，中国的非遗文化得以面向全世界传播，而对于非遗手艺人来说，他们在这些活动中不仅能展示自己高超的手艺，还能够和来自全国各地的大师进行交流学习，取长补短。

此外，我国对非物质文化遗产传承人的培养也十分重视，《国家"十三五"时期文化发展改革规划纲要》提出开展中国非物质文化遗产传承人研修研习培训计划，旨在将高校学术和教学资源与民间资源相互结合，组织非遗项目持有者、从业者等传承人群强基础、拓眼界、增学养，提升非遗保护传承水平。②2016年，中国非物质文化遗产传承人培训班在济南开设课程，省内多位非遗传承人被邀请参加，潍坊风筝传承人也在其中。2021年5月10日，由文化和旅游部非物质文化遗产司主办的"2021年非遗传播高级研修班"在青岛开班，潍坊海鹏风筝作为代表参与亮相和学习，来自中国社会科学院、中国传媒大学等科研机构和高校的老师围绕我国非遗传播研究、传统工艺历史等专题进行讲解，通过研修学习提高传承人的文化修养，增强非遗保护理念，了解最新政策，助力非遗的保护与发展。

① 本内容来源于郭洪利采访录音，2022年3月18日。
② 中国非物质文化遗产网，http://www.ihchina.cn/train.html。

孟秀娟：“省里和市里都组织过研修班，邀请我们这些传承人去参加，最开始是2016年去济南山东艺术学院学习过一段时间，2019年潍坊市也举办过针对非遗校园教育传承的师资培训班，我觉得这种研修班对传承人来说还是受益匪浅的，请那些高校的教授来给我们上课，讲授专业的知识和理念，也让我们对风筝文化有了更深层次的理解，我们也觉得自己从事的这份事业很有价值，很自豪。”①

（四）亲身体验：动态活动中沉浸式感受非遗文化

手工艺类非物质文化遗产趣味性高、可操作性强，非常适合通过开展线下活动进行体验学习，通过搭建主题活动场景，可以构造出浓厚的文化氛围，使参与者沉浸式地进行尝试体验，深入了解非遗文化内涵，体验实践的乐趣，达到更好的传播效果。从2018年起，为了做好潍水文化生态保护实验区相关工作，潍坊市文化和旅游局、潍城区人民政府、潍坊市投资集团等在潍坊十笏园商业文化街区共同创办十笏园非遗空间，集保护、传播、交流、展示、传承、研学、培训于一体。非遗空间创设了陶艺坊、风筝坊、花灯坊、年画坊、染织坊、绣艺坊等众多体验空间，定期举办大大小小的体验活动，与社会民众积极互动，吸引了众多体验者。此外，潍坊市政府非常重视非物质文化遗产在本地的传承与传播，将非遗文化融入学校教育。

2017年9月，潍坊市文化和旅游局、潍坊市教育局在全市启动实施校园非遗传承教育“薪火工程”，并制定了《潍坊市非物质文化遗产校园教育传承——“薪火工程”实施方案》，在一千余所中小学开设了传统技艺、传统美术教学，每年有五万多名中小学生参与非遗学习，风筝作为潍坊市的重要民间技艺是“非遗进校园”的必学课程之一，传承人走进中小学班级，向学生讲述风筝历史文化，展示风筝扎制技艺，并带领他们亲自体验风筝的绘画与制作过程，让他们在亲身实践中领悟风筝非遗之美。韩臻老师在采访中表示，她认为非遗进校园的举办效果是非常好的，很多学校的领导都向她反馈孩子们非常喜

---

① 本内容来源于孟秀娟采访录音，2021年12月4日。

欢非遗课堂，并且在课余生活中也会有孩子继续学习风筝绘画与扎制。

除了普通学校外，潍坊市还制定了《非物质文化遗产校园职业教育方案》，以非商业方式与潍坊市聋哑学校签订协议，搭建非遗职业教育实践基地、联盟，提升听障学生的艺术素养，引导他们融入社会文化生活中，帮助他们向高端型、技能型艺人转变，目前，潍坊市聋哑学校从事非遗手工艺行业的人数占比为30%。2018年，潍坊市聋哑学校"非遗手工艺项目聋校职业教育实践案例"，被评选为当年全国"非遗进校园"十大经典案例。目前，潍坊市的"非遗进校园"活动已经实现了从小学到高校的全面贯通，将非遗课程送进校园，不仅丰富了学生的校园生活，让他们接受传统文化教育，感受中国民间文化艺术的非凡魅力，还有助于将中国非物质文化遗产的传承从娃娃抓起，培养学生对非物质文化遗产的保护、传承意识，实现非遗保护与育人的有机衔接，为非遗的后续传承以及高技能人才培养提供有力支撑。

（五）广泛传播：大众媒体的超时空文化传播

传播学奠基人之一拉斯韦尔在1948年发表的《传播在社会中的结构与功能》一文中提出了传播的三大功能，分别为环境监测功能、社会协调功能和社会遗产继承功能。他认为继承和创新是人类社会发展的基础，后人要在借鉴前人的经验、知识的基础之上进行下一步的发展创造，传播则是保证社会遗产世代相传的重要机制。[①] 大众传媒具有覆盖面广、传播速度快、资源利用率高的特点，可以跨越时空进行广泛传播。大众传媒的特征和社会功能也决定了媒体在进行非物质文化遗产保护和传承中必然要承担重要使命。传统的大众传播媒介主要包括报纸、杂志、广播、电视，而非物质文化遗产的传播主要依托报纸和电视。

报纸是主要依托文字进行传播的媒体，在非物质文化遗产传播中发挥着重要的信息承载作用，随着媒介技术的发展，纸质报刊也转换为线上电

① 陈明悦：《大众传媒在非物质文化遗产传承中的功能和影响》，《四川戏剧》2015年第1期。

子报刊，时效性和信息承载量相较以前都有了不可比拟的提升。在潍坊风筝文化的传播中，山东省的大型媒体《齐鲁晚报》《潍坊日报》《潍坊晚报》都曾发挥了举足轻重的作用，多年来分别从风筝文化解读、风筝保护宣传到风筝产业推广等多方面进行立体报道。

2004 年第 21 届潍坊国际风筝会开拓创新举办了“世界风筝小姐”选拔大赛，该赛事首次将风筝和时尚结合在一起，效果轰动一时。《潍坊日报》紧跟时事开辟了“世界风筝小姐大赛”专题，从初赛到复赛全程报道，并且派优秀记者到全国二十多个分赛区进行追踪报道。比赛期间热点不断，多篇报道成为全国热点，中央电视台和凤凰卫视对“世界风筝小姐”进行了全程直播与录播。决赛阶段，山东电视台进行了直播，超过三百家媒体进行了转载和宣传报道。这次比赛潍坊本地的媒体表现十分突出，再加之全国各大媒体助力，使得潍坊风筝文化传到世界上的每一个角落。[①]

除了本省媒体以外，风筝相关的重大节庆活动也会吸引国内外多家大型媒体争相报道，每年潍坊国际风筝会前后，是媒体报道潍坊风筝的高峰时期。比如，第 38 届潍坊国际风筝会期间，《人民日报》、新华社、澎湃新闻、《中国青年报》等几十家大型媒体都发布了新闻报道；《澳门日报》曾在第 3 届风筝会期间连续 6 天用半个版面介绍潍坊风筝；《中国文化报》《科技日报》《经济消息报》曾在第 15 届风筝会期间刊载“潍坊专版”17 个。2002 年中国共产党第十六次全国代表大会期间，全国都在关注两会，潍坊国际风筝会办公室抓住这一重要时机，在潍坊白浪河公园组织了一场大型的风筝飞天活动，上百名风筝爱好者放飞了多种多样的以“十六大”为主题的风筝。这次放飞活动被国内多家媒体争相报道，尤其是中央电视台先后在《新闻联播》《午间 30 分》等栏目中滚动播出了十几次，潍坊风筝一度成为焦点，借助国家重大活动事项，风筝文化由此得到了良好传播。

电视新闻及电视节目集文字、声音、影像于一身，往往能产生强大的

---

① 赵方方：《节会对城市形象的建构与传播研究》，硕士学位论文，山东大学 2019 年。

传播效应。第 38 届风筝会期间，中央电视台《新闻联播》《朝闻天下》、中央电视台财经频道《正点财经》、山东卫视《山东新闻联播》、山东卫视生活频道《生活帮》都对风筝会的盛况进行了报道。潍坊举办国际风筝会期间，也多次邀请著名电视栏目进行合作宣传风筝文化，先后有中央二频道的《正大综艺》、中央三频道的《同一首歌》、中央四频道的《走遍中国》等。其中《同一首歌》节目反响最为突出，第 22 届风筝会期间风筝会办公室与《同一首歌》栏目组共同策划举办了一场大型音乐会，整场演出以风筝文化为主题，汇聚国内外当红演艺人士，取得了强大的传播效果。

真实的影像记录对于非物质文化遗产的保护与传承具有重要意义，与文字的抽象性不同，影像可以为观众带来全方位的视听觉体验，以鲜艳的色彩和生动的镜头语言调动观众感官，吸引观众兴趣，使观众如临其境。

纪录片是非遗影像传播的首选形式，纪录片在对原素材进行艺术加工的同时又能还原其真实性，蕴含人文色彩和文化内涵。央视大型航拍纪录片《航拍中国》第三季《一同飞越》用开阔的视角向我们展示了潍坊国际风筝会的热闹场面，央视纪录片《锦绣记》讲述了柳疃丝和潍坊风筝的故事。潍坊市宣传部、潍坊市委网信办、潍坊市文化和旅游局联合大众网推出的非物质文化遗产系列纪录片《寻找非遗传承人》深入挖掘潍坊风筝制作技艺，用视频的形式寻访风筝传承人，讲述关于风筝的故事。

电视节目形式多样，生动灵活，也是传播非遗文化的重要途径。央视推出的文化类电视栏目《文化大百科》详细讲述了潍坊风筝的产生与发展，同样是央视推出的体验式文化教育节目《跟着书本去旅行》邀请国家级风筝传承人王永训带大家了解风筝文化、走访文化古迹、体验风筝之美。山东省创新文化节目《非遗说》邀请优秀的风筝传承人，引领观众探索风筝的深层文化底蕴，唤醒观众的情感共鸣和文化认同。

这些电视内容从不同角度对潍坊风筝文化进行展示传播，向大众展示了一个历史悠久、形式多样、与时俱进的潍坊风筝形象，电视作为传统媒体，集文字、声音、画面于一体，为观众提供了一种跨越时间空间、沉浸式的感官体验，极大地增强了传播效果。

三、潍坊风筝文化传播的现状

潍坊市在新中国成立初期就注重风筝文化的开发与建设，将风筝文化与城市文化相结合，逐渐发展成为潍坊对外宣传的“名片”。20 世纪 90 年代至 21 世纪初，潍坊风筝文化的传播盛况空前，央视、新华社等多家媒体都在风筝节期间进行全程直播，发布专题报道，潍坊的城市形象烙印在人们心中，而如今风筝文化的传播一直在走下坡路，传播情况不容乐观，这其中的原因纷繁复杂，笔者将从以下几个方面展开分析。

（一）传统传承路径式微，非遗传承陷入困境

人是非物质文化遗产的创造者、传承者、享用者，又是非物质文化遗产的媒介和载体，是非物质文化遗产的组成部分。[①] 非物质文化遗产的传播是以人为本的，国家在开展非遗保护工作时也是以传承人为核心，传统手工艺具有言传身教、口授心传的特点，对人的依附性不言而喻，手工技艺的延续之根本就是手艺人。一位传承人的辞世往往意味着一座活态博物馆的消失。然而，根据新华网报道，中国第五批代表性非遗传承人的平均年龄为 63 岁，其中 40 岁以下的传承人占比不到 1%。并且随着时间的流逝，非遗传承人的离世比重不断增大，很有可能带来人走艺亡的局面。

同中国大多数传统手工技艺一样，潍坊风筝也面临着传承人断层的严峻问题。虽然潍坊市政府已经采取了系列政策来支持培养传承人，但效果并不显著。笔者在走访过程中对潍坊市的传承人进行统计，潍坊风筝代表性传承人目前仅有 20 位，其中国家级传承人 2 位，省级传承人 2 位，市级传承人 2 位，区级传承人 14 位，且大多数为 50 岁以上的中老年人，老龄化现象严重，青黄不接，传承人年龄断层十分明显（见表 3-2）。

潍坊非遗保护协会的工作人员说道，国家各级传承人的人数都是有一

---

① 何华湘：《非物质文化遗产的传播研究》，博士学位论文，华东师范大学 2010 年。

定限制的，并不是所有会扎制风筝的人都能被评选为风筝传承人，只有符合评选标准的才能成为代表性传承人。如此，也能理解严格意义上的传承人数量较少的缘由，也因此，传承人培养刻不容缓。但是，笔者在走访的时候了解到，潍坊地区的风筝手艺人大多是将风筝作为一门营收的副业，而如今风筝的工厂化已经十分成熟，传承人可以利用自身身份进行经销合作，而其他零散的手工艺个人则不具备这样的销售优势，再加之手工艺人年龄增长，年轻人又不愿以此为业，目前从事风筝扎制的一般手艺人已经所剩无几了。

表 3–2　潍坊风筝各级代表性传承人 ①

级别	序号	姓名	性别	出生年份（年）	入选年份（年）
国家级代表性传承人	1	韩福龄	男	1934	2009
	2	张效东	男	1949	2018
省级代表性传承人	1	杨红卫	女	1966	2009
	2	郭洪利	男	1972	2018
市级代表性传承人	1	王永训	男	1972	2012
	2	张秋香	女	1978	2015
区级代表性传承人	1	杨其民	男	1942（已故）	2009
	2	李桂华	女	1961	2009
	3	褚光明	男	1961	2012
	4	张勇	女	1979	2012
	5	杨明霞	女	1979	2012
	6	徐洋	女	1987	2012
	7	张效敏	男	1955	2013
	8	韩臻	女	1972	2013
	9	孟秀娟	女	1976	2013
	10	王霞	女	1970	2015
	11	张志强	男	1969	2015
	12	王晓玲	女	1980	2015
	13	潘文涛	男	1975	2015
	14	崔福青	女	1974	2017

① 表格由笔者根据文献资料及潍坊风筝办公室资料制作。

造成这种局面也与以下原因有关。一是随着中国城镇化步伐加快，人口流动量攀升。2021 年，中国常住人口城镇化率已经达到 64.72%，越来越多的年轻人走出家乡，去往外地寻求工作机会，留在村子里的大都是老人和儿童。笔者在走访杨家埠村时采访老年人得知，当地大多数年轻人都去往城区定居，留在当地村里的也很少有愿意学习扎制风筝的，因为扎制风筝的学习过程比较漫长，且带来的经济效益不如其他行业明显。二是中国自古以来受“万般皆下品，唯有读书高”等理念的影响，认为读书才是正统之道，而传统手艺人往往给人文化水平不高的印象，社会认同度低。一位传承人在谈及子女时说，他唯一的期望就是儿子能够顺利完成学业，并没有考虑过让子女传承自己的事业。可见在大多数人眼里，高学历人才不应该从事这种手艺活，这种偏见影响着风筝的未来发展，风筝技艺难以吸收高素质人才进行传承和创新，缺乏新鲜血液的注入。

（二）流水线生产求量不求质，传统风筝文化气息淡薄

传统风筝讲求扎、糊、绘、画四个主要步骤，制作步骤繁杂，周期较长。随着市场经济的发展，风筝的市场需求量不断提升，而手工扎制风筝费时费力，老手艺人一天也只能扎制十几个风筝，无法供应市场需求，因此风筝必然走向机械化流水线生产道路，但这种生产方式也带来了相应的问题。

首先是机械化生产的高产量、低价格挤压了手工风筝艺人的生存空间，扎制传统风筝的老人不断减少，而且相对于现代风筝而言，传统风筝扎制过程复杂，占地大，不易保存，市场需求量也不断降低。其次，现在从事风筝生产的工作人员大多数未经过系统的风筝技艺学习，缺少对传统风筝制作技术的全面掌握和背后的情感价值的准确感知，对风筝艺术的审美水平不足，在进行风筝设计时缺少原创能力，创作者往往将各种流行元素加入风筝作品中去，过度迎合市场，却损坏了风筝的艺术气息。[①] 随着市场

① 赵洪涛：《潍坊风筝产业发展的现状、问题与对策》，《河南机电高等专科学校学报》2017 年第 3 期。

不断扩大，现代风筝占据市场，但是各个风筝厂家之间相互模仿甚至抄袭，导致风筝同质化严重，不仅降低了风筝的文化品位，也不利于风筝的良性发展。

如今纸质风筝已然退出潍坊风筝市场，风筝制作的原材料以化纤、塑料、尼龙等人工材料为主，绘制颜料也由原来的矿物色、植物色替换为化学颜料，材质变化使得风筝的原生感丧失，民间艺术品的天然美感大打折扣。在潍坊市风筝产业第一村——王家村，全村约 4000 人中有一半以上从事风筝生产，风筝年产值达到 2.6 亿元，但是在高产量的背后，却存在着低质量的发展问题。笔者在走访时，当地村民如此回应：

> 现在风筝利润不行了，不好挣钱，和以前比差远了，一个风筝的利润就几毛钱，再扣去人工、机器七七八八的费用，剩不了多少利润，所以只能靠走量了。

王家村风筝主打“薄利多销”的路径，通过压缩制作成本来降低风筝价格，生产的风筝多为低端产品。但长此以往，这种模式不但无法保证产品质量，还会带来市场的恶性竞争。

（三）重经济轻文化的思想观念

在当今的市场经济时代，一些地方政府对非物质文化遗产缺乏全面、长远的规划，主要表现为政府将文化建设作为经济建设的附属品，部分工作人员还没有改变民间工艺文化是经济的辅助因素这种失之偏颇的认知。从潍坊国际风筝会的办会宗旨“风筝牵线、文体搭台、经贸唱戏”就能得知，潍坊市政府更加看重的是风筝所带来的经济效益。

潍坊风筝办公室主任兼新闻发言人在接受采访时对风筝将如何走得更远做出两点解释：“第一点是把招商引资作为各级部门的重中之重。顺势而为，善用国际风筝会这一有利机遇和重要平台，把招商引资作为重要突破点。做好招商引资项目的遴选、推介、洽谈。第二点是让国际风筝会充分挖掘潍坊风筝文化的特色内涵，推动潍坊文旅事业的发展。”可见潍坊市对风筝的未来发展规划更多的是以风筝为引子来推动经济的发展，而对于挖掘风筝文化的内涵，推动风筝文化的传播则不够重视。

另外，潍坊国际风筝会中的文体活动在近年来并没有明显变化，主要是邀请知名主持人、演艺人士进行表演，举办风筝展示活动和风筝竞赛等，而“文体搭台”之后，则是一场场大型的发布会、招商会、经贸洽谈会等，比如“鲁台经贸洽谈会”“寿光蔬菜博览会”，风筝在这些“唱戏”的经贸活动中占比非常之少。在风筝会期间，潍坊各个地区举办的经济类小会，使得整个风筝会充满了浓郁的商业气息，而冲淡了文化气息，导致重利轻文的倾向越来越严重。

潍坊市政府将风筝作为名片，在推动地方经济发展方面取得了卓越成效，但是却忽视了风筝文化本身的传承和发展。[①] 潍坊风筝能够成为四大风筝之一的根本原因，就是它独特的艺术风格和考究的扎制技艺，但如今机器化生产几乎占领了市场，忽视了传统手艺和文化内涵，再加上现在潍坊风筝在经济、文化发展方面不平衡，对潍坊风筝文化的品牌建设造成很大困难。事实上，如果没有驰名中外的潍坊风筝“牵头牵线”，为“文体搭台”奠基，招商引资的“经济戏”难以唱起来。保持好潍坊的风筝文化、发展好潍坊风筝工艺，即便不能说是保障潍坊经济良性发展的根本性因素，也是极其重要的因素，轻视潍坊风筝这张地域文化名片的分量，就是舍本逐末。

（四）风筝产业链分散，品牌意识薄弱

非物质文化遗产要与时代相结合，与品牌相结合，与产业相结合，才能释放出新的活力。[②] 从目前的数据看，潍坊市的风筝生产方式 40% 为家

---

① 李腾飞：《潍坊地区风筝运动传承中的政府行为研究》，硕士学位论文，厦门大学 2014 年。

② 中国非物质文化遗产创新产业联盟：《非物质文化遗产发展研讨会　推动非物质文化遗产持续健康发展》，《中国科技产业》2017 年第 5 期。

庭作坊，30% 为工厂，还有一部分是介于两者中间的作坊，未能形成较大规模的产业集群。而且家庭小作坊的机器大都比较陈旧，对风筝产品的投入少，制作工艺参差不齐，无法保障产品质量的稳定性。并且，大部分风筝厂家对产品品牌的认识不足，不注重品牌竞争力，目前潍坊生产风筝的工厂并不在少数，但是成熟良好的风筝品牌却十分稀缺，在产业化步伐不断加快的今天，许多厂家已经认识到未来品牌化竞争是必然趋势，但是他们对于品牌的认知还停留在表面，只追求产品的销量，对于品牌建设缺乏足够的重视。①

潍坊市坊子区的王家庄村是比较大型的风筝生产基地，这个常住居民约 4000 人的村子，直接从事风筝生产的人多达 2200 人，但是由于村民大多文化水平较低，对品牌的认知不足，虽然大多注册了企业品牌，但缺乏品牌管理意识，盲目跟随市场确定产品样式，产品定位混乱，有的厂家甚至为了获得更大的利益，降低产品质量，无法形成产品的良性发展。而且由于我国目前关于产品侵权的法律和意识尚不完善，市场上的产品存在相互抄袭、恶意竞争的现象。目前除潍坊以外，江浙地区也形成了规模较大的风筝产业，王村的风筝厂商在采访时表示，前些年义乌的风筝厂规模无法与潍坊媲美，但义乌人来潍坊学习他们的风筝制作技艺，模仿他们的风筝样式，回去后进行加工生产，再以较低的价格出售，大大挤占了潍坊风筝的市场。因此，建立健全品牌策略规划，加强产权保护，是未来潍坊风筝发展的关键。

---

① 薛秀娟：《浅析中国品牌发展的现状、问题与对策》，《经济研究导刊》2019 年第 31 期。

第二节　新媒体语境中潍坊风筝文化传播的现实条件和传播意义

新媒体语境中，网络环境的变化日新月异，非物质文化遗产能够在高速发展的网络环境中得以广泛传播，除了自身有着丰富的文化内涵外，还得益于当下的政策保护、产业环境以及高新技术的助力等。潍坊风筝作为优秀的非物质文化遗产承载了中国数千年的传统文化，是我国历史文化艺术的结晶，具有重要的文化价值、体育价值和品牌经济价值。

一、新媒体语境中潍坊风筝文化传播的现实条件

（一）政策环境：非遗保护政策振兴传统技艺

大量优秀的非物质文化遗产是在几千年的农耕社会中发展演变而成的，它们随着社会生活的不断变迁进行调整，从而曾在相对慢节奏的社会中获得了生生不息的强大生命力。但随着工业化时代的到来，社会环境发生巨变，机器大生产代替手工生产，再加上伴随全球化进程，外来文化不断侵入，动漫、游戏等占据了大众的娱乐生活，非物质文化遗产面临着被遗忘的风险，仅仅靠非物质文化遗产的传承人、群体、社区来发展非遗文化难以形成强大的影响力，而且缺乏充裕的资金和政策支持，传承人的积极性也并不高，因此国家颁布保护政策并采取相应保障措施才是助力非遗传承与发展的根本力量。

2003 年 10 月，联合国教科文组织通过了《保护非物质文化遗产公约》（以下简称《公约》），对非物质文化遗产保护措施进行了审议，强调了非物质文化遗产传播的重要性。在《公约》的“前提”部分提到：“需要让人们，特别是年轻一代认识到非物质文化遗产及其保护的重要性”，“非物质文化遗产可以增进人与人之间的关系，它的作用是巨大的”。制定《公约》正是为了提高对非遗保护的认识，《公约》还将非物质文化遗产对人类的重

要性定义为密切人际交往和人文交流，所以，保护非物质文化遗产与人际交流、文化交流密切相关。此外，联合国采取了各种保护措施，确保非物质文化遗产的活力。2000 年，联合国教科文组织实施“人类口头和非物质遗产代表作”项目评选，在国际层面收录非物质文化遗产名录和清单，提升非物质文化遗产的保护力度。此外，联合国教科文组织大力推进非物质文化遗产的传承和教育，将非物质文化遗产保护纳入教育计划，举办教师培训班，动员教师到各地组织培训。例如，自 2019 年在泰国举办非物质文化遗产培训班以来，联合国教科文组织亚太中心已为亚太地区举办了 46 期非物质文化遗产能力建设培训班，培训覆盖亚太地区 40 个国家和地区，直接受益达 1493 人次。[①]

我国致力于振兴传统工艺，2017 年多部门联合颁发《中国传统工艺振兴计划》(以下简称《计划》)，强调振兴传统工艺，弘扬中华优秀文化。《计划》注重手工艺非物质文化遗产的传承和传播，强调发动年轻一代从事传统手工艺的积极性，依托相关组织部门，为传统手工艺从业人员提供学习培训机会，增强非遗传承人团队精神，培养非遗手工艺传承人。《计划》颁布后，国家对一些前景良好的传统工艺项目，建立国家传统工艺振兴目录，并与高校、企业、机构合作大力培养传承人，增强传承后劲。[②] 山东省实施“非遗助力脱贫，推动乡村振兴”工程，建立山东省传统工艺振兴目录，针对非遗传承人开展专项培训计划，将贫困地区的传统手工艺产品与现代设计相结合，打造符合当代人民需求，更具市场竞争力的产品。2012 年，党的十八大报告提出建设优秀传统文化传承体系，弘扬中华优秀传统文化。2015 年，十八届五中全会和“十三五”规划提出构建中华优秀传统文化传承体系，“加强非物质文化遗产保护与传承，振兴传统手工艺”。2017 年，国家制定出台了《关于实施中华优秀传统文化传承发展工程的意

① 《亚太中心为泰国举行第二期非遗师资培训班》，http://www.crihap.cn/2019-12/18/content_37533639.htm。

② 中华人民共和国文化和旅游部，https://www.mct.gov.cn/whzx/zcjd/201703/t20170328_801872.htm。

见》和《中国传统工艺振兴计划》，助力推动传统文化的复兴繁荣。

我国各省、自治区、直辖市结合本地区非物质文化遗产拥有和发展的实际情况，也分别制定了非物质文化遗产保护条例。对各省、自治区、直辖市非物质文化遗产和物质文化遗产的传承、展示和传播给予相应的政策支持。例如，2015 年 12 月 1 日，山东省实施了《山东省非物质文化遗产条例》，对全省非物质文化遗产的展示和传播做出了详细规定：

> 县级以上人民政府文化主管部门，可以采取下列措施，支持非物质文化遗产代表性项目的代表性传承人开展传承、传播活动：
>
> （一）提供必要的传承场所；
>
> （二）提供必要的经费资助；
>
> （三）组织开展交流、培训等活动；
>
> （四）支持其参与社会公益性活动；
>
> （五）支持其开展传承、传播活动的其他措施。
>
> 县级以上人民政府应当设立非物质文化遗产展示、传承场所，保存和宣传当地的非物质文化遗产；鼓励和支持公民、法人和其他组织依法设立展示、传承场所，宣传、展示非物质文化遗产代表性项目。[①]

潍坊市还根据国家和山东省有关规定，制定了非遗及传承人的认定和管理（开展试点）等相关政策，如《潍坊市市级非物质文化遗产代表性项目认定与管理办法》《潍坊市市级非物质文化遗产代表性项目代表性传承人认定与管理办法》。2006 年，潍坊风筝制作技艺被列入第一批国家级非物质文化遗产名录，风筝实现了从“民间文艺”到“非遗”的转变，相关政策的制定将潍坊风筝这项民间手艺上升到民族文化的高度，国家与地方政府的政策保护也为潍坊风筝的发展提供了持续、有力的保障。

在制定非遗政策之后，山东省各市也进行了相关落实行动，山东省文

---

① 山东省人民代表大会官网，http://www.sdrd.gov.cn/newlaw/20150925/120819.html。

化和旅游厅开展了五次非物质文化遗产代表性传承人认定工作，截至第五次申报完成，确认山东省各地非遗传承人共 167 人。山东也开全国之先河启动非遗传承人培训计划，设立了全国第一个省级非遗传承人培训学校。目前山东已经有 3 个国家级非遗传承人培训学校，6 个省级非遗传承人培训学校，直接培训人数近 3000 人。山东省还将设立山东非遗传承的文化智库，在高校、研究机构开办非遗研究基地，大力弘扬非遗文化。

潍坊市也进行了非遗传承人的严格认定工作，并召开了一系列非遗评选活动激励传承人传播非遗文化，比如“非遗保护十大亮点工作”评选、“非遗保护十大模范传承人评选”。同时潍坊市政府出资建设了十笏园非遗空间、齐鲁文化（潍坊）生态保护区、杨家埠风筝博物馆等一系列非遗保护和体验基地，并不定期组织传承人开办活动，以助力非遗文化传承与传播。政策的扶持将潍坊风筝文化从民间技艺话语体系上升为国家保护传承话语体系，为潍坊风筝文化的后续传播提供了有力保障。

（二）产业环境：文化产业市场空间广阔

费孝通说过：“这些传下来的东西之所以流传下来就因为它们能满足当前人们的生活需要。”[①] 潍坊风筝文化历经千年岁月依然在今天完好地留存下来，正是因为它依然符合当代人的生活需要——除了娱乐、健身功能之外，风筝还扮演着重要的经济角色。法兰克福学派的阿多诺和霍克海默提出了“文化工业”的理念，这被视作“文化产业”的原始出处。20 世纪后半期，“文化产业”脱离了批判语境，成为高附加值、高利润的新兴产业，在越来越重视国家文化软实力的当下，文化产业的发达程度一度成为衡量国家软实力的重要标准。美国、日本、英国等一些发达资本主义国家，凭借雄厚的资本发展文化产业，向全世界输出本国文化，甚至对发展中国家的本土文化安全构成威胁。[②]

---

① 费孝通：《江村经济》，上海人民出版社 2013 年版，第 298 页。

② 陈少峰：《非物质文化遗产的动漫化传承与传播研究》，博士学位论文，山东大学 2014 年。

我国的文化产业在2000年以后开始崭露头角并迅速发展，相关部门制定了《文化产业振兴规划》《关于实施中华优秀传统文化传承发展工程的意见》《中国传统工艺振兴计划》等一系列政策规定来助力文化产业发展。重视文化产业是国家发展的内在要求，也是社会进步的必然走向。一方面，在当今全球化背景下，文化产业已经成为国家之间与地区之间竞争的重要筹码；另一方面，在新兴产业快速发展的今天，依赖传统产业的城市失去了竞争优势，面临转型挑战。与传统产业相比，文化产业具有营收弹性大、附加值高、节约资源等优点。将文化产业与传统产业相结合可以有效提高产业竞争力，增加城市竞争优势。改革开放后，潍坊风筝一直走在产业发展的道路上，尤其是近30年来风筝产业发展迅速。1984年举办第一届国际风筝会时，潍坊市仅有20家风筝公司，而目前全市有风筝企业三百多家，从事出口贸易的风筝企业30家，产品远销欧美、东南亚等五十多个国家。风筝及附加产品销售额超过20亿元，潍坊风筝占据了六成以上的国际风筝市场份额和八成以上的国内风筝市场份额。风筝的种类也拓展到休闲、竞赛、礼品、展示、DIY、摆件等品类，成为潍坊文化产业中的一道风景线。

潍坊风筝产业的经济和文化影响力显著提升。比较有代表性的某风筝公司成立于20世纪90年代初，从事风筝的设计与生产，公司自成立以来不断发展壮大，风筝产品远销至澳大利亚、美洲、欧洲等众多国家和地区，并多次参加国内外风筝展会，深受同行和消费者赞誉。公司大力弘扬传统风筝文化，成立传习基地，还致力于风筝设计创新，曾为常德桃花节设计制作串式爱情风筝，长度达2800米，打破吉尼斯世界纪录，成为世界最长的爱情风筝；2012年为伦敦奥组委制作整台歌剧《诺亚方舟》所需道具，让中国的传统文化走上了奥运会的舞台。[1]潍坊风筝通过市场的手段进行活态化传承，在市场中转化为文化产品，这也为其他非物质文化遗产提供了借鉴经验。

---

① 《潍坊风筝将“飞”向伦敦奥运》,《齐鲁晚报》2012年6月26日。

（三）技术环境：媒介技术革新助力非遗活态传播

文化的发展繁荣与媒介技术发展、媒体传播有着密切的联系，媒介载体是人类文化传播的必要手段，媒介技术的革新进步不断优化着文化的传播路径。20 世纪八九十年代以来，网络技术的兴起与普及使得信息通信技术发生了根本性变革，网络媒介技术综合了电子媒介和多媒体的优势，完全突破了空间、时间与形式的限制，使得人类获取信息的能力达到前所未有的速度和广度，极大地便利了人们的生活，世界变成了麦克卢汉预言的“地球村”。新兴的传播媒介具有传播速度快、交互性强、形式多样、传播范围广等优势，为非物质文化遗产的传播搭建了一条条通往全球的高速公路，拓宽非遗的传播范围，扩大非遗的传播声音，让非遗从小众的民间文化走向更广泛的大众视野。

新媒介技术的发展，催生了文化产业的转型与变革，也改变了文化产业消费者的习惯。在传统媒体时代，非物质文化遗产传统的小范围的人际传播难以广泛进入大众的认知领域，而电视、广播对于非物质文化遗产的关注及其内容空间、传播广度也有限，观众的眼球往往被更具娱乐性的电视剧和综艺节目抢夺，所以传统媒体并不能实现非遗文化的良好传播效果。而新媒体时代的非遗的传播权力下放到了每一位网民的手中，网民只要拥有一部智能手机，就可以随时随地进行信息的制作和发布，“傻瓜式”操作的社交媒体平台也大大便利了普通大众传递非遗相关信息。中国互联网络信息中心（CNNIC）发布的第 48 次《中国互联网络发展状况统计报告》（以下简称《报告》）显示，截至 2021 年 6 月，我国网民规模达 10.11 亿，较 2020 年 12 月增长 2175 万，互联网普及率达 71.6%。十亿用户进入了互联网，我国形成世界上最庞大的数字社会环境。[①] 数量庞大的网民群体打开了非物质文化遗产传播的世界之窗，非遗的传承人借助新媒体技术可以在网络空间发布专业信息，而普通网民也可以通过转发分享的方式进行二

---

① 央视新闻：《我国网民规模达 10.11 亿，网上外卖用户规模 4.69 亿》，新京报传媒研究，2021 年 8 月 27 日，https://mp.weixin.qq.com/s/5petgxwEVHXXdz-4qkICbg。

次传播，非遗的传播不再仅仅依靠政府，人人都是信息的接受者和生产者，传播主体的扩大有助于非遗文化的未来发展。2021 年 6 月 10 日，抖音发布非遗数据报告。报告显示，截至 2021 年 6 月 10 日，抖音上国家级非物质文化遗产相关视频的播放量超过 1.4 亿，与上一年相比，视频发布数量同比增长 188%，累计播放量同比增长 107%，抖音成为视频版非遗百科全书。值得一提的是，有一部分处于濒危境地的非物质文化遗产通过抖音短视频传播后重新获得关注，比如潮州地方戏曲——潮剧，在抖音最受欢迎的十大“濒危”非遗项目中荣登前三，在抖音平台的点赞量达 1600 万次。

新媒介技术的发展极大地丰富了非物质文化遗产的传播形式。首先，电子媒介技术的发展创建了一种新的口传心授的方式，使得身处异地的人们也可以通过视频的形式进行交流，随着人工智能技术的发展，非遗的传承人甚至可以不是人，而是机器。2018 年上海国际茶业展览会上，一种大师壶能够将茶叶品种、工艺、温度、时间等信息数字化，并利用传感器和云扫描技术识别茶叶浸泡时间和温度。茶艺师需要几十年的时间才能学会这项技艺，而大师壶在很短的时间内就熟练地操作了起来。其次，电子媒介技术为非遗的留档、记录提供了新的手段，记录内容涵盖文字、图片、视频等，各个地方政府、企事业单位建立官方网站、数据库、资料库。例如 2016 年，国内某文化公司与联合国合作共同创立了非遗大数据平台——DIICH，2018 年 6 月，我国建立了“非物质文化遗产数字博物馆”，很多省、市建立了本地区非物质文化遗产的数据库或数字保护平台。此外，网络社区为非遗文化的爱好者提供了线上交流场所，凝聚了来自五湖四海的“同类”，短视频、直播也以有趣、直接的方式让非遗走进大众视野，和受众进行直接的互动反馈，非遗文化的传播打开了新的局面。

综上，良好的政策环境、产业环境以及技术环境为潍坊风筝文化的传播提供了前所未有的契机，我们需要积极地了解当下环境的变更趋势及变化特点，把握潍坊风筝文化传播的时机，探索潍坊风筝文化的发展方向，以推动其广泛传播。

二、潍坊风筝文化传播的现实意义

（一）实现文化传承，坚定文化自信

国家要强盛，文化的发展至关重要，对文化的传承更是造福子孙的绵延福泽。小到一支小曲，大到一座宏伟的建筑，非遗文化在用不同的面貌，向全世界展示祖先留下来的宝贵财富。在我国经济文化不断强盛的今日，对外扩大中国文化传播是我国增强国际话语权的重要手段，而宝贵的非遗文化正是进行对外文化传播的重要资源，加强对非遗文化的对外传播，促进国际文化交流，让世界认识我国的文化瑰宝，同时也增强中国的文化自信。风筝文化为潍坊历代百姓传承至今，凝聚了祖祖辈辈独特的精神价值、思想愿景和审美想象力，是民族美学精神的结晶，也是我国民族文化的瑰宝。

1. 传统风筝承载传播民俗文化

风筝是一种游艺竞技的民俗事象。民俗事象是指民俗本身在时间、空间以及发展活动中显示出的外在形态和特征，即动态呈现的民俗外观。风筝的形成和发展，与诸多民俗事象密切相关，这不仅表现在风筝的题材上，还表现在风筝的放飞上。经过千百年的发展，风筝的题材可谓包罗万象，它们往往寄托着老百姓对于生活的美好希望，同时也呈现着本地区的风土人情。例如风筝中的“百子图”“仙鹤送子”“观音送子”表达了人们传宗接代、多子多福的愿望；“福寿双全”“麻姑献寿”等风筝则反映了人们长寿、康健的愿望。而人物风筝中，嫦娥、孙悟空、哪吒、老寿星、天女散花等，或取材于神话故事，或取材于民间传说，总之与民俗紧密相关。

在潍坊长久以来的文化生活历程中，放风筝的习俗被赋予了诸多内涵。有些地方把放风筝叫作“放晦气”，人们把自己在生活中遇到的烦恼写在风筝上，将风筝放飞在空中后剪断风筝线，那么人们身上的晦气、病痛、灾难就随风筝一起飞得无影无踪了。而有些地方则大不相同，他们认为风筝代表着吉祥平安，将风筝线扯断是一种忌讳，将风筝放飞得越高，则寓意

着运势越好。

2. 传统风筝传播维持民间审美活力

一方水土养一方人，不同的生活方式、历史传统和地域文化也造就了人们不同的审美取向和文化心理，这种审美特征往往是当地劳动人民在历代社会生活实践中所凝聚的集体审美的结晶。潍坊风筝工艺是当地历史最为悠久的民间工艺之一，经过历史的洗礼已经获得了祖祖辈辈的认可和修饰，每个风筝都承载了手艺人的精神诉求和生活理念。风筝艺人喜欢通过谐音、寓意等手法，将人们对美好生活的追求寄托于风筝上。

杨家埠年画是潍县传统的民间艺术，也是中国三大年画之一，缘于如此相近的地缘关系，风筝与年画在审美上有着诸多相似之处。在绘制上，风筝吸取了杨家埠木版年画颜色亮丽的特点，以群青和黄、白、红等颜色构成了对比强烈的色彩。在构图上常常运用大面积的颜色涂抹，艺术风格鲜艳而大胆，具有特殊的视觉效果。正如著名的风筝理论家杨同科之子杨其信先生所说："挂在墙上是年画，飞在天上是风筝。"风筝既有艺术观赏价值，又有娱乐游艺功能，它传递出一种浓郁的民间风情，是当地人的审美意识和欣赏习惯的反映。[①]

比如，龙头蜈蚣风筝作为传统风筝的典型代表，集合了立体风筝和串式风筝的特色，由手工扎制的立体龙头和许多带有龙桄的腰片组成，使用大块色彩涂抹，色彩明艳，既宜远观又宜近看。龙，自古以来在中国人心中有着至高无上的地位，而蜈蚣在潍坊民间传说中是龙的子孙，多脚寓意着多子多孙，多福多祥。龙头蜈蚣风筝设计理念和当地的民俗观念极为符合，一经问世便被人们接受并大受欢迎，已经成为潍坊当地手工艺人的代表性作品。正是传统风筝的传承、创新、传播，使得潍坊地区的民间审美风格得以延续，并不断在时代变迁中焕发新的活力。

---

① 黄升峰：《潍坊风筝与杨家埠年画的审美共性》，《文化创新比较研究》2019 年第 20 期。

（二）风筝结合体育，造势传播城市形象

当代潍坊风筝的健身功能延续了传统的风筝游戏功能，并在此基础上进一步深化和发展。首先，风筝具有良好的健身功能，一般在广阔的草地、沙滩、公园和山坡上放风筝。室外阳光明媚，视野开阔，野外的自然风光秀丽宜人，给人身心带来愉悦的效果。放风筝时人们需要长时间仰视，抬手拉线，控制风筝的飞行，这样可以提高神经系统的调节功能和各个器官的功能水平。

清明节和重阳节位于时令的交替处。气候变化会对人体产生很多不同的影响，很容易引发一些流行病。因此，一些户外体育活动可以帮助促进和提高身体的适应力。现代医学也证明了这一点，目前，国内外越来越多的人认为风筝活动有助于医治疾病。“风筝疗法”也已被用于神经衰弱、精神抑郁、视力丧失和患有精神障碍的儿童疾病的治疗之中。因此，越来越多的人把放风筝作为一种休闲活动。

潍坊市自从举办国际风筝会以来，不断丰富风筝会内容，目前风筝会已经从最初单一的放飞表演活动和展览活动，发展到有着世界各国和地区运动员参加的比赛项目，风筝会不断升级赛事规则和规格，创办了“世界风筝锦标赛”“世界风筝十绝”“中国潍坊滨海国际风筝冲浪比赛”“夜光风筝邀请赛”等大型赛事。其中，滨海国际风筝冲浪比赛将风筝和冲浪这两样看似风马牛不相及的运动创新性地结合在一起，被很多人称为“21 世纪最有趣的运动”，运动员要同时兼顾滑板的平衡和风筝放飞的平衡，具有极高的观赏性和娱乐性，吸引了众多年轻人的参与。目前，潍坊市已经将此比赛打造成一项颇具影响力的国际性赛事。自从 2009 年 8 月举办以来，目前潍坊市已经举办了 13 届风筝冲浪比赛，填补了国内此项赛事的空白。

潍坊的风筝冲浪赛打造了一个宣扬风筝文化、宣传城市形象的平台，每年都吸引众多国内外选手参与，赛事的名气和受欢迎程度不断提高。2016 年该赛事吸引了泰国、德国、美国等三十多个国家的一百多名风筝冲浪选手参加比赛，《新闻联播》以及其他多家国家级、省级、市级媒体都对

比赛进行了报道，风筝冲浪赛传播效果非常显著，借助风筝赛事传播了潍坊青春、活力的城市形象，巩固了潍坊“世界风筝之都”的地位。[①]

（三）推创产业品牌，助力经济发展

改革开放以来，我国市场经济发展迅速，渗透到经济社会的各个方面。作为我国传承千年的瑰宝，非物质文化遗产自然而然地被纳入了市场经济产业化的范畴。非物质文化遗产具有很强的文化属性，同时在经济方面也表现出独特的优势。

风筝既是娱乐用品，又是民间欣赏的工艺品。清朝时期，潍坊地区就有了专门的店铺经营风筝工艺品，并形成了专门的集市，成为当地经济收入的重要来源。新中国成立后特别是改革开放以来，潍坊市内相继成立的风筝厂都获得了比较好的效益。2006 年潍坊风筝被列入国家级非物质文化遗产名录，潍坊政府加大力度扶持风筝产业的发展，入驻了“潍 V”城市旅游 APP，打造潍坊智慧旅游，推动文旅融合发展。在每年的国际风筝会上，潍坊市政府更是加强与国内外优秀文化交流，打造交易平台，促成合作关系，使潍坊风筝品牌叫响国内外。

潍坊以风筝会为平台，与全球一百一十多个国家建立了经贸合作关系，在高新技术、先进制造、现代服务业、文化产业等多个领域建立了一批合作项目。得益于风筝会的资金流入，世界 500 强企业中有 14 家落户潍坊。统计显示，近十届风筝会以来，每届风筝会都为潍坊带来了数百亿资金和大项目。毫不夸张地说，潍坊风筝是一条“金”线。以风筝为媒介，潍坊的经济、文化得到了空前的发展，旅游业、手工业等也取得了很大的进步。

---

① 赵方方：《节会对城市形象的建构与传播研究》，硕士学位论文，山东大学 2019 年。

（四）塑造城市形象，推动文旅融合

当前，随着社会经济的不断发展，塑造城市形象已成为提升城市竞争力的有力工具。潍坊的城市形象“因风筝而兴，因风筝而显”，风筝已经成为潍坊的标志性城市品牌。如今，在潍坊到处都遍布着风筝元素，不仅城市的名字为“鸢都”，城市内也遍布着以“鸢”为名的建筑、品牌等，例如“鸢飞大酒店”“鸢飞路”。

潍坊的两座火车站的造型设计灵感均来自风筝，一座“盘鹰风筝”，一座“蝶舞潍洲”，伫立于城市两头。在市中心，世界风筝博物馆、潍坊国际风筝广场以风筝的形象为灵感进行设计，成为当地的地标性建筑。不论是各式各样的与风筝有关的名称，还是大大小小的地标性建筑，风筝文化体现在潍坊的各个大街小巷内，可见潍坊市对塑造“世界风筝之都”的城市形象的良苦用心。

文化资源是旅游的重要载体，潍坊虽是“国家优秀旅游城市”，但山东省旅游资源丰富，沿海有青岛、威海、烟台等海滨城市，内陆有孔孟之乡曲阜、泉城济南，潍坊的旅游资源优势并不突出，而成立国际风筝会，将风筝文化打造为潍坊的特色文化资源，则直接成为提升潍坊旅游吸引力的重要举措，也实现了和本省其他旅游城市的错位发展。[①] 每年风筝节期间，潍坊都迎来近 3000 万的外来游客，城市的各大系统协调运转，高铁、汽车客运送来游客，城市零售业、服务业则满足游客的生活娱乐需求，潍坊当地的各个景点也正常开放，满足不同喜好游客的游玩需求，各行各业的城市劳动者都在这场节庆活动中得到了实质性福利。

2021 年 11 月，潍坊市召开旅游发展大会，印发了《关于推进全域旅游高质量发展的实施方案（2020—2022 年）》（以下简称《方案》），按照《方案》规划，潍坊首开民俗旅游的先河，在市内开辟了一条七百多公里，连贯 7 个县市区，涵盖 24 个景点、3 个民俗旅游村庄、4 个博物馆的“千

---

① 赵承磊：《民俗体育与城市融合发展的个案考察与启示——以潍坊风筝为例》，《武汉体育学院学报》2016 年第 8 期。

里民俗旅游线”，在此后，旅游线不断增添新的景点，不但整合了风筝文化资源，还增添了潍坊其他的优质文化资源，丰富了旅游内容，通过联动效应很好地传播了风筝文化。到 2022 年，潍坊市接待境内外游客 9500 万人次，实现旅游总收入 1100 亿元，潍坊市旅游业正在蓬勃发展。

第三节　潍坊风筝文化的新媒体传播现状

当代新媒体，是基于计算机和互联网信息处理技术，发挥传播功能的媒体的总和，主要包括门户网站、手机客户端等类型。它除了具有报纸、电视、广播等传统媒体的功能外，还具有传播速度快、交互性强、信息海量等特性。移动互联网时代，非物质文化遗产传播环境发生颠覆性变化。非物质文化遗产传播不再仅仅依靠实物载体，而是可以在网络空间进行。网民不再是传统媒体时代片面的信息“收件人”，而可以自由选择自己感兴趣的内容进行浏览、评论和二次传播。新媒体传播改变了公众对非物质文化遗产的认知方式。网民足不出户就能了解世界，通过不同的虚拟社区进行交流互动。在世界各地的网民可以接触到来自不同国家和地区的民俗和文化。

移动互联网的出现给非物质文化遗产的传播带来机遇和挑战，一方面，微博、微信、抖音、B 站、知乎等形式多样的新媒体传播为非遗传播提供了更多的选择，打开了新的局面。另一方面，在流量经济的主导下，异彩纷呈的流行文化和娱乐内容充斥着人们的眼球，非遗文化如何吸引人们的注意成为一个重要挑战。但总体来说，新媒体对非遗文化的发展有很大的推动作用。潍坊风筝作为我国优秀的民间传统技艺，是民族文化中的灿烂瑰宝，必须不断开拓新媒体传播路径，创新新媒体传播方式，从而更广泛地走进大众视野，使人们更多更好地了解风筝文化。笔者在调研过程中发现，目前潍坊风筝的传播渠道和传播形式比较丰富，主要有官方网站、短视频、电视新闻等方式，但是由官方主导的传播内容较少，民间自发的传播则存在专业性不足、运营不稳定等问题。因此，在本节笔者将结合潍坊风筝文化的实际新媒体传播状况，分析其在不同新媒体渠道的传播现状及传播特征。

一、潍坊风筝文化基于官方门户网站的传播

非遗相关官方网站拥有专业性、原创性、权威性等其他信息平台所不具备的特征。2005 年 5 月，中国官方非物质文化遗产网站上线后，我国大部分省市也建立了区域性非物质文化遗产网站。2007 年 7 月，山东省文化中心开通了山东省非物质文化遗产保护中心网站，成为山东省非物质文化遗产宣传传承的展示平台。当前此网站共设立了“非遗资讯”“礼乐·非遗”“非遗传习大课堂”“非遗月”“非遗名录”“非遗传承人”“网上展厅”“生态保护区”“非遗映像”“机构概况”十个分区，涉及非遗保护的方方面面。其中“非遗映像”对山东省内的优秀非物质文化遗产进行了影视化记录和展示，运用纪实性短片的形式进行影像传播。

齐鲁文化（潍坊）生态保护区服务中心官网也开设了非物质文化遗产频道，对潍坊本地的非物质文化遗产进行了介绍，其中包括杨家埠木版年画、高密剪纸、青州宣卷、临朐年画等，其中对潍坊风筝进行了图文介绍，但遗憾的是网站介绍的内容并不充分。潍坊世界风筝博物馆建立了线上的数字博物馆，介绍了馆内的 7 个展厅和 1 个多功能厅，并采用图文结合的方式展示了馆内收藏、陈列的古今中外的风筝珍品以及翔实的风筝资料、照片、文字、绘画、复制品等，其中包括来自美国、韩国、法国、印度等多个国家的风筝，同时全面展示了潍坊风筝的历史渊源及后世发展、流派、扎制技艺以及国际风筝会，对潍坊风筝的艺术特色和扎制方法进行了详细介绍，成为外地民众了解风筝文化的一个窗口。

此外，潍坊国际风筝会综合服务中心也开设了官方网站，该网站设立了“世界风筝都”“风筝活动”“风筝文化”“风筝产业”四个栏目来介绍风筝相关信息。其中“风筝活动”栏目对历届国际风筝节的开办情况做了较为详细的记载。“风筝产业”栏目对潍坊风筝产业概况进行了总结，并介绍

了潍坊当地优秀的风筝产业。但是该网站的信息更新严重滞后，截至 2022 年春，关于风筝会的信息只更新到第 36 届，而潍坊已经举办了 38 届风筝会，关于风筝产业的最新一条信息也是在 2017 年发布的，未能展现出风筝产业的发展动态。

总体来看，包括潍坊风筝在内的山东省非物质文化遗产官方网站运营还有很多可改进的地方。第一，网站对于非遗相关资讯的公布还不够及时，非遗的数字化记录不够完善，比如对潍坊风筝的非遗活动没有及时公开发布，每年的国际风筝节、风筝竞赛的相关情况、数据都没有进行公布。第二，各个网站对于非遗的记载信息不够系统化，往往分布在不同页面，不同模块下还有信息重合的情况。并且网站主要采用图文结合的方式展示非遗信息，但有很多文章就是纯文字解读，展现形式十分单一。第三，网站的运营管理也存在很大问题，我们在 2021 年春—2022 年春的调研期间访问潍坊世界风筝博物馆官方网站，多次遭遇网站崩溃的情况，并且其中一次崩溃后长达两个月没有修复。网站在点击率、传播效果等方面，远远达不到非物质文化遗产传承和传播的要求。

官方设立的网站的权威性是其他任何团体都无法比拟的，不论是学界还是业界在搜集非遗资料时首先都会想到以官方网站为首选，而目前，我们尝试登录了其他一些非遗相关网站，发现不只是山东省的非遗网站存在上述问题，全国范围内很多非遗网站建设都有待提升。因此，加入新媒体技术手段，提升非遗网站展现非遗信息的实用性和体验感，完善非遗信息系统，通过真实、生动、完整的信息展现非遗文化是当下非遗保护工作的题中应有之义。在这方面，英国国家档案馆官网的做法给我们提供一点借鉴，该档案馆官网根据馆藏资源研发出 19 款小游戏，推出了专属游戏栏目。游戏设计多以客体全宗[①]为基础，以时间为脉络，在游戏过程中穿插视

① 所谓“客体全宗”是档案学专业概念，是指在不同社会活动领域中产生的各种档案，由于其形成过程和来源的不同，它们所组成的全宗属性也不同。一个特定的社会活动过程是由主体和客体两极构成的，所以将档案组织成全宗的时候，既可以以社会活动的主体为核心组织成主体全宗，也可以以社会活动的客体为核心组织成客体全宗。

频解说，玩家可以通过视频进行逻辑推理，游戏过程中也有一些实物展示，用户可以点击实物，那么屏幕中就会出现该藏品的详细信息。[①]

调研过程中我们发现，中国目前在非遗的新媒体传播领域做得比较好的是浙江省，浙江打造了“数字非遗”工程，通过官方网站、微信公众号、小程序等新媒体平台进行联动，打造了非遗传播矩阵，并利用人工智能技术构建非遗知识图谱，建立数据关系网络，新建成一批如浙江大运河文化带、传统工艺、传统戏剧、曲艺、研培等专题数据库，营造了良好的非遗传播环境，非遗项目、非遗传承人的影响力也在不断攀升。

二、潍坊风筝文化基于社交媒体平台的传播

（一）微信公众号的图文深度传播

微信与传统媒体相比，具有传播分层、精准、快速、成本低、不受时空限制、内容丰富、表现形式多样化等特点。2021 年 11 月 10 日，腾讯发布第三季度业绩报告，微信的月活跃账户合计为 12.63 亿。微信依托庞大的用户群，构建了以社交为核心的公众号、朋友圈、视频号、小程序等多种功能版块，极大地丰富了信息传播形式，拓宽了信息传播渠道。物质文化遗产的传播也因此打开了多个窗口。

以“潍坊风筝”为关键词可以搜索到的微信公众号约有 20 个，公众号的开设主体包括潍坊世界风筝博物馆、潍坊国际风筝会、杨家埠民间艺术大观园等专门机构，还包括一些风筝厂家，以及基于兴趣爱好而进行信息发布的个人公众号。除此之外，“大众网潍坊”“齐鲁晚报潍坊融媒”“潍坊市非物质文化遗产保护协会”“潍坊融媒”等多个潍坊本地的媒体账号、机构账号也曾多次发布涉及风筝文化的文章。

根据笔者统计，目前对传播潍坊风筝这一国家级非物质文化遗产较有

① 张代琪、锅艳玲：《省级档案网站参与非物质文化遗产档案信息传播的研究》，《浙江档案》2019 年第 5 期。

影响力的公众号主要有两个——“潍坊市博物馆”和“潍坊国际风筝会”。潍坊市博物馆的风筝分馆是全国第一座风筝专题博物馆，自 1987 年建馆以来，一直承担着风筝文化的研究、传承和普及工作，但是它并没有独立的宣传客户端，“潍坊市博物馆”公众号负责风筝博物馆的日常宣传工作。“潍坊市博物馆”公众号的推送内容主要为介绍各组织单位来博物馆参观的情况，以及各单位组织的关于传播风筝文化的相关活动。比如《“当趁风筝放纸鸢”文化直播》介绍了潍坊国际风筝会综合服务中心联合《王者荣耀》开展的“当趁风筝放纸鸢”文化直播活动；《风筝博物馆研学活动纪实》对博物馆开办的研学活动进行了记录和总结。“潍坊市博物馆”公众号关于风筝的文章质量参差不齐，并且多为转载，原创内容较少，阅读量大多集中在几十到几百的区间内。

相比之下，“潍坊国际风筝会”这一公众号的内容要更为丰富一些，除介绍围绕潍坊风筝开展的相关活动外，还关注风筝文化的继承与保护、风筝产业的创新发展等内容，如《传统文化如何“破圈”？答案在这……》一文分析了如何为传统文化赋予当代价值，使其拥有“青春面孔”；《今年“双 11”，20 万只风筝从这里飞向全国》介绍了潍坊王家庄村的“双十一”销售情况。“潍坊国际风筝会”的阅读量和原创量同样不尽如人意，这与相关机构的重视程度和运营者的媒介素养均有关系，两个公众号发布文章时间不固定，并且间隔时间较长，有时候长达几个月都未更新，文章内容也大多是图文为主或者是纯文字内容，形式较为单调，很难吸引读者注意。

目前关于潍坊风筝的公众号文章只有 6 篇的阅读量在十万以上，其中有 3 篇是由“王者荣耀”公众号发布，内容为介绍第 38 届国际风筝节中潍坊风筝和王者荣耀的联合活动。通过分析这几篇文章便可以发现其传播成功的原因：文章中采用文字、滑动长图、视频相结合的融媒体形式，在生动的文字介绍之余充分调动读者的视觉感官，在文章末尾还设立超链接可以直达网络周边商城，用户可以根据兴趣直接购买商品。在评论区中，公众号编辑积极与网友互动，采用活泼、诙谐的语言及时进行回复。诸多细节均体现了“王者荣耀”超前的新媒体运营思维，这也为潍坊风筝的相关公众号提供了借鉴。

（二）微博认证账号的即时开放分享

微博作为典型的社交媒体，经过多年发展已经对我国社会生活产生了重要影响，成为当今中国网民重要的信息发布和分享渠道。利用微博平台传播非物质文化遗产可以有效扩大其传播范围。个人用户或企业可在微博平台创建官方账号，与“非遗”官网、微信公众号、手机应用软件、电子阅读等平台联动，并结合网络传播方式以满足用户需求。以“潍坊风筝”为关键词在微博进行搜索共显示67位用户，关注度最高的用户是“潍坊国际风筝会”（截至2022年春，粉丝数为3.2万）和“潍坊风筝传承人——郭洪利”（截至2022年春，粉丝数为3284）。“潍坊国际风筝会”是潍坊国际风筝会办公室、潍坊市会展办公室的官方微博，于2016年6月设立，截至2021年12月29日，共计发布微博1404条，视频累计播放量2.6万。发布形式以图文和微博文章为主，运用了大量照片和视频展示潍坊风筝的创新设计、放飞活动、竞赛情况等，不过遗憾的是该微博账号的粉丝互动力度很低，很多微博账号发布之后处于“无人问津”的尴尬境地。

“潍坊风筝传承人——郭洪利”是潍坊风筝的国家级传承人郭洪利个人创办的账号，2019年4月19日发布第一条微博以来，共收获1210条转评赞，发布内容多为其参加的各种活动。事实上，基于认证账号的传播效果并不突出，因为网民通常要关注该账号或者搜索该账号并进入账户主页后才能看到其发布的信息，而微博话题却以“广场式”的传播特性在短时间内聚集大量网民围观，微博用户根据参与意愿，通过微博话题获取信息、表达观点、抒发情感、获得认可，加速了信息的传播，并产生广泛的影响效果。①

① 杜诗雨、齐佳音：《基于主成分分析的微博话题影响指数评价研究》，《情报杂志》2014年第5期。

以潍坊风筝为例，与潍坊风筝有关的微博话题共有 120 个左右，其中阅读量过亿的有两个，标题分别是"潍坊风筝会的天空到底有多美"和"潍坊放风筝可以有多硬核"；阅读量过千万的有 7 个，都是在潍坊国际风筝会期间建立的话题。在"潍坊放风筝可以有多硬核"话题中，共产生了 1.7 万条讨论，参与主体包括《人民日报》《齐鲁晚报》《潇湘晨报》等专业媒体，也有大量专业自媒体账号、微博网民参与，形成了"OGC+PGC+UGC"的多源信息场域，发布者多采用图片、动态图、视频的形式展示风筝会现场，内容灵活生动，很多网民评论明年也要去潍坊看风筝，传播效果十分显著。微博的开放性、碎片化、娱乐化的传播特征非常契合当下人们的生活节奏，在进行非物质文化遗产传播时，可以借由相关活动的开展建立微博话题，吸引网民参与讨论，增加他们对非遗的关注，进而引流到更深层的信息传播中去。

三、潍坊风筝文化基于视频类平台的传播

20 世纪末，随着三网融合的发展，移动视频内容开始爆发式增长，再加上 4G 普及以后，短视频横空出世，成为人们获取信息和娱乐的重要形式。视频的移动传播使得传播更加便捷、立体化和生动化，带给观众强烈的目击感和现场感。影像化的网络传播既在空间上具有延伸性，又在时间上具有留存性，同时融合了口头传播及书面传播的优势，可以迅速实现大范围传播，集视觉、听觉、感官享受于一体，有利于非物质文化遗产的传播和可持续发展。

2005 年，国务院办公厅印发的《关于加强我国非物质文化遗产保护的意见》明确指出："用文字、录音、录像、数字化多媒体等手段，对保护对象进行真实、全面、系统的记录，并积极搜集有关实物资料，选定有关机构妥善保存并合理利用。"这为我国非物质文化遗产视频录制带来了政策引导和新机遇。近年来，随着我国 5G 网络的普及和移动智能终端用户的增长，以视频为主要载体的新媒体在非物质文化遗产传播中发挥着越来越重

要的作用。

（一）短视频平台的非遗多样化展示

在移动互联背景下，短视频行业持续火热。短视频是一种视频长度以秒计数，时长多在 5 分钟以内，主要依托于移动智能终端实现快速拍摄和美化编辑，可在社交媒体平台上实时分享和无缝对接的新型视频形式。凭借着其信息承载丰富、时长短、直观性强、传播度广等特点，移动短视频的发展被推上“现象级”风口，目前步入稳定发展的成熟期。据 CNNIC 第 48 次《中国互联网络发展状况统计报告》统计，截至 2021 年 6 月，我国短视频用户规模达 8.88 亿，占网民总体的 87.8%。正如学者王晓红所言，网络视频已经成为我们的“日常话语”，成为目前信息传输中的强劲助推器。对于非遗传播来说，受众在哪里，哪里就是主要的传播阵地，非遗传播的理想状态是全民传播，鼓励公众参与非物质文化遗产的传承和保护。而且，短视频平台汇聚的大量年轻用户，更是实现非物质文化遗产普遍传播的主力军和突击队。

短视频具备强大的场景搭建能力，可以满足众多用户的需求和偏好。短视频媒体场景再现能力的不断提升和虚拟化技术的成熟运用，让短视频用户即使在碎片化时间段内也能获得多元视听体验、更强的临场感和更多的信息流。短视频提供的广阔平台，提供了更多机会将用户转变为消费者。因此，“短视频 +”为各类用户搭建文化消费和视觉观赏场景，可以让非物质文化遗产传播成为具有时尚感、年轻化的流行文化风格，更好地满足大众需求。[①]

一些短视频平台也愿意为非遗传承发展尽一份力。为支持非物质文化遗产在全球范围内传播，让更多人看到非物质文化遗产，快手于 2019 年 3 月 27 日启动了“非遗带头人计划”。2019 年 4 月抖音也发布了“非遗合伙人”计划。2021 年，快手和抖音先后启动“非遗江湖”IP 项目和“非遗焕

① 汪雪：《短视频生态下的非遗传播与活化研究》，《新闻世界》2021 年第 11 期。

新”扶持计划，旨在通过数字技术助力非遗项目发展，抖音非遗数据报告显示，截至 2021 年 6 月 10 日，抖音覆盖率达 97.94%，抖音上国家级非物质文化遗产项目视频数量超过 1.4 亿，浏览量超过 1056 亿。过去一年，抖音上国家级非物质文化遗产相关视频数量同比增长 188%，累计播放量同比增长 107%。抖音已成为国内非物质文化遗产传播平台的头部代表。

抖音、快手等短视频平台为非遗的传播打开了新局面，积极推动非遗产业化转型，成功实现了非遗从单纯的文化传播到复合型消费的转变。各类非物质文化遗产根据自身特点，充分利用“短视频 +”的传播优势拓宽传播渠道，并取得了显著效果。据统计，在快手短视频平台上，每 3 秒就会上传一段非遗视频，制作非遗内容视频的用户超过 1500 万，视频播放量超过 2000 万，点赞量超过 67 万，收入超过 15 亿元。在快手上，拥有 15.6 万粉丝的“侗族七仙女”每天直播发布贵州侗族传统文化和日常生活的短视频，直播演唱侗族非物质文化遗产——侗族琵琶歌，一场直播的打赏就接近 2000 元。众多百年非遗品牌通过短视频开拓了市场，非遗工匠迎来了全新的舞台。

借助短视频发展的东风，潍坊风筝传承人在抖音、快手等平台自主制作并发布与潍坊风筝相关的短视频，助力潍坊风筝文化的传播。在抖音和快手平台，以“潍坊风筝”为关键词搜索到的用户都超过百位，其中在快手平台中，“潍坊同兴风筝”“潍坊彩鸢风筝”和“潍坊风筝鸢飞启航”三个账号的粉丝量都超过两万，在抖音平台则有十几个账号粉丝量过千。潍坊风筝传承人杨红卫、郭洪利、孟秀娟、韩臻等人均开通了短视频账号。“风筝王”杨同科的孙女，潍坊风筝的国家级传承人杨红卫在 2020 年 3 月份开通了快手账号，目前发布了 89 条作品，内容主要为展示传统手工风筝的扎制过程和成品，视频的点赞量大多在 80 到 100 之间。潍坊国际风筝会办公室开通抖音账号“潍坊国际风筝会”，主要发布风筝会的宣传片以及风筝会期间的活动视频，目前已有 4 条视频点赞量超过 10 万，评论区中“太漂亮了”“今年一定要去风筝会”等网友留言可以得知网民对于潍坊风筝的喜爱程度。

过去，非物质文化遗产的传播普遍给人以老套、保守、严肃的印象。因此，非物质文化遗产要得到传播，就必须以更加有亲和力的姿态融入公众的日常生活。新媒体平台的大众化传播特性与非物质文化遗产相结合，成功让非物质文化遗产走进人们的生活。非遗短视频、直播等融入新媒体传播思想，不再拘泥于传统传播方式，打破常规，不断与时下时尚元素相结合，树立以用户为中心的思想，选择受众喜闻乐见的表现形式，打破了公众对非物质文化遗产的刻板印象。

如今，每个人拿起手机都可以拍摄和播放非物质文化遗产影像，打破了传统的场景搭建模式。潍坊风筝制作过程、绘画过程、放飞过程直接展现在公众面前，让公众有一种现场体验感，让公众随时随地享受非物质文化遗产带来的视觉盛宴。此外，自媒体平台的过滤特效、动感音乐和后期剪辑，可以充分调动观众的视觉和听觉感官体验和情绪，给观众带来更加强烈的沉浸式体验，使得传统的非遗呈现出了时代感和贴近感，就像江西省非物质文化遗产的收集人手绘青花图的短视频，金陵刻经印刷技艺传承人刻经的短视频等，通过娴熟的运镜，对手部操作的部分进行特写，再加上语言解说，给观众带来了一场感官上的饕餮盛宴。

（二）综合视频网站的多元化传播

在网络传播中，视频网站是主传播渠道，视频门户网站是专门的视频播放网站，播放量主要靠搜索点击或者首页推荐（编辑推荐）来获得。比如优酷、腾讯、爱奇艺、哔哩哔哩弹幕视频网（简称B站）、搜狐视频、芒果TV等平台。视频网站作为专业的视频发布平台，在进行非物质文化遗产传播中具有强大优势，视频网站的传播形式多样，结合了短视频、长视频、影视剧作品、纪录片等视频类型，使非物质文化遗产的传播有了更多的选择方式和空间。综合来说，潍坊风筝文化在爱奇艺、优酷等头部视频网站的传播效果并不突出，而在二次元视频网站B站却意外收获了不错的反响。

B站作为一个二次元视频网站，一直被视为青年亚文化的宝藏地。但近年来，大量传统文化题材的影像作品在B站热播，《我在故宫修文物》《国家宝藏》等纪录片成为爆款。截至2022年4月，纪录片《我在故宫修文物》播放量达到646.4万，《国家宝藏》第一季和第二季的播放量分别达到2195.2万和2614.9万。该系列纪录片成功的一个重要原因在于他们摒弃了传统的讲故事手法，将叙事围绕在“人”上，将“以人为本”和“工匠精神”的理念相融合。现代文化和价值观念丰富了传统文化的内涵。弹幕功能是B站亚文化的重要组成部分，用户可以打破时空的界限，在同一个空间进行互动，打破视频创作者与观众之间的壁垒并缩短了与观众的距离。观众通过弹幕语言直接表达自己的情绪的同时也活跃了气氛。在B站能看到潍坊风筝的视频在弹幕“暴雨”中也异常活泼起来，年轻人七嘴八舌的评价、回忆、赞美、感叹……形成了一个热烈的传播场域，风筝文化由此也走进了当代青年的生活，印在了他们的眼里乃至心里。

B站还设立了“Vlog”分区，即视频博客，是用各种终端拍摄录制后期剪辑、以影音代替文本的新型互联网日志形式。Vlog以第一人称视角进行叙事，能够产生强烈的在场效应，容易引起观众的情绪波动。B站中的传统手工艺类非遗大都以Vlog的形式呈现，潍坊风筝也是如此，以“潍坊风筝”为关键词进行搜索，播放量前十的视频都是以Vlog的形式呈现，其中，名称为“史里芬Schlieffen”的UP主（即上传者）拍摄的Vlog视频《还有什么不能在潍坊风筝节上飞起来》播放量达到了136.5万，UP主用节奏明快、幽默诙谐的文案进行解说，例如“物理定律会不会存在漏洞？哺乳动物能不能飞上天空？载人航天有没有捷径可走？一根鱼线够不够拴住月球？来潍坊风筝节瞅瞅，看山东老乡如何征服蓝天问候宇宙”。配合恰到好处的剪辑节奏，营造出欢快的氛围，这个视频累计弹幕数5413条，用户在弹幕区隔空对话，与其他观看者产生共鸣，消解了独自观看视频的孤独感，寻找到群体归属感和文化认同感。

除了Vlog的形式外，B站上还有与潍坊风筝相关的非遗纪录片、科普视频、创意视频等多种形式的视频，其中有一个名叫《山东潍坊为何能击败美国法国成为“世界风筝之都”，鲁班功不可没！》的视频形式新颖，两名自媒体博主自己搭建室内拍摄场景，用说书的方式介绍潍坊风筝的历史由来和现代化、国际化发展，视频台词幽默诙谐，像“世界潍坊”“宇宙寿光”等网络热梗频出，在一片轻松的氛围中传播了风筝文化，视频播放量达到 1.2 万次。

传统文化在 B 站的活跃打破了外界对 B 站用户的刻板印象，以往被贴上非主流、反传统文化标签的亚文化群体并不排斥主流文化，也乐意接受传统文化，而且在尝试和参与中表现出了自己的主动性。令人惊喜的是，个别用户在传播非遗文化时，能够与二次元文化、流行文化等现代文化相结合，赋予非遗全新样貌，为非遗注入新活力。UP 主“渝川 Patty”将非物质文化遗产缂丝技艺与热门的二次元题材结合，耗时 150 个小时用缂丝编制动漫《鬼灭之刃》人物形象图，一下子拉近了非遗和年轻人的距离。

B 站是自由创作者的天堂，用户在网络文本中充当着“盗猎者”和“游牧民”的身份，即用户会掠走自己需要的文本进行二次创作和传播，视频还可以分享到其他社交媒体进行多次传播。也就是说，如果潍坊风筝的相关内容也被其他 UP 主进行了类似的创作转化，那么也相当于获得了更深刻的认同、更广泛的传播、更多元的文化创意创新。

在其他如爱奇艺、腾讯、优酷等综合视频网站中，非物质文化遗产的视频以微纪录片为主，制作者多为团队创作，个人创作较少。爱奇艺以 PGC（Professional Generated Content，专业生产内容）为特色，打造原创品牌，上线了原创内容《讲究》系列等多部非遗纪录片，收获了良好口碑，优酷提出了“网生纪录片的进化之路”议题，独播了《了不起的匠人》《侣行》等网络自制纪录片，打开了非遗纪录片的创新之路。如果用户在腾讯、爱奇艺、优酷等平台通过关键词进行搜索，即使本平台没有相关的视频资源，它也会产生链接以供用户跳转到视频的来源网站，这种高效整合资源的形式也提高了平台资源的丰富性，为用户提供了极大的便利，大大提高了传播效率。[①] 目前各大平台上也能零星搜索到潍坊风筝的纪录片，但就目前来看，潍坊风筝纪录片的数量和传播力度均不理想，以爱奇艺为例搜索潍坊风筝的纪录片，大多为 5 分钟之内的短片，而且多为讲述传承人的故事，风筝文化的深层次内涵则未能展现，播放量也大多为几百到几千不等，传播效果很不理想。笔者在观看了大量风筝纪录片后认为，目前潍坊风筝的相关纪录片叙事老套、风格单一，依然保持着以往模式化的纪录片风格，缺乏创新，因此难以吸引观众兴趣。

四、潍坊风筝文化基于网络直播平台的传播

2015 年兴起的网络直播是一项基于互联网的业务，它以视频、音频、图形和文本的形式将实时信息流传输给观众。网络直播与非物质文化遗产的有机结合推动了非物质文化遗产传播方式的转变，也为非物质文化遗产的保护和传承打通了一条崭新的道路。通过网络直播平台对非物质文化遗产进行宣传和传播，让非物质文化遗产在实现自身价值的同时被更多的受众了解，有利于非物质文化遗产的长远发展。

（一）网络直播带货营造“共在”场景

媒体技术的飞速发展导致了短视频和直播的崛起。2019 年，“直播电商元年”开始，直播带货以迅猛之势发展。2020—2022 年，受新冠疫情的影响，市场营销环境和消费环境发生重大变化，实体经济遭受重创，很多线下销售被迫转为线上销售，直播销量飙升，线上直播成为电商转型的重要路径。第 48 次《中国互联网络发展状况统计报告》数据显示，截至 2021 年 6 月，我国直播电商用户规模为 3.84 亿，2020 年直播电商交易规模达到 1.29 万亿元。2021 年中国直播电商市场规模为 2.74 万亿元，同比

① 姜子曦：《传统手工艺短视频传播的困境与突破》，硕士学位论文，山东师范大学 2020 年。

增长 121.1%；2019—2023 年，中国直播电商市场整体规模的年复合增长率（CAGR）高达 85.3%。[①]文化艺术产业逐渐向大众消费下沉已成为大趋势。作为文化产业的重要组成部分，非物质文化遗产也加入了直播的队伍。一大批非物质文化遗产传承人进入直播间，变身主持人。各个电商平台、自媒体平台纷纷联合商家、传承人推出线上非遗购物节，尤其是 2020 年 6 月 13 日“文化和自然遗产日”，中央电视台、文化和旅游部非物质文化遗产司、中国工艺美术网联合推出了《把非物质文化遗产带回家》节目。这场特殊的带货直播，让非物质文化遗产直播进入了白热化。

以往，传统非遗产品的售卖多局限于实体空间，网络直播打破了这种限制，通过直播间这一虚拟场域营造主播和观看者的“共同在场”。消费者不仅可以通过媒体了解商品信息，还能够和主播进行即时的互动，主播也可以即时解答消费者的问题，甚至消费者之间也可以进行对话。这样一来，直播带货不仅是一次购物，还营造了一个由趣缘而联结起来的虚拟社区，具有强烈的社交属性，这是在线下购物中无法获得的附加体验。主播在进行直播时还可以对非遗的历史、文化内涵进行解说，也可以对非遗制作的场景进行展演，增加观众对非遗的兴趣。

2020 年央视推出首届“非遗购物节”以来，各地文化旅游部门单位、非遗保护单位也纷纷开办非遗购物节。6 月 13 日，山东省烟台市举行文化和自然遗产日山东省主场城市活动，主题是“文物赋彩，全面小康”“非遗传承，健康生活”。山东省文化和旅游厅副厅长王廷琦现场走进直播间启动首届非遗购物节，并化身主播为山东省的非遗产品和文化产品进行推销带货，拓展销售渠道，助力脱贫攻坚。[②]短短一个半小时的直播共收获十几万人次观看。潍坊十笏园非遗空间还与 2019 年山东省文化消费季、潍坊市文化消费季管理机构合作，在潍坊非遗空间开展“潍坊文化和旅游惠民消费

---

① 周毅：《直播电商，正在告别草莽时代》，https://www.thepaper.cn/newsDetail_forward_29079113。

②《文物赋彩　非遗传承》，光明网，https://m.gmw.cn/baijia/2020-06/13/1301285715.html。

季”活动。潍坊“文化遗产”专场“网上商城专场”通过财政补贴、企业优惠和社会支持，采取线上线下立体联动机制，推动潍坊非遗文化资源优势转化为文化消费优势。

除了官方组织的直播带货活动，潍坊当地的风筝商家也利用自媒体平台进行直播带货。在抖音平台，有多个潍坊风筝商家尝试过直播带货，其中，某风筝公司在 2021 年 9 月 23 日开启了第一场直播，之后坚持每天直播一小时，在 2021 年共直播 73 场。主播王女士在采访中说道：“我们直播间里的风筝都卖得很便宜，几乎就是成本价卖出去的，我们现在还在运营的初期阶段，开直播一是为了宣传我们的风筝品牌，二是为了把消费者引流到我们的店铺去购买，现在的效果还不显著，明年我们会继续坚持。”在淘宝平台，潍坊风筝是销售量最高的风筝种类，不少商家也已经走上直播卖货的道路，在“双十一”“双十二”活动期间，他们都曾开播，通过“限时秒杀”等方式促销，有时一场直播能卖出上百只风筝。

主播是直播间的核心要素，他们不仅需要强大的带货能力，更需要具备相当的文化素养，非遗直播在售卖产品的同时，也是一种文化普及，非遗主播在一定意义上担当着文化传播者的角色，所以不仅需要熟悉产品，更要有一定的知识涵养。例如江苏省无锡市的紫砂产业在新媒体平台上传播效果显著，其直播间从布局设计到主播选取都十分讲究。“达观说器”是一个主营中高端紫砂壶的抖音号，“达观说器”的直播间和发布的短视频已经形成了稳定的风格，主播小脱的个人形象温文尔雅，沉着稳重，对行业掌故和专业内容了如指掌，耐心解说，从初期的直播就展现出了高水平。

总的来说，通过非物质文化遗产直播传递商品的过程不仅仅是简单的商品销售行为，而应该定位为综合性的传统文化传播。同时，要进一步推进长远战略布局，在兼顾经济效益的同时讲好非物质文化遗产的故事。从直播到网络购买、现场体验，再到美育普及，让非遗产业形成良性互动。非遗的相关保护单位和政府也应该积极和非遗从业者进行联动，对直播者进行非遗知识的相应培训，提高主播素养，传递优质非遗之音。

（二）在线直播教学广泛普及风筝文化

除了经济类直播外，非物质文化遗产还有形式多样的直播活动。例如光明网近年来持续开展“致·非遗，敬·匠心”非遗系列直播、“青春遇见戏”中国传统戏曲系列直播活动，全面立体地呈现了非遗项目蕴含的文化内涵与精神价值。直播观看量常常过亿，有效推动了非遗在新时代语境下的活化与创新，促进了中华优秀传统文化的传播与传承，引起社会各界的高度关注和积极反响。

2020 年 3 月，潍坊国际风筝会综合服务中心邀请山东省工艺美术协会风筝艺术专业委员会主任陈玉林老师在中国儿童文化艺术基金会的公益平台《爷爷奶奶一堂课》栏目直播讲授风筝制作技艺，教授孩子做简易“潍坊挣子风筝”，在网络开展了“室内风筝放飞教学”。2020 年 5 月，潍坊国际风筝会综合服务中心等主办开展《潍坊风筝文化网上公益课堂》，由陈玉林老师担任主讲，每周六晚八点在抖音进行直播。网上公益课堂设置了历史故事、风筝艺术、风筝杂谈三个栏目，内容包括潍坊风筝的历史由来、风筝民俗活动的沿革发展、风筝民间传说的奇闻轶事、历届潍坊国际风筝会纪实、风筝流派及名人名家名作、传统风筝的手工制作技艺、风筝文化艺术的展示形式、风筝童谣诗歌音乐艺术的推介等。陈玉林老师开设直播课程以来，已经获得了三千七百多个粉丝，他费时 10 个月开设的《潍坊风筝口述史》栏目收获了不少网友共鸣。“我想借助网络优势，扩大潍坊和潍坊风筝的影响力，提升城市品质，彰显潍坊人对家乡风筝文化的热爱，增强我们的民族文化自信。”陈玉林老师在采访时说道。

不过由于陈玉林老师年纪较大，课堂形式偏重传统，主要是放映电脑 PPT 和口述讲解，内容缺乏创新，难以吸引年轻人的注意，有时候直播间的观看人数只有两三个人，这与理想中的传播效果相去甚远。如何创新课堂形式，注入新元素，扩大风筝文化课堂的吸引力，是接下来的授课中面临的难题。在这一点上可以学习陇南市职业中专的做法，2020 年以来，陇南市职业中专多次开展非遗线上教学，并形成了自己的经验。首先在平台选取上，该校选择了腾讯课堂 APP，授课模式可以选择字幕、PPT、播放音视频、摄像头直播，互动工具有弹幕区、评论区、答题卡、涂鸦画笔等。课堂形成“自学感悟—听讲释疑—实践练习—产品创作—展示点评”五步走模式，用灵活多样的形式激发学生的学习热情和参与度，引导学生自主完成非遗作品的设计与自作。[①]

第四节 新媒体语境中潍坊风筝文化传播的问题及反思

通过对新媒体环境中潍坊风筝文化传播情况的考察，可以看到新媒体为非遗文化的传播打开了新的局面，但是在肯定其传播方式和传播效能的同时，也不应该忽略其在传播过程中出现的问题，有些是大多数非遗共有的问题，有些是潍坊风筝文化传播中独有的问题，只有在正确分析问题的前提下，才能提出有针对性的传播策略。

一、媒体议程设置缺位，报道主题时间设置不合理

潍坊风筝文化目前的传播渠道仍比较陈旧，是以报纸、杂志、广播、电视等传统媒体传播为主，新媒体传播还在起步阶段。如今传统媒体开始“上网”，山东省的各大传统媒体也纷纷建立了包括微博、微信、抖音等在内的新媒体传播矩阵，用户通过智能设备便可了解天下大小事。而传统媒体在人才队伍、专业程度、信源掌握范围及权威性方面都具备很大优势。因此潍坊风筝传播，既要发展新媒体渠道，也要继续重视和利用传统媒体的优势。从目前的潍坊风筝文化的报道情况来看，其传播还有很多待完善的方面，主要体现在报道内容集中，空档期十分明显，报道题材和内容多

---

① 张朝辉：《疫情期基于腾讯课堂的非遗课程教学实践——以陇南市徽县职业中专为例》，《办公自动化》2020 年第 18 期。

年如出一辙，难以实现良好的传播效果。

关于潍坊风筝，媒体对其报道或不报道，报道所设置的篇幅和位置都会影响用户对其重要性的判断。新闻媒体无法对所有的事件都进行报道，因为只能进行选择性的编码和信息传播，用户由于无法接受全面的信息，在进行信息解码时容易出现理解上的偏差，难以搭建较为完整的信息体系。在潍坊风筝的传统媒体传播上，最具代表性的现象就是，新闻媒体的议程设置多年雷同，题材和内容大同小异，大多是对潍坊国际风筝会放飞盛况的报道。例如，2020 年 1 月 1 日至 2022 年 3 月 14 日，齐鲁晚报网共对潍坊风筝进行了 24 次报道，其中大部分报道都发布于 2 月到 4 月之间，并且多次出现“潍坊风筝飞上天”的字眼，内容多为赞扬潍坊风筝会中风筝的样式丰富，场面盛大，而关于潍坊风筝的其他题材则没有充分发掘。

搜集各大传统媒体近几年对于潍坊风筝文化的相关报道，可以发现关于潍坊风筝文化的很多相关活动都缺乏曝光度，尤其是很多小型的非遗文化活动，连本地的媒体都没有及时进行报道宣传，比如笔者在采访非遗传承人过程中，传承人讲述的多个社区活动都没有在本地媒体中报道出现过，而且现有媒体报道也存在一定的滞后性。综合来看，对于需要深入广泛宣传的潍坊风筝文化来说，目前的报道数量和质量不尽如人意，内容比较单一，没有得到应有的重视；对于潍坊风筝的报道主要集中在潍坊国际风筝会、风筝展会活动以及传承人方面，而对于更深层次的题材则没有去发掘，无法体现潍坊风筝文化的深厚内涵。以《潍坊晚报》2018 年 1 月至 2022 年 3 月对于潍坊风筝的报道为例，其间《潍坊晚报》共有 71 篇关于潍坊风筝的报道，其中有 44 篇报道是关于潍坊国际风筝会的招商投资、开办情况等内容，20 篇文章报道了举办的与潍坊风筝相关的活动，3 篇文章报道了潍坊风筝产业，可见报道大多集中于经济产业方面，而对风筝的文化层面则缺少关注，并且大部分报道的篇幅较短，内容大多为图文结合和纯文字，官方微博发布的视频类的报道大多为转载而非原创内容，缺乏优质的深度报道，不足以引起受众的兴趣。

纵观整体传播情况，每年 4 月潍坊国际风筝会召开前后，与潍坊风筝相关的媒体报道数量剧增，除本地媒体报道外，还吸引全国各大媒体争相报道，而在此之外的长时间段里报道量锐减，内容匮乏，形成鲜明的报道集中期和空档期，不利于潍坊风筝文化的持续性传播。

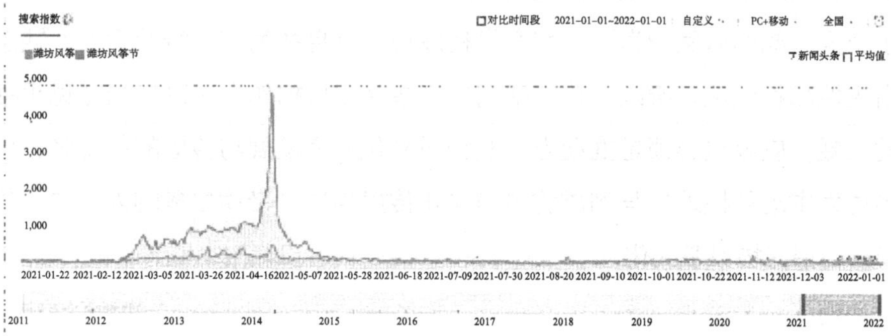

图 3–1 “潍坊风筝”报道相关百度指数

形成传播空档期和传播内容质量不高的原因，一方面与媒体的议程设置有关，但是从媒体立场出发，选择在热点时期进行集中式报道也是无可厚非。另一方面，也可说是根本的原因与潍坊市缺乏专门宣传风筝文化的部门和团队有重大关系。近年来，潍坊市政府在推动非物质文化遗产传承与传播方面做出了许多努力，但仍然有许多不足之处。潍坊市设立了非物质文化遗产办公室，但是在走访的过程中我们发现，办公室工作人员相对稀缺，大部分人都身兼数职，并没有专门人员负责进行新媒体宣传工作，因此在新媒体宣传这方面花费的精力和投入也极为有限。在这个信息爆炸，平台处处都在争夺用户眼球的网络世界中，只有内容质量高、形式有新意的信息才容易获得关注，而潍坊风筝连专门的运营团队都没有，传播内容缺少专业负责人，自然难以引起大众注意。此外，进行新媒体宣传需要专业的设备，而上级部门目前没有针对新媒体宣传下发相应的经费，潍坊风筝文化的宣传缺乏经费的支持，也导致发布的内容质量难以提升。潍坊风筝每一年“鸢飞九天”，就如同一位沧桑而不老的英雄再次披挂上阵，为潍坊市招商引资、经济发展使出浑身解数，而政府部门却没有一个专门的机构和专项资金的投入来持续性、创新性地扩大潍坊风筝及风筝文化的影响。

在上文我们提到，潍坊风筝传承人由于年纪较大，对新媒介技术操作不熟练等原因在媒体空间的传播相对乏力，而官方机构难以提供专门人员进行新媒体宣传，是潍坊风筝文化传播遭遇困境的主要原因。此外，无论是对机构还是个人都缺乏相应的鼓励机制，个人在网络平台发布信息是出于个人兴趣的偶然行为，而官方机构发布的信息多为完成行政命令，缺乏自主性和积极性。所以，政府部门或某些文化机构作为可以充当意见领袖的权威，应该也必须是推动当地非物质文化遗产发展与传播的带头者，应当更为主动积极地参与到潍坊风筝文化传播当中，带动更多的人关注、传承和传播潍坊风筝文化。

二、新媒体渠道利用不足，传播效应薄弱

从目前来看，潍坊风筝的传承人年龄层次较高，他们虽然了解潍坊风筝的历史文化渊源，有着扎实的制作技艺，但是由于他们年龄较大，文化水平偏低以及新媒体运用能力不足等原因，学习并掌握利用新媒体来进行风筝文化传播存在一定的困难。虽然有一部分传承人也通过抖音、微博发布潍坊风筝的相关文章和视频，但他们并未形成周期性的传播，缺乏运营意识，仅把新媒体账号当作个人生活记录来利用。以潍坊风筝传承人郭洪利的微博为例，他在 2021 年共发布 21 条微博动态，其中有 15 条微博是转发于其他账号内容，在这一年中，该账号还经常出现断更的情况，缺乏长期运营意识，导致该账号的关注度长期得不到增长。其他传承人或风筝爱好者也存在同样的问题，他们大都基于兴趣爱好和媒介使用习惯采集、编排、发布内容，多为偶发性行为，未能形成周期性传播。此外，传播者由于缺乏运营意识，对于评论区的内容不能及时进行回复，虽然，在某个时段某些风筝作品能够得到高度关注，但是却由于更新不及时等原因使得粉丝流失。

郭洪利："微博、抖音这些东西，我是玩不通的，就只会一些简单的操作，发发图片啊，转发一下别人的内容还是可以的，再高级一点的操作就不会了，这些是年轻人玩的东西，所以说现在的非遗文化发展需要年轻人来接力。之前有一个小姑娘来杨家埠拍摄了一些短视频，拍得非常好，我就给转发了，还获得了上级领导的表扬。我非常支持年轻人和专业人士来拍摄、宣传风筝文化。"①

从官方的新媒体账号来看，当地政府及相关文化单位对潍坊风筝的新媒体传播重视不足，投入成本较低。有关潍坊风筝的三个主要微信公众号"潍坊市博物馆""潍坊国际风筝会""潍坊市非物质文化遗产保护中心"，只有"潍坊市非物质文化遗产保护中心"对潍坊风筝设立过专栏文章推送，其他两个公众号只有在出现重大活动时会进行文章推送，其他时段大多处于断更的状态，从非遗角度来宣传潍坊风筝文化就更无从说起了。

综上所述，目前潍坊风筝文化传播存在新媒体渠道运用不足，传播力度相对较弱等问题，这与非遗保护部门及传承人对新媒体传播认识不足、重视程度不够有较大关系。今后，应当积极探索多种新媒体传播渠道，加强潍坊风筝文化新媒体媒介的传播力度，增强潍坊风筝文化新媒体传播的效果。从故宫博物院的成功案例中我们可以得知，传统文化的传播依然可以充满新意，故宫博物院开创的"故宫博物院"（账号"微故宫"）公众号中，推送"自黑"（网络流行词，意指自我调侃）和"反差萌"（网络流行词，形容一个人或物的外表和行为存在着明显的反差，从而显得有趣、可爱）风格的文章、文案和表情包，利用故宫丰富馆藏和历史故事进行精心的文化衍生创新，制作年轻人喜欢的文创产品、影视纪录片和综艺节目，吸引大众的注意力和关注度。同时通过文字、音频、视频、动漫等多种形式综合性表达，以及 H5 或者小程序，加大与公众的互动。此外，故宫还创新性使用 AR、VR、AI 等多种数字技术开发一系列故宫 APP 产品，推

① 本内容来源于郭洪利采访录音，2022 年 3 月 18 日。

出故宫端门数字馆等产品，为观众带来新奇体验的同时也提供了诸多便利。潍坊风筝既有文化内涵，又不失娱乐性和趣味性，在运用新兴数字技术时有广阔的发挥空间，传播者应该打破原有的传统思维，积极大胆运用新媒体技术，打造潍坊风筝文化的传播新样态。

三、品牌化战略缺失，产品创意缺失

在市场经济时代，文化跟市场和经济形成超链接，走向大众市场是发展的主流之路。对优秀文化资源进行科学合理的开发，实现一定程度的产业化，依附经济来实现更好的文化发展是十分有必要的。[①] 潍坊风筝产品的市场化是其传播的重要一环，将产品向用户普及，在使用的过程中激发用户学习和分享的欲望，是产品营销的目的之一。潍坊风筝产业目前已经成为潍坊市总体经济中重要的组成部分，对当地的就业、营收都发挥着重要作用，但是纵观潍坊风筝产业的总体情况，可以发现潍坊风筝在品牌化方面缺乏战略规划，知识产权保护意识不强，导致潍坊风筝在市场中的特点不突出，难以形成强大的品牌效应。

首先，很多潍坊风筝生产者不注重注册商标，潍坊风筝宣传过程中也没有突出体现本地独创的经典风筝。潍坊风筝的生产具有规模小、分布零散、工艺简单等特点，虽然全市的风筝企业超过三百家，但是龙头企业少，大部分为家庭小作坊式生产。在潍坊的风筝企业中，只有一小部分企业注册了风筝商标，大部分企业并未注册商标，在市场竞争过程中缺乏标志性。而且，据潍坊风筝办公室工作人员讲述，市场上认可度最高的风筝是沙燕风筝，而沙燕风筝是北京风筝的代表款式，并不是潍坊风筝的代表款式，也就是说潍坊风筝在整体的市场环境中的认可度还有待提升，只有加强品牌建设才能增加潍坊风筝的辨识度和知名度，也才更有利于传承与传

---

① 林雅洁：《潍坊风筝产业化开发的路径研究》，硕士学位论文，南京艺术学院2018年。

播。事实上，潍坊风筝完全不必“人云亦云”或“为他人作嫁衣裳”，我们在调研过程中常常看到精美绝伦又易飞好飞的潍坊风筝，并常常为之赞叹，可惜传播渠道和力度有限，这些风筝的社会知名度完全没有打开，甚至在“非遗潍坊”网站上都没有任何相关记录，如同向隅而开的鲜花，只香飘极小范围，在外却寂寂无闻，其审美价值、文化意蕴自然得不到重视和广泛地展示，经济价值因而也未能全面开发出来。

其次，潍坊风筝走向世界了，却没有真正走遍全国，如果局限于现有传播和经营模式，这一“墙里开花墙外香”的局面依然难以突破，而区域文化经济联合发展的道路或可一试。环渤海经济带的风筝除潍坊风筝以外还有北京风筝、天津风筝，而包括潍坊风筝在内，几地风筝品牌的塑造还停留在强化风筝流派方面，即还是以潍坊风筝、天津风筝、北京风筝为大品牌的各自为政运作，而没有树立环渤海风筝的整体品牌形象，实现联合发展，拉动整体地区的经济发展。在这一方面湖南省的做法或许能够给我们以启示，湖南省为了振兴传统工艺，传承非物质文化遗产，将湖南省的湘绣进行了二次创新，并建立了一批代表湖南特色文化的“湘”字号传统工艺品牌，打响湖南手工艺的名号。同时，湖南省积极探索创新，设计了一大批具有湖南特色的非遗衍生品，在景区和历史文化街区创办传统艺术品展会和博览会，不仅吸引了大量外地游客参观，还拉动了当地经济发展。[①] 所以，环渤海经济带这三大风筝流派也可以在“合纵连横”上做文章，如果以江苏南通风筝为“南派风筝”，那么环渤海经济带的这三大风筝流派完全撑得起“北派风筝”，不仅北派之间可以互通有无，可以设计更大范围的竞赛、活动等，还可以与南派风筝联合设计更多活动，提出更广泛的可操作主题，让人们有更多机会接触风筝文化、关注风筝文化、热爱并参与传播风筝文化。

再次，传统的风筝制作工艺还需要与现代科技相结合，开拓风筝设计

---

① 李新蕊、邱丽杰：《基于短视频平台的辽宁区域非遗品牌策略研究》，《新闻研究导刊》2021 年第 24 期。

制作的创新空间。传统工艺制作程序的固定化使得产品很难出现质的发展，大部分企业只是在小范围内创新，而如果将传统工艺品与现代科技联合，则可以赋予传统工艺品更广阔的创新空间。目前潍坊风筝热销的款式大多是现代风格的风筝，但是现代风筝的设计很多是源于影视形象和流行文化，而非企业的原创设计，这些风筝产品更新换代速度快，缺乏创意设计，更没有融入传统风筝文化的元素，不利于塑造潍坊风筝文化的特色，更不利于彰显潍坊风筝文化内涵。风筝虽然有着流派之分，但是如果不对风筝产品进行设计创新，陈旧的题材难以吸引现代人兴趣，非遗的发展也无从谈起。

尤需注意的是，在进行产品创新的过程中，保护工作是第一要务。现代化大机器生产提高了生产效率，但是和"慢工出细活"的手工风筝相比，流水线制作的风筝难免会有色彩设计粗糙、图案印制不清晰，风筝易变形等情况，不但没有传递非遗之美，还破坏了非遗产品的形象，拉低品牌口碑。因此要在提高生产效率的同时保证产品的质量，开发、设计更具艺术价值的非遗产品，对非遗进行传承和创新发展。2021 年，潍坊风筝传承人郭洪利与创立于福建的运动品牌匹克进行跨界合作，在篮球鞋的设计上加入了潍坊沙燕风筝的元素，鞋子以黑白红绿为主色调，在鞋舌部分采用了沙燕风筝图案，鞋面勾勒出羽毛形状，象征着新生与希望，鞋面还采用与风筝宣纸相仿的材料，还原风筝的质感，整个鞋子加入诸多风筝元素，既有传统之美，又融入了现代风格，彰显了国货特色及其文化底蕴，一经发布就赢得了市场的广泛好评和欢迎。

目前文化产品的跨界合作已经成为一个普遍现象，传统文化产品可以赋予现代品牌以深厚的文化内涵，同时传统文化产品也可以借助现代品牌的影响力为自身进行传播。传统文化进行创新的道路有千万条，保留传统文化精髓和加入现代化元素并不是一个零和博弈，关键还是要充分发挥人的主观能动性，守正创新，赋予非遗文化全新面貌。因此，潍坊风筝文化的品牌经营完全可以大胆进行跨界合作，尝试与其他各类产品相融合、创新、发展，为风筝文化注入源源不断的活力。

第五节　新媒体语境中潍坊风筝文化传播策略的创新探索

一、融媒体传播策略拓展

新媒体的视听效果和高速传输是传统媒体难以企及的，传统媒体的权威性和专业性也是新媒体无法达到的，融合是必然的发展趋势。融媒体不仅包含了旧媒体的优势，还展现出更高效、更智能的特点，将其善加利用则完全可以为非遗文化的传播打通一条快车道。媒体融合改变了以往单向的传播模式，实现了实时交流互动，大大拉近了非遗产品与受众的距离；而且，融媒体通过“两微一端”渠道传播，加之云计算、大数据的助力，可以实现信息的精准推送，提高非遗文化的有效传播率。回望并不遥远的过去，潍坊风筝文化的传播主要依靠传统媒体，在媒体不断融合的趋势下，风筝文化的传播格局已经发生全面改变，要更好地利用融媒体来传播非遗文化，抓住融媒体的优势，借助各种技术手段、新型产品将非遗融入大众的日常生活中去，探讨非遗的融合发展之路。

（一）拓宽传播渠道，构建立体传播格局

在当今新媒体的语境下，传播渠道的拓展、传播内容的优化、传播理念的创新、传播方式的创设造就的新媒体传播联动的局面，是有效提高非遗文化传播效果的方式。媒体技术的发展为非物质文化遗产的传播开辟了新局面，让远离大众生活的非物质文化遗产重新进入公众视野。依托互联网技术，新媒体传播平台使得非物质文化遗产能以文字、图像、视频、直播等多种形式进行大规模传播，将非物质文化遗产以生动、全面的方式呈现出来。并且，对其背后的文化内涵、艺术特色和历史知识作个性化解读，不仅将非物质文化遗产的内容进行了数字化保存，同样有效传播了工艺非物质文化遗产。上文我们提到，浙江省非物质文化遗产“数字工程”成效显著，打通了线上线下“一张网”，这对于潍坊风筝文化的传播具有重要的

借鉴意义。潍坊风筝文化同样可以依托智能设备，借助微信、短视频平台、电商平台等渠道，得到个性化、场景化、真实化的全面呈现，而且丰富的内容将准确地推送给感兴趣的受众。

虽然传统的传播方式在传播范围上不如新媒体传播，但线下活动的视觉冲击力强，受众印象深刻，在市场转化率上具有优势。因此，也应丰富线下传播渠道，拓展线下展览，为公众提供便捷参观体验的交流空间。一方面，要继续实施“非遗进校园”计划，将风筝文化带入中小学和大学校园，在校园内举办线下潍坊风筝文化相关展览，举办潍坊风筝文化知识竞赛、创意视频竞赛、创意风筝设计竞赛等，鼓励师生参与，为风筝文化增添活力。在社会层面，地方政府和有关部门可以开展非物质文化遗产展览，不仅在博物馆举行，还可以在露天举行，主动贴近公众。在每年3月潍坊人民广场樱花盛开的时节，有大量游客到此游览，赏樱拍照，在人民广场设立风筝展，将优秀的传统风筝以及现代创意风筝进行展出，可以达到很好的传播效果，而在四五月风筝会期间，也可以在全市乃至全省开办风筝创意大赛，发动市民参与，扩大风筝文化的传播范围。同时，在潍坊市风筝博物馆、十笏园非遗文化中心可以开放非遗的AR和VR体验馆，用最新科技吸引广大市民参与非遗的体验活动，加深他们对风筝文化的理解。另外，如上文所述，还可以策划环渤海经济带的几大“北派风筝”之间的联合活动，以及与南派风筝之间的互通有无，不断创造和保持传播热点和热度。

风筝的传承发展关键还在于年轻人，潍坊风筝传播一定要吸引年轻一代的关注，因此可以构建“科研深耕内容＋媒体细作渠道”模式，丰富潍坊风筝文化的内涵。打造“直播＋综艺＋非遗”“直播＋电商＋非遗”“云课堂＋非遗”“VR+游戏＋非遗”等新媒体创新传播模式，建立风筝文化与年轻人之间的纽带，让更多人特别是年轻人走近潍坊风筝文化，认同潍坊风筝文化。但是在构建上述模式时切忌只重形式而轻内容，造成“新瓶装旧酒”的局面，要在传播时深挖非遗文化内容，挖掘人物故事，注重人文表达，寻求突破创新，从而在兼顾创新的过程中，保障潍坊风筝文化传播的深度和完整度。

总之，非物质文化遗产传播，应该形成主流媒体筑牢舆论阵地、新媒体扩大影响力、社交平台推动二次传播的格局，还应该拓展线下体验空间，形成大众传播和人际传播的非遗传播整体矩阵。

（二）利用新兴数字技术，开发非遗传播新表现形态

2019 年政府工作报告中首次提出“智能 +”这一概念，明确指出要加强互联网平台在多个领域的应用，深化大数据、人工智能等的研发，促使新一代信息技术与非遗产传承的深度融合及应用。新的智能传播方式正在改变非遗资源与受众的关系，成为通过数字技术赋能和转化的重要驱动力。非物质文化遗产的数字化应用主要分为两个方面，一是数据的收集、整理和存储，包括对非物质文化遗产名录、数字记录非物质文化遗产、器物、产品等的收集和整理。二是非物质文化遗产数字化展示与传播，利用数字技术，通过不同的数字媒体展现非物质文化遗产内容。展示形式十分多样，既包括传统的图像、音视频形式，也包括数字技术产生的新型交互、虚拟、全息等形式，在展现中突出交互性和体验性等新的特征，以达到保护和传播非物质文化遗产的目的。

我们在调研中发现，目前潍坊风筝非物质文化遗产项目对数字化技术的使用程度不高，在发展方面急需进行数字化拓展。三维动画技术、虚拟现实技术、交互技术等数字化技术可以为非物质文化遗产的传承加持助力。因此，对于潍坊风筝来说，可以通过 3D 动画宣传片在网站上展示风筝的起源、制作过程，国际风筝节的盛况，利用虚拟现实技术让用户沉浸式体验风筝节，或者进行风筝放飞体验；然后利用互动技术，让用户根据提示一步步完成风筝的制作，参与到国际风筝节中去。潍坊市非物质文化遗产保护协会办公室主任袁洁莹在接受采访时表示，新媒体技术运用不足确实是当前风筝文化传播过程中的一大短板，这涉及资金、技术等多方面。靠目前的政府投入还需要一定时间，而和企业合作或许是一个不错的选择。

袁洁莹："我们非遗协会目前做的比较创新性的一个项目就是和阿里巴巴合作，通过阿里的蚂蚁链技术设计了两款数字藏品，由咱们的国家级风筝传承人张效东老师创作，一款是龙头蜈蚣风筝，一款是沙燕风筝，每款做了一万份发布在阿里的鲸探平台上，上线后呢，是一秒售空，我认为这个相对于短视频来说是一个更新的突破。"①

剖析非遗文化的活态性传承可以看出，在潍坊风筝文化的保护过程中要注重活态化传承，做到对潍坊风筝文化的可持续性保护，利用新媒体技术创新风筝文化传播模式，同时要增强受众的参与度和互动度，利用 AI、AR、VR 技术实现潍坊风筝文化的沉浸式体验，让风筝之美可以看得见、摸得着，从原有的单一体验转变为多维度、立体化的感官交互体验。这方面，故宫博物院已经迈出了探索的步伐，2019 年，故宫博物院开办了"发现养心殿"数字体验展，展览借助 AR、VR、人机交互等现代科学技术，设立了"召见大臣""批阅奏折""鉴藏珍玩""亲制御膳"等项目，在趣玩当中传播历史知识。游客可以通过这些项目和大臣对话，亲手"制作"御膳房菜肴，挥动肢体试穿皇宫服饰、把玩精品文物，在数字世界里体验"养心殿的一天"，从而了解养心殿的建筑功能和清代宫廷生活。与传统的游览模式相比，加入了新兴科学技术的展览项目不但增添了趣味性，还丰富了文化遗产的内涵。

（三）设置合理议程，周期性常态化传播

大众之所以对潍坊风筝的印象还停留在"古板、老旧"的层面，主要还是因为文化传播不到位。建议潍坊市政府强化与地方媒体的合作，加强非遗传播，利用新媒体多渠道建立"非遗议程"，编织大而广的非遗传播网络，使人们在富有时代感的强有力宣传中接触潍坊风筝文化。

1972 年，美国著名传播学者麦库姆斯和肖提出了大众传播研究的议程

---

① 本内容来源于袁洁莹采访录音，2022 年 3 月 1 日。

设置理论假说，认为大众媒体的功能是通过某个信息显著性的增加而“引导”或“转移”受众的注意力。虽然传播的技术环境发生了变化，但议程设置理论在媒体融合的语境中仍然发挥着巨大作用。潍坊风筝文化的媒体议程设置显著性不足，相关传播往往是过时的主题和明显的“断片式”宣传。其实传播机会并不缺乏，只是需要付出精力经营。

放风筝是一项贯穿一年四季的娱乐活动，尤其是在春季最为普遍，在每年的潍坊国际风筝会召开前后，潍坊市政府要借机推动文旅融合发展，借助新技术元素在多个场景传播潍坊风筝文化，在机场、火车站、免税店、景区、社区等人流量多的地方，植入风筝元素，让更多的人群接触风筝文化。在此期间除了报道风筝会的放飞盛况外，还应该借机在新媒体上普及潍坊风筝悠久的历史文化内涵及艺术价值，通过 H5、短视频等形式吸引观众注意力。在会后则可以联合名人、网红等，借其粉丝效应在新媒体渠道上加大宣传力度。目前，名人、网红走入直播间进行直播带货的现象已经屡见不鲜，带货主播深知直播技巧，善于内容解说，更加了解粉丝的消费心理，推销的产品更能被消费者接受，潍坊风筝应该与有号召力的网红主播进行商业合作，带动风筝销量的同时又能增加潍坊风筝的知名度。①

同时，纪录片是非物质文化遗产进行传播的利器。潍坊市相关部门也曾经组织团队拍摄潍坊风筝的纪录片，但是传播效果并不理想。主要原因在于纪录片的叙事手法单一，内容单调，形式套路化。而且在拍摄时的镜头语言主要聚焦于手艺人，忽视了观众在观看时的参与感，导致纪录片很难吸引受众的注意。高质量的制作和高效率的传播渠道是非遗纪录片实现理想传播效果的前提，而新颖的题材和叙事则是非遗纪录片进一步扩大影响力的秘诀。在 B 站上至今已经有多部非遗纪录片“出圈”，在年轻人群体中大受欢迎，例如纪录片《百年巨匠》没有从传统手艺人的视角对非遗文化进行讲述，而是分别从一把壶的视角、收藏者的视角和茶文化爱好者的

---

① 刘元：《新媒体环境下非物质文化遗产的传播探析》，硕士学位论文，上海师范大学 2021 年。

视角切入，其中加入专业人士的分析，这种独特的、多维的叙事模式带给观众全新的体验，获得了极佳的传播效果。

二、传承人传播策略开发

保护非物质文化遗产的关键是保护传承人。非物质文化遗产要传承下去，就必须积极保护传承人。然而，目前潍坊风筝文化传播人才的培养无法满足风筝文化传播的需要，在新媒体普遍化的今日，潍坊风筝的传播力度不尽如人意。因此，着力培养和保护传承人，发现和培养非物质文化遗产传播人才，形成特殊的传播人才队伍就显得尤为重要。

（一）完善传承人保护体系

一是对非物质文化遗产传承人的认定工作要进一步完善，确保非遗的后继有人是保护工作的重中之重。2008 年国家颁发的《国家级非物质文化遗产项目代表性传承人认定与管理暂行办法》(以下简称《办法》)，对传承人的认定方法进行了详细规定，并且明确了传承人的相关责任义务。《办法》的出台为非物质文化遗产保护开了一个好头，但在鉴定时，政府和公众仍要加强监督，使得鉴定真正做到公平、公正、公开，确保非遗能够找到真正具有代表性的优质传承人。

二是为传承人提供资金支持，使其在传承非物质文化遗产时能够满足正常生活需要。目前，国家级非物质文化遗产传承人每年可以收到 20000 元的补助，省级传承人可以收到 3000 元补助，而县级、市级的则只能收到 300—1000 元的补助，补助金额相对偏低，这对大多数非遗传承人来说无法起到太大的帮助作用。我国的很多优秀传承人迫于生计压力，对于非遗的传承有心无力，政府只有对其提供经济支持，才能让传承人免除经济压力，专心在非物质文化遗产的传承上献力，未来潍坊市政府也可以针对风筝文化的传播发放特别鼓励补助，激励传承人进行高质量的传播。

三是要在精神上给传承人以支持，增强传承人的职业自我认可度，提高传承人的社会威望。非物质文化遗产大部分来自民间，传承人也基本都是普通社会成员。要想鼓励传承人以更高的热情投入非遗保护传播工作中去，应该使社会大众认可传承人对于社会文化的贡献，为传承人提供在公众面前表演和展示的机会，增强传承人的声望，增强他们的自我认同、自豪和自信。提高传承人的社会待遇也有利于扩大其所代表文化的社会影响力，营造非物质文化遗产保护的社会氛围，鼓励人们更加重视非物质文化遗产保护工作。

（二）拓宽传承人招募渠道，建设传播人才队伍

全媒体时代下，传承人既是传的主体，又是受的一方，所以对传承人的培养就更不能死守以往的方式，且技艺的传承不是单纯地收学徒，真正的传承是一种社会传承。所谓社会传承，即让社会民众普遍关心和意识到潍坊风筝的文化意义，从而广泛引起人们去自觉保护。

首先，通过鼓励创新创业来吸引更多的人参与到风筝文化产业中来。通过非遗创业实践来实现非遗的保护与传承，坚持“保护第一，开发以保护为前提”的原则，兼顾风筝的文化属性和经济利益。2014 年 5 月，上海民间文艺家协会与上海工艺美术职业学院、黄浦区文化馆等联合创办了“李守白大师工作室”暨“海派手工技艺传习所”，开办“非遗传承人群研究培训计划”，对来自全国各地的非遗传承者授课，并每个月在田子坊举办公益性传习活动，通过讲座、上课等形式向用户展示和传授非遗技艺，传承海派文化手工艺。潍坊风筝自身就有着庞大的市场，完全可以借鉴上海经验，推动传承人积极创业，在传承中收获经济效益，是传承风筝文化的有效途径。

其次，可以在广泛的用户中发掘优秀传播人选。在新媒体环境下，用户拥有主动权，愿意互动和分享，新媒体的低门槛给予用户广阔的传播平台，因此，要在用户中不断培养创作者，不断扩大潍坊风筝文化的传播节点。由于年事已高，大部分传承人本身并不熟悉新媒体的运作方式。但在众多的风筝爱好者中，有不少懂得新媒体运作的年轻人，我们应该挖掘、

培养和鼓励这些人，并鼓励他们制作短视频、微纪录片等，在新媒体平台上播出。通过平台的流量扶持计划、有奖活动等形式吸引人们去花费时间和精力制作出优质的新媒体作品。

同时，发掘潍坊本土传播人才，是快速缓解当前人才紧缺压力的“快捷键”。一方面，本地传播人才的培养成本相对较低，人才流失的可能性较小。另一方面，当地的传播人才长期在潍坊生活，对潍坊民俗文化有体验、有了解，在教学时更容易接受非遗文化。在利用当地传播人才方面，除了组织线下交流之外，还可以开展形式多样的线上活动，如在公众号发起非遗文章稿件征集、非遗短视频大赛等，通过新媒体的广泛传播和社交传播的优势吸引和鼓励公众参与，然后在活动参与者中选拔传播人才。

（三）提升传承人媒介素养

潍坊风筝传承人对风筝文化和风筝制作技艺了解颇深，积极引导他们进行风筝文化的传播，通过他们的一言一行，可以吸引更多的人走近潍坊风筝文化。提高潍坊风筝传承人对新媒体的使用能力是当务之急，政府可以与社会各界合作，定期开展专业培训，提高传承人的媒体素养，培养新媒体人才。在新媒体传播技术方面，培训传承人练习取景和构图，传授他们打光灯、稳定器等专业设备的使用方法；鼓励他们学习如何编写新媒体脚本，在拍摄之前进行简单策划，学会基础的新媒体运营技巧，与用户更好地互动。在营销方面，教授他们如何开设网店，如何进行产品营销，并通过直播间秒杀等形式刺激消费者进行消费。

同时，将专业素质较好的学员或兴趣浓厚的受众集中在一起，搭建社群平台，将优质的新媒体适用课程发布到网络社群以供学员学习。通过微信、抖音、豆瓣等社交平台将这些有能力、有意愿参与潍坊风筝新媒体传播的人才集中到一起，进行专业技术层面和传播策略方面的规划与探讨，通过培训等方式提高这些人的媒介素养和专业水平。此外，鼓励接受过潍坊风筝专业素质培训和传播学知识培训的学员，以团队的形式或自主策划的方式开展潍坊风筝的新媒体传播活动。

虽然我国对非物质文化遗产的资金支持力度逐年增加，但由于我国非物质文化遗产项目众多，目前不可能对整个非物质文化遗产进行高额资金投入。因此，经济保障不足成为非物质文化遗产保护的主要问题。目前直播、短视频、Vlog 等新媒体形式层出不穷，催生了大量创新的创收方式。如果风筝的传承人掌握了一些数字传播技术，学会通过以上新形式的媒体传播风筝文化，那么在传播的过程中，就有可能实现风筝市场价值的多元化。目前，抖音、快手平台相继推出的“非遗合伙人”计划和“非遗带头人”计划，大力扶持非遗传承人，使不少传承人走上了发家致富的道路。“80 后”女孩沈瑜婷在 2021 年开通抖音账号“@ 斑斑紫砂”，凭借着她深厚的紫砂文化功底吸引了众多网友注意，并且她还带领工作室的一大批紫砂制作技艺人走到台前，通过生动的叙述和直观的视觉呈现，带领网友们领悟紫砂之美。目前，沈瑜婷的工作室已有 30 名手艺人，合作过的传统手艺人超过 500 名，紫砂壶的月销量超五万件，和之前的线下销量相比增长了几十倍。①

目前，经营潍坊风筝的企业很多都入驻了淘宝、抖音等电商平台，但是真正利用好直播间进行卖货的却寥寥无几，笔者在采访过程中收到传承人的反馈，这两年（2020—2022）的风筝销量很不乐观。风筝文化的传承与传播单单靠国家和政府的力量是很难巨细兼顾的，重要的是非遗传承人自己宣传自己，传承自己，而在直播带货如火如荼的当下，风筝传承人也应该对此进行思考和选择，利用新媒体形式实现风筝营销模式的转型。

三、“风筝大文化”创新传播策略

（一）“风筝 + 动漫”模式

动漫是一种开放性和多元化的文化，它“能够吸收传统的精华，吸收其他艺术形式的精华，吸取人类漫长历史上积淀下来的精髓，又虚心接纳

① 赵越、张宁：《论数字媒体视野下的非遗传承人保护研究》，《大众文艺》2019 年第 23 期。

现代技术制造幻影的本领，悉心用各种手段充实自己，从而创造出一种人类有史以来孜孜以求的合力文化”，而正是动漫的这种开放性赋予了它在当代社会促进非物质文化遗产的传播与传承的可行性。① 根据国家版权局和腾讯研究院联合发布的《中国网络版权产业发展报告（2020）》，2020 年中国网络动漫用户规模达到 2.97 亿人，并且这一数字在不断上涨。动漫用户以青少年群体为主，50% 以上为“00 后”，如果将非遗与动漫相结合，将有一大批年轻人群体被吸引而来，而他们则很有可能成为非遗普及、传播的“潜力股”。我国的动漫产业在近年来发展迅速，出现了大量动漫文艺作品，但很多作品都存在文化内容空洞、缺乏民族特色等问题。在动漫艺术的创新中应加入我国优秀传统文化精髓，创作出独具特色的艺术作品。从“非遗”传播的角度来看，“非遗”文化与定制化动漫的形式相结合，可以大大增强用户黏性，引起受众群体的兴趣。

许多“非遗”项目的前身就是动漫的雏形，如剪纸、皮影、脸谱等。“非遗”文化可转化为动漫创作的丰富素材，如《长恨歌》动画以皮影为元素创作，可实现“非遗”与动画的高度融合；如《大鱼海棠》动画电影中借鉴了“怀远楼”福建土楼群的元素，奇妙的故事就发生在神秘的土楼群里，“非遗”文化随着动画的助力散播出去；如《渔灯》动画中描绘了一个发生在大良小镇里，“非遗”渔灯手工艺制作和传承的温情故事。此外，取材于传统故事的动画电影如《哪吒》《大圣归来》《白蛇》等都获得很热烈的反响和观众的喜爱，可见根植于本土文化的动漫更容易获得观众的认可和归属感。②

纸鸢这一元素常常出现在国风动漫中，风筝在美术设计方面自身就有很独特的风格，融入动漫中可以成为一道靓丽的风景线。放风筝是一项体育竞技活动，也是一项传统手工技艺，在动漫创作过程中，可以设置主人

---

① 陈少峰：《非物质文化遗产的动漫化传承与传播研究》，博士学位论文，山东大学 2014 年。

② 陈少峰：《非物质文化遗产的动漫化传承与传播研究》，博士学位论文，山东大学 2014 年。

公学艺的情节，或者风筝放飞竞赛的情节作为副线，对风筝手工艺的精湛之处进行动漫化的表达，或是对放飞风筝这个自古以来就有的传统竞技项目进行动漫化展现，唤醒观众对风筝文化的关注。潍坊风筝是优秀传统文化的代表，而动漫则是当前流行文化，将动漫与风筝有机结合起来，从动漫的角度去挖掘非物质文化遗产资源，可以将静态风筝文化转化为可听、可视的动态影像，为潍坊风筝文化传播与传承搭建现代化的传播桥梁，使其迎来更广阔的发展前景。

（二）“风筝＋游戏”模式

互联网以及新媒体技术的发展使得游戏已经成为当代人喜闻乐见的娱乐消遣方式。2021 年 12 月 16 日，中国音数协游戏工委等发布了《2021 年中国游戏产业报告》。报告显示，2021 年，中国游戏市场实际销售收入 2965.13 亿元，同比增长 6.40%。2021 年，中国游戏用户规模达 6.66 亿，虽然受到防沉迷新规影响，但游戏用户规模还是以每年几千万人的增幅在扩大。[①] 风筝的形象在游戏中经常出现，尤其是国风类的游戏常常采用风筝做道具，因此潍坊风筝可以积极探索游戏开发，或者与国内大型游戏 IP 合作，设计绿色健康的游戏角色，传递风筝形象。

在 Web3.0 的背景下，网络游戏有着巨大的发展空间，中国国家体育总局已经将电子竞技列为正式的体育项目，国际上也有知名的电子竞技职业比赛，比如职业电子竞技联盟（CPL）、电子竞技世界杯（ESWC）等。但是当前市面上最受欢迎的几款游戏，比如《英雄联盟》《守望先锋》，其故事背景均来源于西方传说故事，西方国家也通过游戏的方式进行文化输出，这对我国的优秀传统文化传播构成一定威胁。因此，中国游戏在进行开发设计时，应该加入我国优秀传统文化元素，守护我国传统文化阵地。此前，热门游戏《仙剑奇侠传 1》中就多次加入非物质文化遗产元素，多

---

① 《2021 年中国游戏产业报告》，人民日报社民生周刊，2021 年 12 月 28 日，https://new.qq.com/omn/20211228/20211228A08CY700.html。

次出现少数民族祭祀的场景，将非遗和游戏情节结合，让游戏玩家深入了解非物质文化遗产。

将“非遗”融入游戏，不仅可以增加游戏本身的文化深度，还可以使得非遗在交互体验中变得生动有趣。这一点上，故宫文化服务中心的新媒体推广小组就给了我们很好的启示，其推出的《皇帝的一天》小游戏，就可以让玩家通过“银牌试毒”“百步穿杨”等游戏环节了解清代皇帝的一天是如何度过的，以此来达到了解故宫文化的目的。“非遗”与游戏的结合以年轻人喜闻乐见的方式助力“非遗”传播传承，激发了年轻用户的参与热情并形成扩散传播，在互动娱乐中传播“非遗”精神。

潍坊风筝在游戏领域做过有益尝试，2020 年第三十八届潍坊国际风筝会期间，潍坊市政府与腾讯《王者荣耀》展开了深入合作，以“潍坊风筝”非物质文化遗产资源，与《王者荣耀》游戏共同进行传统文化深度宣传活动。《王者荣耀》邀请风筝传承人郭洪利老师与王者主播共同制作王者主题风筝，风筝会还专门开设了“王者荣耀放飞专区”及线下王者主题风筝展区“李元芳的风筝小铺”，参加风筝会的游客和玩家们可以在这里观看《王者荣耀》巨型串式龙头风筝的放飞表演，也能在展区的心愿墙上留下自己的心愿寄语。在线上环节，《王者荣耀》游戏结合清明节“放飞心愿、消灾免难”的节日习俗，推出了风筝寄语 H5，并且郭洪利老师还为《王者荣耀》中放风筝的角色——李元芳设计了一款风筝主题的皮肤“飞鸢探春”，游戏角色李元芳手中的飞轮变成了一只大纸鸢，李元芳的大耳朵变成了中国风的小翅膀，衣襟则设计成燕尾相撞，鞋底脚踩祥云……精美的设计让线上李元芳手中的纸鸢与风筝会上的成千上万只风筝交相呼应。这次“风筝 + 游戏”的跨界合作十分成功，游戏与传统文化碰撞，不仅是绚烂国风的数字化表达，更是传统文化与非遗的特别传承，放飞的也是潍坊风筝手艺人的希望。[①]

---

① 《潍坊风筝会特设“王者主题活动日”，推动传统文化的数字化传承》，封面新闻，2021 年 4 月 19 日，https://baijiahao.baidu.com/s?id=1697452784095261287&wfr=spider&for=pc。

郭洪利："这次活动能够如此成功，一是因为游戏是现在年轻人非常喜欢的一个东西，它存在着广泛的用户，把风筝和游戏进行了一个完美的结合，自然能吸引年轻人的目光。再一个，'王者荣耀'又是现在非常大的游戏平台，年轻人非常多，在这上面传播和在别的平台上传播产生的影响力是不一样的，像我们在直播的时候互动量达到了六七百万，我们的点击量超亿，这其实也是超出了我们预期目标的。"①

（三）"风筝＋文创"模式

2006年潍坊风筝被列入第一批国家级非物质文化遗产名录后，政府加大了对潍坊风筝的扶持并以风筝为名片开发潍坊市文旅产业，潍坊风筝文创产品也得到了快速发展。但是调查显示，目前潍坊风筝的文创产品主要是钥匙扣、镜子、丝巾等常规产品，文创产品种类稀少，形式单一，同质化问题严重，无法准确表现潍坊风筝的特色；此外，潍坊风筝文创产品市场销售增幅缓慢，情况不容乐观。

袁洁莹："目前关于风筝的文创有是有，但是没有特别突出的产品，形式比较普通，这也是目前存在的一个问题。目前还没有太多第三方投资，因为第三方介入往往是以营利为主，如果这个营利的点找不好，就很难达成合作。"②

创新是文创产品的灵魂。非物质文化遗产文创产品的开发不应只是简单对文化遗产进行复制，而应是对优秀传统文化的现代诠释。在关注历史的同时也要结合现实。只有创新才能"复活"传统文化。非遗创新"需要历史与现实的灵活结合，美学与历史现实的完美衔接，创新与保护的自然融合"。坚持创新，将设计师的灵感和创意注入产品中，用创新思维打破非

① 本内容来源于郭洪利采访录音，2022年3月18日。
② 本内容来源于袁洁莹采访录音，2022年3月1日。

物质文化遗产传播的窘境，以创新的手段融入市场，利用最新的技术（如互联网技术、VR技术等）提升产品价值，进而设计出真正优秀的文创产品。

2016年春节前，淘宝联合故宫博物院发起了非遗众筹项目，高密剪纸、朱仙镇木版年画、胶东花饽饽、内联升老布鞋等非遗产品经过创新设计，以全新的形象展现于互联网平台，上线当天就被一抢而空。如朱仙镇木版年画推出的定制款年画《龙凤呈祥》，是由“故宫淘宝”提供设计方案、非遗传承人手工制作而成，一上线便受到年轻人的追捧，半天内年画项目达成率竟超过150%；高密剪纸推出了限量版和Q版剪纸窗花，一天内众筹率就超过了1300%。短短5天，5个众筹项目就获得了35万元，充分体现了运用互联网思维和个性化定制模式取得的良好效果。①

潍坊风筝本身就具有鲜明的艺术色彩，现代风格的潍坊风筝造型多样，在文创设计中有很大发挥空间，随着时代的发展，人们的审美也在发生着改变，潍坊风筝要想在新时代得以进一步发展，就必须开创新的发展方向，在保留和借鉴传统艺术形式的基础上，结合现代技术和艺术，进行新的创意设计。当前“国潮”在年轻人中兴起一阵新的风尚，很多年轻人都将“国潮”作为表达自我情怀和展现自我审美的新形式，天猫国潮联合中央电视台举办的《潮起中国·非遗焕新夜》主题晚会，使得许多非遗作品与国潮结合，以全新的面貌走进大众视野，比如年画女书、京剧南音、苏绣绛丝等。② 潍坊风筝与国潮结合或许是一条不错的开拓创新之路，将风筝元素运用于服装、配饰上，还可以与现代文化元素融合设计海报、装饰画、盲盒玩具等，让风筝以新型姿态走入现代文化市场，展现中华民族文化艺术的魅力。

总之，伴随着移动互联网与自媒体的发展，非物质文化遗产传播正迎来一个值得期待的机遇期。传统媒体时代，绚丽多彩、“气象万千”的潍坊

① 刘文良、谢佳林：《互联网+文创：走出传统非遗创新性发展的困境——以湖南木偶艺术为例》，《扬州大学学报（人文社会科学版）》2019年第3期。

② 《国潮这趟车，非遗终于赶上了》，《收藏·拍卖》2021年第6期。

风筝在报纸文本中、在广播和电视语言中，一年也只能在某几个特定的时刻争取到极为有限的报道时间和空间。风筝固然已经飘飞在媒体中，但风筝文化还留在潍坊本地没有得到良好的展现和传播。

到了新媒体时代，通过新媒体传播，潍坊的风筝及其相关文化获得了在国内乃至世界广泛传播的难得机遇。因为除了潍坊本地的文化部门和传统媒体之外，潍坊风筝的传承人，所有记录、关注、转发过潍坊风筝相关文字、影像、创意的互联网用户，都成为潍坊风筝的传播主体，而他们各种充满想象力的互动、二次创作和二次传播，更会使得风筝也有机会成为一种群众性的传播狂欢的主角。所以，问题的关键在于，与庞大的互联网用户相比，真正到过潍坊去记录潍坊风筝的人终归是极少数，如果潍坊本地文化部门能和非遗传承人一道，重视新媒体传播、运用新媒体技术，对潍坊风筝进行像风筝品类本身一样丰富多彩、底蕴深厚、形式精美的相关内容生产和传播，那么其裂变式传播效果才能真正营造出更具普遍性的风筝文化。只有这样，才能使得风筝文化激发或争取到更多年轻人的关注，在关注中寻找热爱和传承；也只有这样，潍坊风筝才能在扩大自身文化影响力的过程中增强产业发展能力，从而为自身发展争取更多的物质和智力支持。

在新媒体传播方面，很多非物质文化遗产经过与新媒体的初步磨合，已经探索出了多元、高效的传播路径。潍坊风筝若能在目前传统传播方式的基础上，总结问题、吸收经验，着力开创多种形式的新媒体传播，也必将获得更为充沛的储备力量，并以超越传统形象的全新面貌呈现在世人面前，在新的层次上实现“鸢飞九天”。

结语　深入乡土　调查研究

中国特色的乡村传播研究是国内传播研究的前沿之一，所谓中国特色的乡村传播研究，表层意义是深入乡土中国，调查研究中国乡村多种多样的传播实践活动；深层意义是探究新闻传播在乡村变迁和现代化发展过程中的价值，希望通过乡村传播研究，助力中国乡村振兴，实现城乡平衡和谐发展。所以，乡村传播研究不只是一个新生的研究方向或主题，而且关乎中国特色新闻传播学的研究主体性构建和研究范式转型创新，是构建中国哲学社会科学自主知识体系的有机组成部分。

乡村传播研究的根本路径是深入乡土，调查研究，即不能空谈玄理、纸上谈兵，而是要在充分理解中国特色新闻传播历史使命的前提下，走下沉基层、调查研究的道路。2023 年 3 月，中共中央办公厅印发《关于在全党大兴调查研究的工作方案》，习近平总书记强调指出，调查研究是谋事之基、成事之道，没有调查就没有发言权，没有调查就没有决策权；正确的决策离不开调查研究，正确的贯彻落实同样也离不开调查研究；调查研究是获得真知灼见的源头活水，是做好工作的基本功。治国理政需要调查研究，学术研究同样需要调查研究，正如毛泽东在《反对本本主义》（1935）一文中早已明确指出的，“本本主义的社会科学研究方法也同样是最危险的”，“一切结论产生于调查情况的末尾，而不是在它的先头”，“你对于某个问题没有调查，就停止你对于某个问题的发言权”。①

《关于在全党大兴调查研究的工作方案》指出，必须坚持从群众中来、到群众中去的党的群众路线，② 与 80 多年前毛泽东指出的知识分子要与人

---

① 《毛泽东选集》第一卷，人民出版社 1991 年版，第 109—111 页。

② 《关于在全党大兴调查研究的工作方案》，人民出版社 2023 年版，第 4 页。

民群众相结合，同样适用于哲学社会科学研究——1939年，毛泽东在纪念五四运动二十周年发表的《五四运动》和《青年运动的方向》两篇具有重要历史意义的著作中指出，“在中国的民主革命运动中，知识分子是首先觉悟的成分”，“然而知识分子如果不和工农民众相结合，则将一事无成。”[①]“所以全国知识青年和学生青年一定要和广大的工农群众结合在一块，和他们变成一体，才能形成一支强有力的军队。”[②]而从延安时期毛泽东《在延安文艺座谈会上的讲话》到当今语境下习近平总书记《在哲学社会科学工作座谈会上的讲话》始终受到高度关注的“为什么人的问题”“为谁著书，为谁立说”的问题，并一以贯之强调文艺要与群众相结合，要为最广大的人民大众服务的宗旨，同样涵盖着对于知识分子的知识生产路线和个人成长路线的高度概括。在明确中国哲学社会科学研究的宗旨与道路的前提下，西方人文社会科学的方法为我所用，同样有所补益。以上大体概括了我们的研究宗旨、路径和方法。

我们进行乡村传播研究过程中深切的感受是，深入乡土、走进群众进行调查研究才能开拓更为深广的学术视野，将学术研究从苍白的象牙塔移植到充满生机活力的社会生活，也才能在将学术嵌入现实生产生活的过程中激发和践行现实关怀。在中国传统文化中，儒家教导“大学之道”的三纲领“在明明德，在亲民，在止于至善”的核心“亲民”，就是说士人（知识分子）要诚意正心深入体察人民生产生活，才能阐扬和践行明德正道，实现完善自我与裨益社会的“至善”。可以说，古今学问之道一脉相通的精髓，都在于调查研究。

我们能力有限，在一段时间内只能走进齐鲁大地的个别乡村，分别以乡村技术传播、乡村文艺传播、乡土文化品牌传播为核心主题进行调查研究，不过我们会坚持走下去，深耕具体乡村，通过对农业大省山东各地县域乡村各种类型传播的系列调查和研究，推动乡村传播研究的思想和“技

① 《毛泽东选集》第二卷，人民出版社1991年版，第559页。
② 《毛泽东选集》第二卷，人民出版社1991年版，第566页。

术”传播扩散，并坚持把从乡土中来，从群众中来的研究与思考融入课堂教学，与学界同侪和青年学子一道为构建中国新闻传播学自主知识体系进行持续的探索与实践。

中华文明以农业文明为根基，但并非本质主义意义上的，而是不断以其深厚底蕴迎接时代变化，具有自我更新的能力。所以，我们看到当代乡土中国依然有着足够的发展韧性，贯穿流露于中国乡村经济、社会及文化的方方面面：村民们从自发到自觉凭借地理环境、资源禀赋、手工艺能、数字技术等培育发展着核心产业及相关产业，为乡村经济韧性提供了内生动力；在聚族而居、守望相助的村社理性依然延续的基础上，当代乡贤和返乡精英反哺桑梓，重塑乡村生活及其文化价值秩序，强化了社会韧性；在村民们渴望和参与创造优质精神文化生活的同时，基层德治和文化反哺也在不断唤醒乡村主体内生的文化韧性……现代新闻传播从不同角度分别介入这些层面，产生了中国特色的乡村传播景观，进一步增强了乡土社会自我更新与发展进步的韧性，也使乡土社会更有“资本”和实力孕育一代一代守正创新的生民，守望乡土社会振兴，守望中华文明赓续——这是我们正在走的路，也是我们要抵达的地方。

"红绿"印象·代跋

2020年十月金秋，我去浙江缙云参加第六届"河阳论坛"，身临这个五年前（2015年举办第一届）一出世就以既"土"又洋——研究中国乡村传播，国内外知名学者荟萃，既小又大——会议地点在浙西南小县城，以中国乡村振兴、城乡平衡发展、生态文明建设为宗旨，既近又远——研究主题与我们的生存生活息息相关，但一直以来学界关注和投入精力最多的是美国经验学派传播学，既传统又现代——探讨古老的中国乡村如何走上中国式现代化发展的振兴之路而蜚声学界的学术会议，深刻体会并因此由衷敬佩国际知名学者赵月枝以人文社会科学学术造福桑梓、报国馈民的实践探索；也因此而接受引领，开始践行乡村传播研究；还因此而受到启发：我们每个学者都可以像赵老师一样做在地化研究，参与到构建中国传播学研究范式和主体性的"星星之火，可以燎原"的队伍中。

河阳会后不久，中国传媒大学传播研究院与河阳乡村研究院联合举办了一场主题为"'红绿'融合发展与新闻传播角色转变"的学术研讨会，会议议程设置了"主题报告人谈谈参加本届河阳论坛的'红绿'印象"一节，借此机会，我得以整理缙云之行的深切感受：

第一，参加祭祀黄帝大典，典礼威仪煊赫、雍容壮美，令我联想起《诗经·周颂》中的篇章。当然黄帝远在文王之先，但是祭祀的景象和体验应该是大体相近的。近几年我为孩子上学搬了三次家，经历过程疲惫不堪，感慨当代多少家庭为了孩子上学而不得不"孟母三迁"，内心充满着都市生活的漂泊不定感。碰巧某天家人谈起家族祭祀的事，我一时陡生惆怅，祖先们世代定居，可是都市人的生活处在无根状态，即便归去，墓地也有产权期限。但这就是现代都市生活的法则之一，相当长时间内不可逆。祭祀黄帝的过程中，我瞻仰高山大庙，聆听黄帝德行，目睹"济济多士，秉文之德”，深感自己被编排进了一个文明序列，在这个序列中，最重要的是担负起自己的代际传承的责任，那么，人生无处不青山。

第二，跟随温铁军教授、赵月枝教授去三溪村参观、调研，年轻学者们往往走马观花，但温老师很快发现了问题，现场进行了指点，提出了“红绿”融合形式与内容方面隐含的问题。座谈时还提醒我们，如果不需要就把村里赠送的茶叶包装留给村民二次利用，爱农环保之心寓于细节。会议日程结束后，赵老师又带领我们几个中青年学者在仙都、河阳继续调研，缙云烧饼店随处可见，大体同样的配方，每家又各具特色，随便进到一家烧饼店聊聊，就听说他们都是接受过县里组织的培训的，而且很多人还知道赵老师曾经带领团队对缙云烧饼产业发展作出调研报告、提出发展建议，并对缙云在地文化建设做了一系列实事。赵老师向我们谈起浙江大学胡晓云教授组建专门的中国农业品牌研究中心，提出“农产品区域公用品牌”概念，参与设计“丽水山耕”等农业公共品牌、为农业品牌发展提供了强有力的理论支持，让品牌经济真正造福于农民。这些所见所闻都令随行的我们深受触动，中国学界有学术的江湖，也有江湖的学术。“居庙堂之高则忧其民，处江湖之远则忧其君”，江湖的学术就是扎根民间，知行合一，素心做实事，追求经世济民的真学问、大学问。中华民族生生不息的真正文脉在这里。

第三，河阳论坛会后一日中午调研返程途中，我们经过一家汉服店，就拉着赵老师一起租借汉服去南宋时为纪念朱熹缙云讲学而建的独峰书院拍照留念。穿汉服进书院，仿佛有穿越之感，敛神静气、文质彬彬……那些现实中升腾起的浮躁彼时尘埃落定。从书院出来后，赵老师应县政府某部门之邀带我们到鼎湖峰景区接待一批外国专家，我们穿着汉服进山，那些外国专家啧啧赞叹是肯定的，最主要的是我们自己，在明山秀水之间，自感有林下之风，人的神情心境全都为之一新，也体会到古人宽袍大袖地走在山水田园间是怎样的舒展从容。回想起祭祀大典的早晨我们亲见，一位老师自己意识到穿西装打领带去祭祀黄帝，是多么不协调，可是现在一提起正装就是西装，西方文化的影响已经习焉不察了。去归还汉服时，我们对女主人谈起心境变化，她说她以前也从来不知道衣服可以令人身心变化，但自从做汉服生意起她自己穿起汉服就感觉到了，从此每天穿。我们当然不能教条复古，但服装作为文化符号就是意识形态的一部分，可谓“青青子衿，悠悠我心”的当代解读。我们对“西学”的反思，对“中学”的构建，民间能提供的资源实在太丰富。

用一句话概括总体感受就是“沐教澄心，浴野涤魂”。其结果是什么呢？在我返程那日，需搭乘上午10：00的高铁，我们晨游一番回到住处已经早上9：00了，可我还想吃了豆腐丸子和缙云烧饼再走。临行时拿起烧饼已然解开了初来吃烧饼时的疑惑——赵老师这样的留洋学者为什么会返乡研究烧饼呢？——即便我们一介书生不会做豆腐、烧饼，也要在有需要时尽力保护豆腐、烧饼工艺，使其流传下去，这事关乎国计民生、文化存续。学者何为？学术何用？师长们引领“江湖的学术”，从某种意义上说，不就是为了百姓苍生的豆腐和烧饼吗？幸亏河阳乡村研究院的陈院长开车送我，我到车站后上下楼梯一路狂奔，终于赶上车，坐定的时候，自己哑然失笑：来的时候像鸟，走的时候像兔子。鸟在天上飞，兔子地上跑。

谨此代跋。